완판을 부르는 라이브커머스 **N LIVE**

네이버 쇼핑라이브

지금 시작하겠습니다

네이버 쇼핑라이브 지금 시작하겠습니다

펴낸날	2021년 06월 10일 1판 1쇄
지은이	김도균, 하지혜
펴낸이	정병철
펴낸곳	도서출판 휴먼하우스
등 록	2004년 12월 17일(제313-2004-000289호)
주 소	서울시 마포구 토정로 222 한국출판콘텐츠센터 420호
전 화	02)324-4578
팩 스	02)324-4560
이메일	humanhouse@naver.com

ISBN 979-11-85455-20-4 13320

완판을 부르는 라이브커머스 N LIVE

네이버 쇼핑라이브

지금 시작하겠습니다

김도균 · 하지혜 지음

라이브커머스
누구나 시작할 수 있다

김도균

원대한 꿈을 품다

저자에게는 원대한 꿈이 있다. 오프라인에 몸담았던 6년 전만 하더라도 감히 상상조차 할 수 없었던 일이지만, 지금 그 꿈을 하나하나 이루어 나가고 있다.

저자의 꿈은 세계 최대 B2C, B2B 전자상거래 플랫폼인 아마존(Amazon)과 알리바바(Alibaba)를 모델 삼아 전 세계에 한국의 우수한 제품을 유통하는 K-이커머스 플랫폼을 만드는 것이다.

이런 꿈을 키울 수 있었던 것은 디지털과 온라인 세상이 본격적으로 도래했기 때문이다.

아마존을 비롯한 해외 플랫폼과 스마트스토어, 쿠팡 등 국내 주요 이커머스 플랫폼에서 수많은 제품을 직접 소싱, 사입, 제조하면서 저자가 느낀 바가 있다. 대한민국의 차별화된 콘텐츠의 우수한 제품은 단언컨대 세계 어디에 내놓아도 뒤처지지 않는다는 것이다.

저자는 'Made in Korea' 제품을 전 세계에 판매하는 플랫폼을 만들기 위해서 10년을 목표로 하나하나 준비하고 있다. 저자가 이커머스 판매운영을 통해 얻은 노하우를 기반으로 빅데이터와 스몰데이터를 통한 최적화 키워드 도구인 '키랩'과 온라인 통합관리 프로그램 '매치앤넷' 솔루션을 개발하고, 우수한 국내 제조사와 셀러분들의 네트워크를 형성하여 국내외 물류 시스템을 구축하는 것들이 다 그러한 이유에서이다.

저자의 꿈은 혼자서 이룰 수 없다. 많은 사람이 모여 저마다의 분야에서 능력을 발휘하면서 함께 가야 성공할 수 있는 꿈이다.

이제는 언택트 사업이다

'사람이 모이는 곳에 돈이 모인다'는 말이 있듯이, 그동안의 상거래는 주로 사람들이 많이 모이는 오프라인에서 이루어졌다. 하지만 디지털 혁명과 온라인의 발달은 경제활동을 비롯하여 정치, 종교, 교육, 문화 등 우리 생활의 모든 면에서 패러다임을 바꾸어놓았다. 특히 2020년부터 코로나(COVID-19)로 인한 팬데믹은 우리를 급속도로 온라인의 세계로 끌어들였다. 이제는 굳이 오프라인일 이유가 없으며, 오히려 모든 것이 온라인에서 이루어지고, 온라인이 편하고 익숙한 시대가 되었다.

이전까지의 전통적인 상거래는 2000년대를 전후하여 인터넷 환경이 발달하고 온라인 장터인 '오픈마켓'이 생기면서, '전자상거래'라는 새로운 형태의 상거래를 낳았다. 그 후 2010년대에 접어들어 온라인 쇼핑의 형태가 'PC를 이용한 웹 쇼핑'에서 '스마트폰을 이용한 모바일 쇼핑'으로 그 비중이 옮겨가면서 현재는 국내 온라인 쇼핑 거래의 약 70%가 모바일에서 이루어지고 있다.

지금껏 100% 오프라인에서 이루어지던 상거래는 지난 25년 동안 웹과 모바일의 온라인 시장으로 옮겨갔고, 지금은 온라인과 오프라인의 매출 비중이 거의 대등한 수준이다(2020년 오프라인 53.5%, 온라인 46.5%, 산업통상자원부 자료). 전문가들은 2023년에는 온라인 시장이 오프라인을 넘어 전체 유통시장의 70%를 차지할 것이라고 전망하고 있다.

스마트폰의 등장은 이커머스 시장에 획기적인 변화를 가져왔다. 사람들은 인터넷이 연결된 PC 앞이 아니라, 스마트폰으로 이동하면서 언제 어디서나 편리하게 온라인에 접속하여 상거래를 할 수 있게 되었다. '웹'에서 '모바일'로 정보가 이동하고, '간편결제 시스템'이 정착되면서 인류 역사상 가장 큰 시장이 생겨난 것이다.

온라인과 모바일의 발달은 누구나 소비자이면서 판매자가 될 수 있는 시장 환경을 만들어주었다. 이제는 누구나 이커머스를 통해 부와 명예를 얻을 수 있는 시대가 되었고, 그로 인해 저자 또한 '글로벌 이커머스 플랫폼'이라는 원대한 꿈을 꿀

수 있게 되었다. 그리고 이제 '모바일커머스(Mobile Commerce)'는 한층 더 진화하여 '라이브커머스(Live Commerce)' 시대를 맞이하였다.

온라인 사업은 '방법'보다 '방향'이다

온라인 사업은 끝이 없는 광활한 광산에서 금과 다이아몬드를 비롯한 희귀한 보물을 찾는 작업이다. 지금 그리고 미래의 성공 비즈니스는 온라인 사업에 있다. 이것은 선택이 아닌 필수이며, 코로나 팬데믹은 그것을 더욱 앞당기고 있다.

코로나로 인해 많은 오프라인 사업자들이 저자를 찾아온다. 그들은 오프라인의 한계를 절감하고 온라인 사업을 하긴 해야겠는데, 어디서부터 어떻게 시작해야 할지 모르겠다고 한결같이 말한다.

저자는 지난 6년 동안 온라인 사업의 최전선에서 직접 몸으로 부딪쳐가며 성공을 거두었다. 그러면서 "온라인 사업은 누구나 시작할 수 있지만 아무나 성공할 수 없다"라는 것을 깨달았다. 여러 유튜버와 재테크 책에서는 '무재고 무자본 창업', '쉽게 따라 하는 온라인 사업', '대량 등록으로 월 1억 매출' 등 화려한 수식어로 초보 온라인 창업자들을 유혹하지만, 실제로 창업을 해본 사람은 이것이 얼마나 허울뿐인 이야기인지를 안다. 기본적인 운영 테크닉은 누구나 배울 수 있지만, 그것만으로 성공을 보장할 수는 없다.

온라인 사업은 빛의 속도로 변화하는 트렌드와 넘쳐나는 정보의 트래픽에서 키포인트를 잡아내는 안목이 있어야 성공할 수 있다. 또 무조건 단기간에 승부를 보려고 해서도 안 된다.

디지털 문명 중에서도 가장 빠른 속도로 진화하는 전자상거래에 있어서 우리가 명심해야 할 것은 '방법'보다는 '방향'이다.

온라인 사업의 방향, 라이브커머스

지금 이커머스의 방향은 '라이브커머스'이다.

하루가 다르게 진화하는 디지털 기술은 인터넷을 통한 동영상 스트리밍(Live Streaming)의 시대를 만들었고, 여기에 전자상거래(Electronic Commerce)가 입혀져 라이브커머스(Live Commerce)가 탄생하였다.

스마트폰을 통한 모바일 환경과 SNS 플랫폼을 이용한 정보의 공유가 일상인 된 지금, 미래의 소비 트렌드는 수직적 일방통행이 아니라 수평적 양방향 소통이 될 것이다.

라이브커머스는 실시간 쌍방향 소통이 가능한 플랫폼으로, 온라인 동영상 플랫폼과 비대면 쇼핑에 익숙한 MZ세대는 물론 30대~40대의 전 연령층으로 확장되어 급속도로 성장하였다. 이제 라이브커머스는 온라인 쇼핑 플랫폼의 큰 축으로 자리 잡으면서, 전자상거래 시장의 최대 인기 플랫폼이 되었다.

이 책은 국내 이커머스 시장의 빅 3인 '네이버', '쿠팡', '카카오'의 라이브커머스 플랫폼 운용에 관한 실전 입문서이다. 특히 일반 개인 셀러와 영세 소상공인들이 가장 쉽게 진입할 수 있는 '네이버 쇼핑라이브'를 밀도 있게 다루었다. 더불어 판매 아이템 찾기, 라이브 방송 홍보 방법, 쇼호스트의 방송 진행과 매출을 높이는 전략, 광고 및 마케팅 전략까지 라이브커머스 운영의 모든 것을 담았다. 이 책으로 누구나 어렵지 않게 바로 라이브커머스를 시작할 수 있을 것이다.

모쪼록 '라이브커머스'와 '네이버 쇼핑라이브'를 시작하는 사람들에게 이 책이 성공의 지침서가 되기를 바란다.

MBC 〈고향이 좋다〉에서
쇼핑라이브 〈24시 내고향〉으로

하지혜

2020년 전무후무한 코로나 상황 속에서 많은 사람이 직장을 잃었고, 경제적으로 어려움을 겪고 있다. 저자가 지금까지 활동하면서 커리어를 쌓아온 방송계 또한 두말할 것 없이 타격이 큰 분야 중 하나였다. 설 자리를 잃게 된 많은 방송인은 언제까지 지속될지 모르는 답답한 현실 앞에서 어쩔 수 없는 무능력함을 경험했다. 치열한 전쟁터와 같은 방송계에서 살아남기 위해 스스로 재능을 갈고닦으면서 열심히 활동해온 많은 사람이 막연한 두려움 속에서 한숨을 내쉬어야 했다. 저자 또한 고민에 빠질 수밖에 없었다.

하지만 몇 년간 MBC 〈그린실버 고향이 좋다〉 리포터를 하면서 만났던 많은 생산자의 막막함에 비하면 나의 어려움은 비할 바가 못 된다는 생각이 들었다. 1년 동안 성실하게 하루하루를 땀으로 녹여낸 그분들의 고된 시간을 알기에, 판로가 막혀 농산물을 묵히고 있는 안타까운 사연을 접하면서 마음이 많이 아렸다.

절박한 심정으로 자식과도 같은 농수산물을 간곡히 부탁하시는 아버님 어머님들의 연락을 받으면서, 작은 힘이나마 내가 보탤 수 있는 것이 없을까를 생각하게 되었다. 그래서 생각한 것이 '라이브커머스'이다.

코로나 때문에 오프라인 판로가 막혔다면, 온라인 판로를 개척하면 어떨까. 오랜 방송 경력을 살려 내가 쇼호스트가 되어 물건을 팔아주고, 생산자는 판매의 시름을 잊고, 택배 포장하여 소비자에게 보내주고, 그러면 소비자는 보다 저렴한 가격에 산지직송의 신선한 농산물을 먹을 수 있지 않을까. 마트나 시장이 담당하던 판매자의 역할을 내가 온라인 셀러가 되어 해준다면 그분들에게 분명 도움이 될 것 같았다. 어쩌면 사소하기도 한 이러한 진심이 저자를 이커머스의 세계로 이끌었고, 시대의 요구에 발맞춰 라이브커머스 방송을 하게 되었다.

저자는 라이브커머스 방송을 진행하면서 매 순간 모든 열정을 쏟아붓는다. 지상파 방송을 할 때와 비교하면 방송 규모와 시청자 수 등 모든 면에서 비교할 바도 못 되지만, 자식 같은 농산물을 내게 맡긴 생산자의 마음을 생각하면 대충이란 있을 수 없는 일이다.

그러한 저자의 마음이 잘 전달되었는지, 신선한 1등급 상품들로 저자가 진행하고 있는 라이브커머스 방송은 매 방송마다 거의 완판 행렬을 이어가고 있다. 전화기 너머로 생산자분들의 웃음소리를 듣고 감사의 인사를 받을 때면 마음속에서 뿌듯한 보람을 느낀다.

밤낮없이 진행되는 미팅과 기획, 방송과 CS까지 몸이 지칠 때도 있지만, 이조차도 참 감사한 일이다. 당연한 것들이 당연하지 않은 시대 속에서 바쁘게 일할 수 있다는 것은 고마운 일이며, 그것으로 또 누군가에게 도움을 줄 수 있다는 것은 더욱 감사한 일이다. 이것이 저자가 라이브커머스에 집중하고 몰입하는 이유이다.

생산자로 새로운 온라인 판로를 개척하려는 분들, 이제 막 온라인 판매를 시작하는 분들, 라이브커머스로 유통 채널을 확대하려는 분들, 그리고 지금 이 책을 펼쳐든 다양한 상황의 모든 분들에게 저자의 경험과 노하우, 지식이 가치 있는 도움이 되길 바란다.

그러면서 저자가 그랬듯이 '성공'이나 '매출'에 대한 압박에서 벗어나, 서로 상생할 수 있는 진실한 판매자의 자세를 점검해보기를 간곡히 바란다. 좋은 품질의 물건을 저렴하게 공급해주는 생산자에 대한 존경의 마음을 가지며, 좋은 상품으로 소비자의 불편을 해소해주고자 하는 판매자로서의 진심을 담아, 양질의 상품을 찾기를 바란다. 그러면 그 마음은 소비자에게 잘 전달되어 좋은 결과를 가져다 줄 것이다. 시간과 속도는 우리가 결정할 수 있는 문제가 아니지만, 진심은 어떠한 상황에서도 위력을 발휘한다는 믿음을 저자는 갖고 있다.

　여러분의 새로운 시작과 도전을 진심으로 응원한다. 또한 저자도 라이브커머스를 맞이한 1세대 현역으로서, 라이브커머스의 성장을 함께 겪으며 부지런히 진화해나갈 것을 약속한다.

　라이브커머스라는 새로운 시장이 펼쳐지고 있다. 그 중심에 저자와 여러분이 있다. 누군가는 이 선택을 도약의 기회로 삼아 폭발적인 성장을 할 것이다. 그 주인공이 여러분이 되기를 바란다.

　오늘도 삶의 중심을 잃지 않고 배움의 자세로 미래를 준비하는 모두에게 박수를 보낸다.

쇼핑 LIVE

지금 시작하겠습니다

차례 □□ Contents

머리말   4

8장   팔리는 아이템을 찾는 법   279

셋째 마당   라이브커머스, 뉴노멀 마케팅   317

9장   라이브커머스 마케팅 전략   319

넷째 마당

라이브커머스 성공 로직   357

10장   **라이브커머스 성공 4계명**   359

네이버 쇼핑라이브 메인화면에 노출된 '24시 내고향' 라이브 방송

★ 지금 라이브 중

★ 라이브 캘린더

★ 라이브 예고

★ 도전 라이브

★ 푸드 카테고리

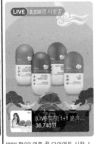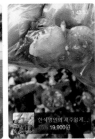

★ 전체 탭

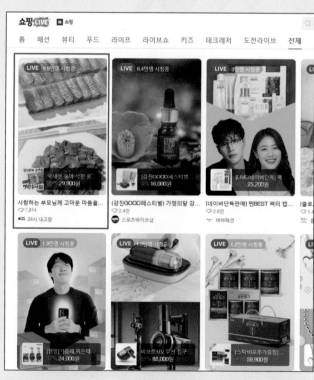

준비
마당

지금은
라이브커머스 시대

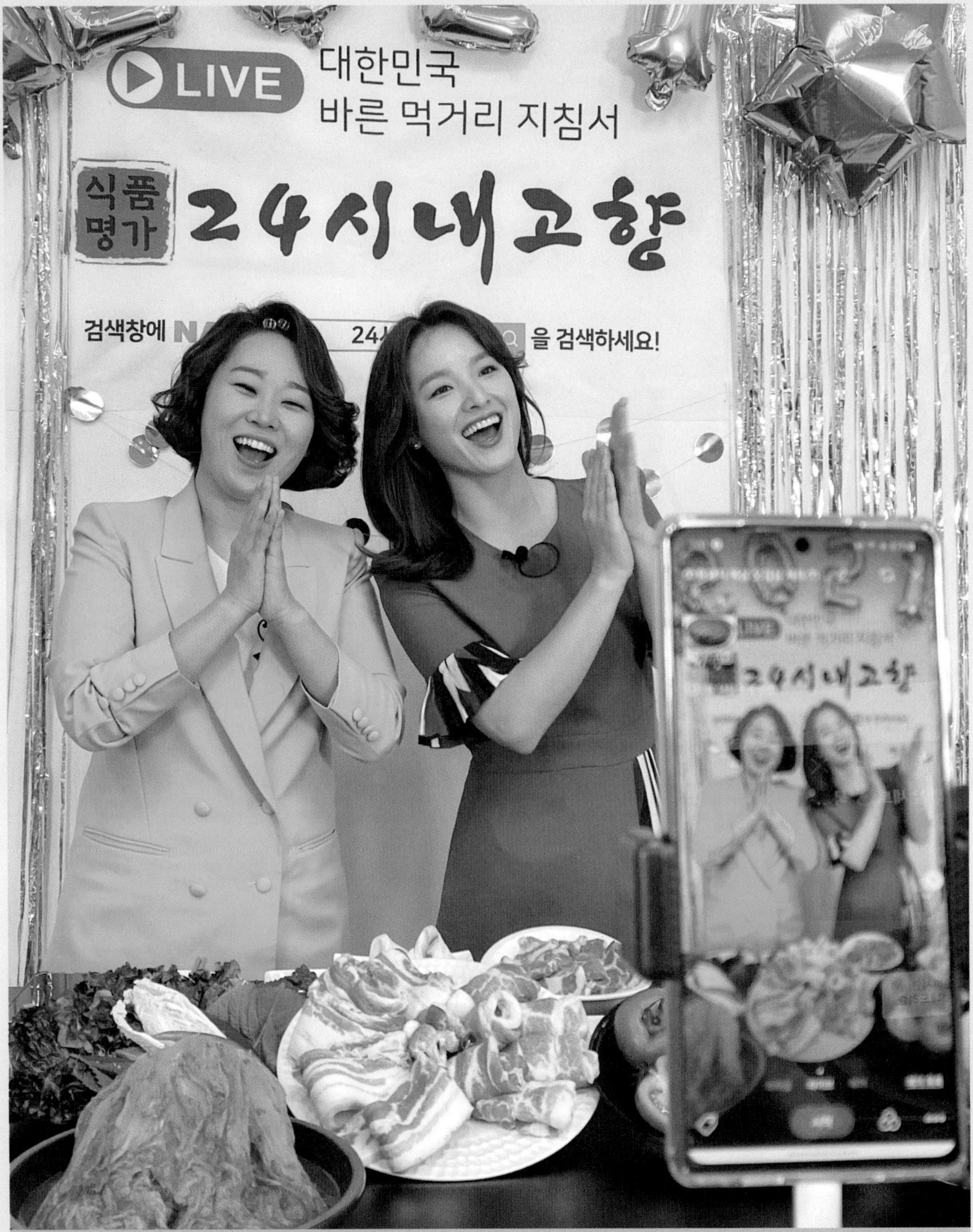

24시 내고향 네이버 쇼핑라이브 방송
흑돼지 목살 오겹살 세트
쇼호스트 조승희 하지혜

1장

거스를 수 없는 시대의 흐름, 라이브커머스

언택트 시대의 쇼핑 트렌드

01

불과 몇십 년 전만 해도 사람들은 인터넷으로 물건을 산다는 것을 상상도 하지 못했다. 1990년대에 들어 컴퓨터가 우리 생활의 일부가 되었지만, 일반인들은 주로 정보 검색이나 이메일, 문서 작업 등의 용도로만 컴퓨터를 사용하였다. 그 후 인터넷 보급이 활성화되고 1990년대 후반, 인터파크, 옥션 등 온라인 쇼핑 플랫폼이 생겼을 때도 사람들은 온라인으로 물건을 사는 것을 주저하였다. 결제수단이 지금처럼 쉽지 않았던 것도 있었지만 무엇보다 사람들의 뇌리에는 물건은 직접 눈으로 보고 사야 한다는 인식이 강했던 것이다. 사실 온라인 쇼핑 초창기에는 돈만 받고 물건을 보내주지 않는 '먹튀'나 원산지를 속이는 행위, 인터넷상의 상품과 실제 배송 상품이 다른 판매 사기 등 온라인 판매의 폐해가 심심찮게 일어났다. 하지만 이러한 부정적인 요소를 해결하는 안전장치와 편리한 결제수단이 등장하고 시장 환경이 개선되면서 온라인 쇼핑에 대한 사람들의 인식도 변하게 되었다.

비대면 유통 방법인 온라인 쇼핑은 1995년 미국의 글로벌 쇼핑몰 '이베이(eBay)'와 '아마존(Amazon)'이 생기면서 전 세계 시장으로 뻗어나가기 시작했다.

우리나라의 온라인 유통은 크게 전반기와 후반기로 나누어 볼 수 있다. 1996년 국내 최초로 인터넷 쇼핑몰인 '인터파크'를 필두로 고객이 PC를 통해 결제하는 시대를 전반기로 본다면, 2015년부터 온라인 쇼핑에 '간편결제 시스템'이 도입되면서 모바일을 통해 결제하는 지금까지를 후반기라고 할 수 있다.

온라인 쇼핑이 주목받기 시작한 전반기(1996년~2014년)에 고객들은 PC를 통해 결제를 할 수 있었다. 그러다 후반기(2015년~)에는 점차 모바일을 통한 간편결제 시스템을 구축하게 되면서 모바일로 간편하게 결제하게 되었다. 이러한 변화는 단순히 결제 방식이 바뀌는 것만이 아니라 고객이 시간과 공간의 제약 없이 언제, 어디서나 상품을 결제할 수 있게 됨을 의미한다. 즉, 온라인 쇼핑이 더 쉬워지고 상품 결제로 이어지는 속도가 점점 더 단축되어 간다는 것이다.

저자는 온라인 유통의 큰 이슈로, 2007년 애플이 개발한 모바일 기기인 '아이폰'의 출시와 2016년 구글의 인공지능 '알파고'와 인간 이세돌의 세기의 바둑 대결을 꼽는다.

2007년 '애플'사의 스마트폰인 '아이폰'의 출시로 모바일의 대중화가 이루어졌다. 모바일의 대중

화는 사람들의 시간과 공간에 대한 개념을 바꾸어놓았고, 온라인 쇼핑이 상거래의 뉴노멀(New normal)로 자리를 잡는 계기가 되었다.

소비자는 모바일을 통해 정보 습득의 속도가 빨라졌고, 다량의 지식을 한꺼번에 받아들 수 있는 주체적 존재가 되었다. 소비자의 검색 없이 판매자 위주로 이루어지던 기존의 대면 쇼핑 방식에서, 소비자가 능동적으로 상품에 대한 정보를 검색하고 자신의 주관으로 소비를 판단하는 주체적 소비자로 변화한 것이다. 스마트한 소비자가 늘어나면서 이러한 주체적 소비자가 만들어내는 '검색을 통한 쇼핑 영역'이 폭발적으로 성장하였다.

소비자는 모바일을 통한 빠른 정보 습득과 다량의 지식을 통해 쇼핑의 주체가 되어, 기존의 판매자 위주의 '비검색 쇼핑 방식'에서 소비자가 주체가 되는 '검색 쇼핑 영역'의 폭발적인 성장을 만들어내었다. 2015년 53.8조 원 규모의 온라인 쇼핑 시장은 매년 꾸준히 약 20% 이상의 가파른 성장률을 보이면서 5년 만인 2020년에는 161조 원 규모의 시장으로 성장하였다.

또 하나의 획기적인 사건은 2016년 3월, 그 누구도 경험해보지 못한 인간과 인공지능의 대결이었다. 구글의 인공지능 '알파고'와 인간 이세돌 프로 바둑기사와의 대결이 세계의 시선이 집중된 가운데 열렸다. 그 결과 세계 최고의 바둑 기사로 평가되는 이세돌 기사를 맞아 인공지능 알파고가 4승 1패로 대승하자 많은 사람들은 크나큰 충격에 빠졌다.

이 사건을 계기로 인류는 인공지능의 연구 개발에 박차를 가하게 되었고, AI의 신기술은 현재 제조, 금융, 문화, 교육, 생명공학, 유통 등 우리의 삶 전반에 그 영향을 끼치고 있다.

온라인 쇼핑 분야에 있어서도 빅데이터 분석 기술을 기반으로 한 '딥러닝' 신기술로 온라인 쇼핑몰에 '인공지능(AI)' 서비스가 적용되고 있다. 소비자가 선호하는 상품과 동일한 색상, 디자인 등을 자동으로 검색하여 상품의 카테고리를 소비자에게 맞춰 정리해주며, AI 대화를 통해 소비자의 기호에 맞는 제품을 추천해주기도 한다.

인류 역사상 지금의 소비자는 모바일과 인공지능을 통해 그 어느 때보다 똑똑하고 현명하다. 온라인 쇼핑은 초기의 판매자 위주의 일방적 소통 판매 형태에서 지금은 모바일 기반에서 SNS와 영상을 통한 실시간 '라이브커머스(Live commerce)'로 진화하면서 제2의 중흥기를 맞이하고 있다.

온라인 쇼핑은 2010년을 즈음하여 모바일 환경이 널리 보급되면서 PC를 이용한 웹보다는 '모바일 쇼핑'의 비중이 더 늘어나게 되었다. 그러다가 2020년 들어 온라인 시장은 또 한 번 큰 변화를 맞이하게 되었다. 이제는 유튜브 등 동영상에 익숙한 1980년대 이후 세대들이 온라인 시장의 주 고객인 20대~40대가 되었고, 이들의 니즈와 시대의 변화로 인해 쇼핑과 동영상을 접목한 개인 홈쇼핑인 '라이브커머스'가 탄생하게 되었다. 이렇게 탄생한 라이브커머스는 코로나19(COVID-19) 팬데믹으로 인한 '집콕' 소비문화와 언택트 생활의 확산으로 순식간에 온라인 쇼핑의 트렌드가 되었다.

세월이 흐르고 세대가 바뀔 때마다 온라인 쇼핑 환경은 크게 한 번씩 바뀌어왔다. 2000년대 '웹을 통한 온라인 쇼핑'은 2010년대가 되면서 '모바일 쇼핑'으로 바뀌었고, 2020년대 들어서는 생방송을 통해 판매자와 구매자가 상호 소통하면서 거래가 이루어지는 '라이브커머스'로 바뀌고 있다.

2020년 우리나라 온라인 쇼핑 거래액은 161조 1234억 원으로, 이 중 약 70%인 108조 6883억 원이 모바일 쇼핑 거래액이다. 라이브커머스 시장은 2021년 약 3조 원, 2023년에는 10조 원 규모로 증가할 것으로 업계에서는 예측하고 있다.

시대가 변하면서 쇼핑 트렌드가 바뀌었듯이 라이브커머스는 이제 거스를 수 없는 시대의 흐름이 되었다. 앞으로의 이커머스 시장은 '라이브커머스'가 대세가 될 것이다. 전통적인 쇼핑 플랫폼이나 유통업계뿐만 아니라 상거래가 있는 곳이면 어디서든지 라이브커머스가 있을 것이다. 라이브커머스는 일반인, 기업체, 소상공인 등 누구나 할 것 없이 진행할 수 있고, 판매 상품도 유형의 것뿐만 아니라 지식이나 정보, 교육, 여행 등 무형의 것도 가능하다.

2021년 3월 '배달의 민족'은 배달앱 최초로 음식 라이브 쇼핑 서비스인 '배민쇼핑라이브'를 시작했다. 인플루언서나 셀럽 등이 진행하면서 전국 배민 맛집 메뉴를 라이브 방송을 통해 밀키트 상품으로 판매하는 것이다. 이처럼 라이브커머스는 우리 생활의 모든 면에서 서서히 그 영역을 넓혀가고 있다. 생각해보라. 지금 여러분이 모바일로 하지 않는 게 뭐가 있는가! 정보 검색이든, 금융 거래든, 쇼핑이든, 심심풀이 유희든, 그것이 무엇이든지 간에.

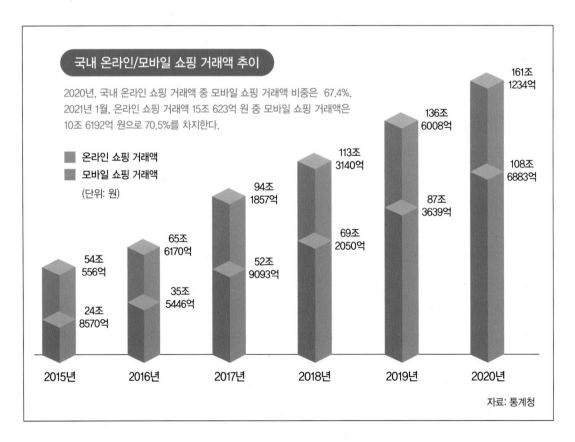

국내 온라인/모바일 쇼핑 거래액 추이

2020년, 국내 온라인 쇼핑 거래액 중 모바일 쇼핑 거래액 비중은 67.4%. 2021년 1월, 온라인 쇼핑 거래액 15조 623억 원 중 모바일 쇼핑 거래액은 10조 6192억 원으로 70.5%를 차지한다.

■ 온라인 쇼핑 거래액
■ 모바일 쇼핑 거래액
(단위: 원)

2015년	2016년	2017년	2018년	2019년	2020년
54조 556억	65조 6170억	94조 1857억	113조 3140억	136조 6008억	161조 1234억
24조 8570억	35조 5446억	52조 9093억	69조 2050억	87조 3639억	108조 6883억

자료: 통계청

02 > 전자상거래의 뉴노멀,
라이브커머스

1 라이브커머스란 무엇인가?

라이브커머스란 라이브 스트리밍(live streaming, 스트리밍 기술을 이용하여 디브이 카메라로 생방송을 스트리밍 송출하는 것)과 전자상거래(e-commerce, 온라인 매체를 이용 가상공간에서 상거래를 하는 행위)를 합성하여 일컫는 말로, 실시간으로 라이브 방송을 송출하여 상품이나 서비스를 판매하는 것을 말한다.

세상은 이미 동영상과 모바일의 시대로 바뀌었다. 쇼핑도 예외는 아니다. 쇼핑 트렌드가 오프라인에서 온라인으로 옮겨가고, 온라인 쇼핑도 웹보다는 모바일 쇼핑으로 그 비중이 옮겨갔다.

2020년 우리나라는 코로나19 팬데믹 여파로 온라인 비대면 거래가 폭증하면서 온라인과 모바일 쇼핑 거래액이 사상 최대치를 기록했다. 통계청 조사 발표 자료 '2020년 12월 및 연간 온라인쇼핑 동향'에 의하면 온라인의 쇼핑 매출은 135조 2640억 원의 전년 매출 대비 19.1% 증가한 161조 1234억 원으로, 역대 통계청 작성 이래 최고의 매출을 기록했다. 이 중에서 모바일 쇼핑 거래 총액은 108조 6883억 원으로, 2019년 대비 24.5% 증가하였다.

특히 '배달의민족', '요기요' 앱을 이용한 배달음식 주문 등 음식 서비스 판매량이 2019년 전년 대비 큰 폭으로 늘어났다. 2020년 12월은 특별방역 조치의 일환으로 '사회적 거리두기' 2.5단계 및 5인 이상 사적 모임 금지 조치 등이 시행되었다. 이에 식당을 찾기보다는 배달앱을 통하여 배달음식을 시켜 먹는 사람들이 늘어났고, 일부 회사들은 출근보다는 재택근무를, 학교는 등교 대신에 온라인 수업을 하게 되었다. 따라서 재택근무나 온라인 수업을 하기 위해 많은 사람들이 가전제품을 쇼핑하는 사례가 늘어났다. 상품군별로 2019년과 견주어보면 음식배달업을 포함한 음식서비스는 78%,

산지에서 생산으로 거래되는 농축수산물은 71%, 가공 음식료품은 48%, 온라인 및 컴퓨터 주변기기 상품군은 32%, 생활가구는 43%, 가전 통신은 30%, 도서 서적은 31% 등이 늘어났다. 반대로 여행 항공사, 일반 교통 서비스는 -53%, 문화 및 레저 서비스업은 -69%로 크게 타격을 받았다.

온라인 쇼핑 고객들의 트렌드가 모바일 중심으로 옮겨가면서 유통업계나 전자상거래 업체에서는 모바일 고객을 잡기 위한 차별화된 서비스가 필요하게 되었다.

온라인 커머스의 주요 고객인 20대~50대 고객들은 동영상에 익숙한 세대들로, 이들은 주로 인터넷과 유튜브를 통해 정보를 습득한다. 이러한 트렌드에 맞춰 전자상거래와 영상이 만나 탄생한 것이 라이브커머스이다. 온라인 쇼핑에 있어서 X세대(40대~50대)와 MZ세대(20대~30대)*가 주 소비 계층이 되면서 이들에게 익숙한 매체인 동영상을 쇼핑에 접목한 것이다.

이러한 시대의 흐름과 함께 코로나19의 팬데믹으로 인한 언택트(비대면 서비스) 문화의 확산과 니즈는 라이브커머스라는 새로운 형태의 판매 채널을 탄생시켰고, 이커머스의 트렌드가 되었다.

코로나19의 팬데믹은 우리 생활의 모든 것을 대면(접촉, Contact)에서 비대면(비접촉, Untact)으로 바꾸어놓았다. 그것은 물건을 사고파는 상거래에 있어서도 마찬가지이다. 사람과 사람의 접촉이 어려운 지금 오프라인을 기반으로 하는 사업은 불황의 늪으로 빠지는 반면, 온라인 시장은 더 큰 호황을 누리고 있다. 오프라인에 비해 온라인의 가장 큰 단점이 현장감의 부재였는데, 이러한 단점을 보완하여 생방송으로 상품을 보여주면서 진행하는 라이브커머스는 현재 급성장을 하고 있다. 코로나19 시대의 뉴노멀(New Normal), 이커머스의 대세는 라이브커머스이다.

* X세대와 MZ세대

X세대: 베이비붐 세대 이후 1960년대 후반에서 1970년대에 태어난 세대를 통칭하는 말. 40대~50대 초반인 이들은 홈쇼핑에 익숙한 세대들이다.

MZ세대: 1980년대 초반~2000년대 초반에 출생한 밀레니얼 세대와 1990년대 중반~2000년대 초반 출생한 Z세대를 통칭하는 말. 20대~30대인 이들은 유튜브 등 동영상과 SNS 문화에 익숙한 세대들이다.

2 라이브커머스의 특징

기존의 온라인 쇼핑이나 홈쇼핑과 구별되는 라이브커머스의 특징은 다음과 같다.

① 라이브커머스는 쌍방향 소통이다.

라이브커머스는 실시간 방송을 통해 판매자와 구매자가 쌍방향으로 소통하는 채널이다. 기존의 온라인 쇼핑몰이나 오픈마켓에서 고객은 상세페이지의 상품 정보를 보고 구매를 결정하게 된다. 또 홈쇼핑에서는 TV에 나오는 쇼호스트의 설명과 상품 화면을 보고 구매를 결정한다. 이들 매체에서 고객은 판매자가 전해주는 일방적인 정보에만 의지한 채 수동적으로 쇼핑을 하게 된다.

이에 비해 라이브커머스 시청자는 생방송 중에 판매자와 채팅을 통해 쌍방향으로 소통하면서 능동적인 쇼핑을 하게 된다. 방송을 보면서 궁금한 점을 댓글로 문의하여 정보를 바로 얻을 수 있다. 이러한 쌍방향 소통은 상품에 대한 궁금증 해소와 신뢰도 상승으로 이어져 고객으로 하여금 빠른 구매 결심을 하게 한다. 또 상품에 대해 충분한 정보를 얻고 구매함으로써 반품률 또한 낮아진다. 온라인 쇼핑의 반품률이 20~30%인 것과 비교하면 라이브커머스는 1~2%대로 아주 낮은 편이다.

② 라이브 방송을 보면서 바로 구매할 수 있다.

TV 홈쇼핑은 TV를 시청하다가 물건이 마음에 들어 구매하려면 홈쇼핑에 전화를 걸어 구매를 하든지 인터넷으로 해당 홈쇼핑 사이트나 앱에 들어가서 구매를 하게 된다. 상품을 구매하려면 어쨌든 TV를 봐야 하고 전화기나 PC, 휴대폰을 다시 이용해야 한다. 인기상품의 경우 상담원 연결이 어려울 때도 많고, 결제 방법도 간단하지만은 않다. 이에 반해 라이브커머스는 휴대폰으로 방송을 보면서 버튼 터치 몇 번으로 바로 상품을 결제하고 구매할 수 있다.

네이버 쇼핑라이브 방송 _ 화면 하단에는 전체 판매 상품이 롤링으로 보여진다. 이것을 터치하면 해당 상품의 스마트스토어 상세페이지로 이동하고, 바로 구매할 수 있다. 쇼핑백 아이콘에는 전체 판매 상품의 종수가 숫자로 표기되고, 터치하면 전체 판매 상품이 보여진다.

네이버 '쇼핑라이브'를 비롯하여 대부분의 라이브커머스는 방송 화면 하단에 판매 상품이 나타나는데, 이것을 터치하여 시청자는 바로 상품을 구매할 수 있다. 방송이 끝난 후에도 '다시 보기' 화면을 보고 구매할 수도 있다. 이처럼 라이브커머스는 방송을 시청하면서 바로 구매를 할 수 있는 시스템이기 때문에 고객들의 구매 접근성이 매우 좋은 편이다.

③ 구매 전환율이 좋다.

라이브커머스는 홈쇼핑이나 온라인 쇼핑몰에 비해 구매 전환율이 좋다. 그것은 실시간 쌍방향 소통을 통해 상품에 대해 궁금한 점이나 정보를 바로 얻을 수 있기 때문이다. 홈쇼핑이나 온라인 쇼핑몰은 쇼호스트나 상세페이지의 설명에 의존한 채 구매를 결심해야 한다. 상품에 대해 궁금한 것이 있을 때는 고객 리뷰나 Q&A를 참조하든지, 전화나 게시판을 통해 문의를 할 수도 있지만 곧바로 답변을 구하기가 쉽지 않다. 그러다 보니 구매로까지 이어지지 않는 경우가 많다. 하지만 라이브커머스에서는 방송에 참여한 사람들의 채팅을 통해 상품에 관한 다각적인 정보를 실시간으로 얻을 수 있다. 이러한 판매자와 구매자의 자유로운 소통은 구매를 결심하는 데 많은 도움이 된다. 또 홈쇼핑에 비해 결제 과정이 간단하고 쉬운 것도 구매 전환율이 좋은 이유 중의 하나라고 할 수 있다.

일반적으로 이커머스의 구매 전환율이 1% 이하인데 반해 라이브커머스의 구매 전환율을 5~8% 정도로 알려져 있다.

④ 판매자와 소비자를 직접 연결해주는 채널이다.

라이브커머스는 판매자(생산자)가 유통업체를 통하지 않고 소비자에게 직접 판매하기에 좋은 채널이다. 라이브커머스는 중간 유통과정을 줄임으로써 고객에게 저렴한 가격으로 상품을 판매하고, 판매자에게는 좋은 마진을 제공한다.

⑤ 간접 체험 쇼핑을 제공한다.

판매자가 직접 입어보거나 보여주면서 상품을 설명하기 때문에 구매자는 마치 오프라인 매장을 방문한 것처럼 생생한 현장감을 느끼면서 쇼핑을 할 수 있다. 특히 농수산물이나 수제 상품의 경우 직접 생산 과정을 보여주면 시청자들의 신뢰감을 상승시키는 데 효과가 있다.

⑥ 다양한 혜택을 제공하여 판매를 촉진할 수 있다.

실시간 시청자를 대상으로 쿠폰, 할인 등 다양한 혜택을 제공하여 구매를 유도할 수 있다. 홈쇼핑과 달리 쌍방향 소동이 가능하므로, 퀴즈를 내어 맞춘 사람에게 공짜로 상품을 배송해주는 이벤트를 진행할 수도 있다.

⑦ 고객의 방송 참여를 유도할 수 있다.

쇼핑은 기본이고 재미는 덤이다. 라이브커머스는 TV 홈쇼핑보다 방송 심의나 제약이 덜하기 때문에 표현과 형식에 있어서 자유롭다. 마치 재미있는 유튜브 영상처럼 라이브커머스를 진행할 수도 있고, 시청자와의 채팅으로 수다를 떨 수도 있다. 고객이 오래 머물도록 하기 위해서는 지루하지 않게 해야 하는데, 동영상과 자유로운 진행 방식인 라이브커머스가 안성맞춤인 셈이다.

저자는 라이브를 진행하면서 퀴즈나 이벤트 등 흥밋거리를 제공하여 고객들의 호응과 관심을 유도한다. 이렇게 고객들을 방송에 참여시킴으로써 방송 몰입도를 증가시키고 고객 이탈률을 낮출 수 있다. 이것은 판매에 긍정적인 요소로 작용한다.

⑧ 시공간의 제약이 적다.

모바일로 하는 개인 홈쇼핑인 라이브커머스는 홈쇼핑에 비해 장비와 공간에 있어서 제약이 적다. 홈쇼핑처럼 많은 카메라와 스튜디오, 전문 쇼호스트 없이도 셀러(판매자) 혼자서 인터넷과 연결된 휴대폰만 있으면 진행할 수 있다. 홈쇼핑이 스튜디오에서 진행해야 하는 것과 달리 라이브커머스는 집이나 사무실에서도 할 수 있고, 산지나 생산 현장을 직접 찾아가서 야외 방송을 할 수도 있다.

⑨ 온라인상에 널리 확장할 수 있다.

홈쇼핑은 원하는 상품이 있으면 그 상품 방송을 예약해 두고, 시간에 맞춰 시청하면서 구매해야 한다. 반면 라이브커머스는 자신이 원하는 상품과 방송을 검색하여 언제든지 시청할 수 있다. 네이버 '쇼핑라이브'에서 구매자는 방송 종료 후에도 '다시 보기'에 저장된 영상을 검색하여 방송을 시청하고, 구매를 할 수 있다.

TV 홈쇼핑이 제한적인 공간에서 시청할 수 있고 확장에 있어서 한계가 있는 반면, 라이브커머스는 모바일 환경에 적합한 콘텐츠로 언제 어디서든 시청할 수 있으며, 온라인상의 여러 매체에 널리 퍼뜨릴 수 있는 높은 확장성을 지니고 있다.

⑩ 셀러는 멀티플레이어가 되어야 한다.

라이브커머스의 셀러는 혼자서 PD(방송 콘셉트 구상 및 제작), MD(상품 소싱)의 역할을 하면서 동시에 쇼호스트처럼 방송 진행도 해야 한다. 물론 전문 쇼호스트에게 방송을 맡길 수도 있고, 직원들이 있다면 역할 분담을 할 수 있지만 그렇지 못한 경우는 셀러 혼자서 오롯이 방송을 진행해야 한다. 여기에 라이브 방송 홍보 및 마케팅 전략까지 짜고 실행해야 한다. 이렇듯 라이브커머스를 하는 셀러는 다양한 능력을 갖춘 멀티플레이어가 되어야 한다.

03 라이브커머스, 전쟁이 시작되다

1 라이브커머스의 현황과 전망

1) 라이브커머스 시대가 열리다

2016년 중국에서 먼저 시작한 라이브커머스는 TV의 홈쇼핑과 같이 실시간으로 동영상 스트리밍을 송출해 상품을 소개하고, 실시간으로 구매가 가능하게 하는 플랫폼이다.

한국에서 라이브커머스를 제대로 시작한 회사는 '그립컴퍼니'로, 네이버에서 사진, 영상 마케팅 총괄을 담당했던 김한나 대표가 2018년 8월에 설립한 스타트업 기업이다. 김한나 대표는 국내에서 대부분의 사람이 라이브커머스의 '라'자도 모르던 시기에 남들이 안 하는 라이브커머스를 시작한 배경에 대해 "창업 전 네이버에서 근무하며 동영상 서비스 마케팅 업무를 오랫동안 맡았다. 이때 밀레니얼과 제트(Z) 세대에서는 영상 통화와 라이브 영상과 관련한 소비의 성장 속도가 빠르다는 것을 느꼈다"라고 말했다. 변화하는 트렌드를 읽고 미래 시장이 라이브커머스에 있다는 것을 예측한 것이다.

2019년 2월에 서비스를 시작한 '그립(Grip)'은 사업 초기에 입점 업체를 모으기가 쉽지 않았다. 6개월의 시간이 걸려 50개 업체를 모아 시작했는데, 2020년에 코로나19의 환경 속에서 온라인 쇼핑이 주목을 받으면서 그립의 입점 업체가 7000개로 확대되었다.

라이브 방송은 살아 있는 방송을 한다는 모토 아래 출발했다. 태동기 수준이던 라이브커머스가 본격적으로 시작된 계기는 2020년에 우리나라를 대표하는 양대 플랫폼 회사인 '네이버'와 '카카오'가 대대적인 투자를 결정하면서이다. 네이버와 카카오는 양사 간의 특성에 맞춰 서로 다른 형태의 방향성을 가지고 2020년 차례로 라이브 방송 베타 서비스를 시작했다. 이로써 우리나라에 본격적인 라이브커머스 시대가 열렸다고 할 수 있다.

2) 라이브커머스, 이슈가 되다

업계에서는 라이브 방송의 줄임말이 라이브커머스의 '라커'여야 한다고 하지만 현장에서는 '라방'이라고 많이 표현한다. '라방'이라고 하면 라디오 방송을 떠올릴 수도 있는데, 이를 감안하고도 '라방'이라고 표현하는 것은 현시점에서 '라디오 방송'보다 '라이브 방송'이 더 우리의 삶에 가까이 있다고 할 수 있기 때문이다. 라이브커머스가 이슈화되면서 이러한 용어들이 등장하였고, 또 많은 기업들이 라이브커머스에 초점을 맞추기 시작했다.

네이버와 카카오는 라이브커머스를 활성화하기 위해 각종 이용자 혜택을 확대하고, 수익성을 올리기 위해 본격적으로 시동을 거는 등 보다 강력하게 사업을 추진하고 있다.

3) 라이브커머스가 주목받는 이유

라이브가 국내에서 주목받는 이유는 크게 두 가지로 볼 수 있다.

첫 번째는 현재 코로나 사태로 인해 판매자와 소비자가 만날 수 없는 이유이다. 이러한 시대적 상황은 오프라인 시장을 더욱 축소시킨다. 아이러니하게도 이제 오프라인 시장은 소비자와 생산자가 만나지 못하는 시장인 것이다. 저자 또한 백화점에 가본 지 오래되었고, 전통시장도 마찬가지이다. 하지만 여전히 소비자의 구매 욕구는 시장에 남아 있다. 바로 이러한 구매 욕구의 좋은 통로가 되기 시작한 것이 실시간으로 진행되는 라이브 방송이다.

두 번째는 라이브커머스가 이미 중국에서 성공 사례를 보여주었다는 것이다. 중국의 라이브커머스 시장의 성공 사례는 현 쇼핑업계에 큰 화두를 던지기에 충분하다. 중국에는 라이브 방송으로 높은 매출을 올리는 기업이 많이 있다.

출처: https://www.sedaily.com/NewsVIew/1ZAE43989N

위 자료는 중국의 연중 최대 매출을 일으키는 '11.11 쇼핑데이'가 마무리된 뉴스를 알리는 사진이다. 중국 시장에서 이 기간에 4982위안, 한화로 83조 7972억 원 매출을 기록하였다. '라이브커머스'는 이 행사의 주축을 이루며 총매출액의 60%를 차지하였다. 라이브 방송을 통해 무려 50조 원의 매출을 달성한 것이다. 이것이 정말 가능할까? 중국이니까 가능한 것이 아닌가라고 생각할 수도 있겠지만, 우리나라도 중국의 라이브커머스 시장의 흐름을 바라보면서 어디에 주목하고 어떤 것을 피해야 하는지를 계획하면 큰 시장을 만들어 나갈 수 있을 것이다. 현재 라이브커머스 시장의 종주국이라고 할 수 있는 중국을 보면 라이브커머스 시장에서 콘텐츠가 얼마나 큰 힘을 갖는지 실감할 수 있다. 중국에서는 틱톡 앱인 '더우인'과 쇼트클립 플랫폼인 '콰이쇼우(快手)' 같은 라이브 스트리밍 업체들이 '알리바바'와 협업하면서 이커머스 시장에서 그 역할과 위상이 커지고 있다.

4) 라이브커머스의 시장 규모

지금 우리나라는 라이브커머스 시장의 태동기로, 인터넷 플랫폼과 라이브커머스 전문 플랫폼, 유통업체, 홈쇼핑 업체 등 여러 사업자가 시장을 선점하기 위해 치열한 경쟁을 하고 있다. 이 중에서 '네이버 쇼핑라이브'가 어느 정도 안정적인 입지를 확보했다는 전망도 조심스럽게 나오고 있다.

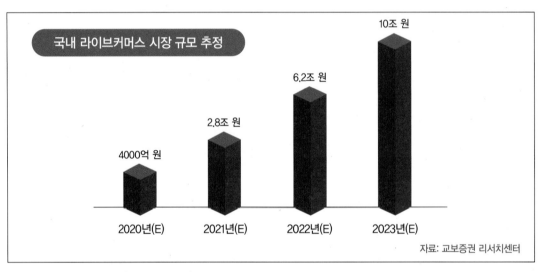

국내 라이브커머스 시장 규모 추정

10조 원 (2023년(E))
6.2조 원 (2022년(E))
2.8조 원 (2021년(E))
4000억 원 (2020년(E))

자료: 교보증권 리서치센터

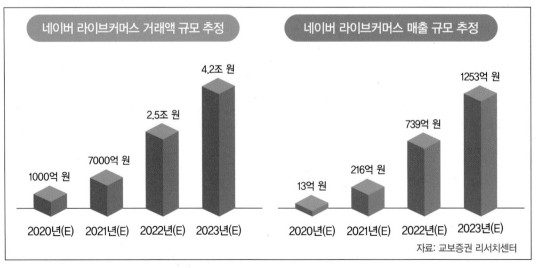

네이버 라이브커머스 거래액 규모 추정

4.2조 원 (2023년(E))
2.5조 원 (2022년(E))
7000억 원 (2021년(E))
1000억 원 (2020년(E))

네이버 라이브커머스 매출 규모 추정

1253억 원 (2023년(E))
739억 원 (2022년(E))
216억 원 (2021년(E))
13억 원 (2020년(E))

자료: 교보증권 리서치센터

교보증권 리서치센터는 국내 라이브커머스 시장 규모가 2020년 4000억 원대(업계에서는 3조 원 추정)에서 2023년에는 10조 원으로 성장할 것이라고 예상하고 있다. 특히 네이버 라이브커머스의 거래 규모를 4조 2000억 원으로 추정하면서 전체 라이브커머스 시장의 42%를 차지할 것이라고 전망했다.

2020년 우리나라 라이브커머스 시장 규모는 업계 최대 추정치인 3조 원으로 보아도 전체 이커머스 시장 161조 원의 1.9%에 불과한 수준이다. 우리보다 앞서 라이브커머스 시장이 정착된 중국의 경우 2019년 전체 이커머스 시장에서 라이브커머스의 비중이 4.4% 정도이며, 2020년에는 8.8% 정도로 추정하고 있다. 이것으로 비추어보면 앞으로 우리나라의 라이브커머스 시장도 더 크게 성장할 것이라는 것을 예측해볼 수 있다.

TV 시청 시간이 줄어들고 스마트폰의 이용 시간이 늘어나면서 앞으로 홈쇼핑 시청자가 라이브커머스로 유입될 것이다. 머지 않아 TV홈쇼핑의 시대가 가고 라이브커머스의 시대가 올 것이라고 예측하고 있다. 그래서 변화를 감지한 홈쇼핑 업체에서도 라이브커머스 시장에 뛰어들고 있다. '홈앤쇼핑'은 라이브커머스 방송인 '팡LIVE'를 2021년 4월부터 정규 편성하였다.

앞으로 라이브커머스의 성장세는 코로나19로 인한 비대면 소비 문화의 증가와 주요 소비층인 MZ세대가 맞물리면서 지속적으로 성장할 전망이다.

2 라이브커머스 플랫폼 전쟁

내 브랜드를 알리기에 가장 좋은 플랫폼은 홈쇼핑이지만, 막대한 비용 때문에 그동안 자영업자나 소상공인들은 쉽게 진입할 수가 없었다. 하지만 이제 '라이브커머스' 플랫폼이 자리를 잡게 되면서, 유명 브랜드나 대기업 제품이 아니더라도 라이브커머스 방송을 통해 내 상품을 알리고 판매할 수 있는 길이 열리게 되었다.

현재 국내에는 많은 업체들이 라이브커머스 플랫폼을 운영하고 있고 시장은 갈수록 커지고 있다. 라이브커머스 시장을 놓고 플랫폼 공룡과 유통 공룡의 총성 없는 전쟁이 이제 본격적으로 시작된 것이다.

1) IT 플랫폼

현재 우리나라 라이브커머스를 이끌고 있는 곳은 단연 IT업체들이다. 그중 네이버 **'쇼핑라이브'**와 카카오의 **'카카오쇼핑라이브'**가 플랫폼의 우위를 앞세워 라이브커머스 시장에서 선두를 달리고 있다.

① 네이버 쇼핑라이브

2020년 7월, 라이브커머스 시장을 주시하고 있던 이커머스 시장의 왕좌 네이버가 '네이버 셀렉티브'에서 '네이버 쇼핑라이브'로 이름을 바꾸면서 본격적으로 움직이기 시작했다.

네이버 쇼핑라이브는 2021년 1월 19일에 누적 시청 횟수 1억 뷰를 달성했다. 불과 몇 개월 전인 2020년 11월에 네이버가 발표한 라이브 누적 유입수가 4500만 뷰였음을 감안하면 거의 두 배에 가까운 성장이었다. 2021년 3월에는 누적 시청 횟수 1억 7000만 뷰, 누적 라이브 콘텐츠 3만 5000건을 넘어섰다. 이처럼 우리나라 포털 검색률 60%대를 점유하고 있는 네이버의 위력은 대단했다. 네이버는 이 점유율을 무기로 네이버 모바일 화면을 쇼핑 위주로 개편하면서 시장을 급속하게 장악하기 시작했다.

네이버 쇼핑라이브의 장점은 스마트스토어의 상품을 바로 연동하여 라이브 방송을 할 수 있다는 것이다. 파워 등급 이상의 스마트스토어 판매자라면 누구나 쉽게 라이브 방송을 진행할 수 있고, 시청자도 별도의 앱 설치 없이 '네이버 쇼핑라이브 탭'에서 바로 시청할 수 있다. 판매자와 시청자 모두 가장 쉽게 접근할 수 있는 라이브커머스 방송이라 할 수 있다.

네이버는 2020년 9월, 자회사인 스노우에서 운영하던 라이브 퀴즈 쇼 애플리케이션 '잼라이브'도 인수하여 현재 라이브커머스 기능 위주로 운영하고 있다.

네이버 쇼핑라이브

잼라이브

② **카카오쇼핑라이브**

카카오쇼핑라이브는 2020년 5월에 시범 운영을 한 후 10월에 정식 출시하였다. 출시 한 달 만에 누적 시청 횟수 1000만 회 돌파, 2021년 1월 13일 기준 2000만 회를 넘어섰다.

카카오쇼핑라이브는 카카오톡에 들어가서 카카오 검색창에 '카카오쇼핑라이브'를 검색하면 라이브쇼핑 페이지를 확인할 수 있다. 또 카카오톡에서 쇼핑 탭을 터치하여 '쇼핑라이브'에서 볼 수 있다.

카카오의 강점은 기존의 챗봇 서비스를 업데이트하면서 브랜드 채널과 친구를 맺은 회원 수를 그대로 시청자 그룹으로 전환할 수 있다는 데 있다.

교보증권 김한경 연구원은 카카오그룹과 네이버그룹이 라이브커머스 시장에서 성장을 나타내고 있는 결과를 두고 "인터넷 포털 서비스업체들은 다른 기업들과 비교해 상대적으로 라이브커머스 시장에 진출하기 수월하다"며 "라이브커머스를 위한 충분한 트래픽, 셀러, 라이브 영상 제작 및 송출 인프라, 결제서비스까지 대부분의 필요조건을 이미 보유하고 있다"고 분석했다.

시청자 입장에서 보면 네이버 쇼핑라이브와 함께 가장 쉽게 접근할 수 있는 플랫폼이다. 그만큼 방송 효과도 큰 시장이라고 할 수 있다. 하지만 판매자 입장에서 보면 규모가 작은 자영업자나 소상공인은 아직까지 진입하기가 용이하지 않은 편이다. 카카오쇼핑라이브를 진행하기 위해서는 '카카오톡 스토어'가 있어야 하고, 스토어가 있더라도, 현재는 담당 MD의 선별을 통해 방송 가능 여부가 결정되기 때문이다.

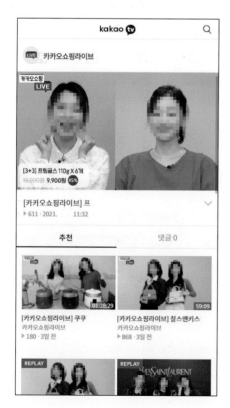

2) 온·오프라인 유통사

많은 유통사들이 자체 쇼핑몰 내 라이브커머스 기능을 탑재하여 방송하거나, 라이브커머스 플랫폼과 제휴하여 진행하고 있다. 갈수록 자체 쇼핑몰에서 라이브 방송을 진행하는 것으로 변하고 있는 추세이다. 그만큼 라이브커머스 시장의 성장 가능성을 예견하고, 집중한다는 방증일 것이다.

- **온라인 쇼핑몰:** 티몬 'TV ON', 쿠팡 '쿠팡라이브', 11번가 '라이브 11', 인터파크 '월요 라이브' 등
- **오프라인 유통사:** CJ ENM, 롯데백화점 '100LIVE', 신세계 'SSG.LIVE', 'S.I.LIVE', 현대백화점 등

① 쿠팡

쿠팡이 2020년 11월에 1000만 뷰를 달성한 것을 놓고 보면 폭발적 성장이라고 할 수 있다. 쿠팡은 그동안 라이브커머스 경력자를 모집하고 싱가포르의 OTT(Over The Top, 온라인 동영상 스트리밍 서비스) 회사 '훅(Hooq)'을 인수하는 등 라이브커머스를 위한 준비를 해왔다. 이것은 OTT 서비스만을 제공하겠다는 것이 아니라 라이브커머스에 플랫폼을 최적화하겠다는 의미로 볼 수 있다. 쿠팡은 2021년 1월 라이브커머스 서비스를 시작했다.

쿠팡은 판매자가 '벤더'로 가입해 라이브 방송을 통해 상품을 판매할 수도 있고, 판매 물건이 없는 사람도 '쿠팡 라이브 크리에이터'가 되어 라이브 방송을 할 수 있는 개방형 라이브커머스이다.

② 티몬

티몬은 라이브커머스 준비를 상당히 빨리 하였다. 2017년 9월에 TV ON을 만들어 첫 방송을 했고, 모바일에 최적화되어 있는 시스템을 만들었다. 티몬 자체 앱에서도 방송을 볼 수 있으며 홈쇼핑과 비슷한 구성으로 운영하고 있다.

③ 배달의민족

국내 배달 플랫폼 1순위 '배달의민족'은 배달앱 최초로 라이브쇼핑 서비스인 '배민쇼핑라이브'를 내놓았다. 약 1400만 명의 배달의민족 월간 이용자 수를 보유하고 있는

배달의민족 또한 향후 라이브 방송의 강자가 될 것임이 틀림없다.

④ 오프라인 유통사

홈쇼핑 채널이 대형 유통기업들의 상품 판매 라인으로 진행되고 있는 시장 상황을 살펴보면 홈쇼핑 업계가 라이브커머스 시장에 관심을 갖는 것은 당연한 결과일 것이다.

라이브커머스 시장 대열에 뛰어들고 있는 GS, CJ, 현대, 롯데, 신세계 등 대형 유통사들의 라이브커머스 참전은 총성 없는 전쟁이 시작되었음을 말해준다.

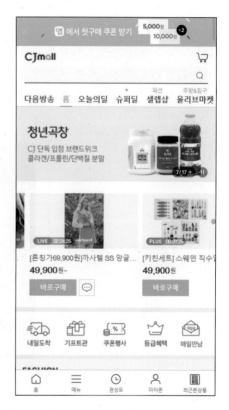

가장 발빠른 행보를 보이고 있는 기업은 CJ이다. CJ그룹은 옛 'CJ오쇼핑'의 새로운 이름인 CJ ENM을 통해서 홈쇼핑 채널을 운영하고 있다. CJ가 전략적으로 'CJ오쇼핑'과 CJ ENM을 합병한 까닭은 바로 CJ ENM이 가지고 있는 방송 '콘텐츠'와 CJ오쇼핑이 가지고 있는 쇼핑채널의 '커머스'의 결합을 통해 쇼핑 매출의 시너지를 극대화할 수 있다고 판단했기 때문이다. 이 같은 CJ그룹의 계획은 CJ ENM의 합병계획 설명회에서 '국내 최초의 글로벌 융복합 미디어 커머스 기업으로 성장할 것'이라고 그 목표를 밝힌 바 있다.

하지만 예능, 드라마 등의 방송 콘텐츠를 쇼핑의 커머스 사업에 결합하여 시너지를 올리려 했던 CJ ENM의 '콘텐츠 커머스' 계획은 '규제'라는 의외의 복병에 주춤할 수밖에 없었다. CJ ENM의 채널A 예능프로그램 〈도시 어부〉 출연진들을 활용한 낚시 세트 판매 홈쇼핑 채널에 대해서 '방송통신심의위원회'에서 법정제재인 '주의'를 부과하면서, 홈쇼핑 채널의 한계성이 드러났다.

이에 비해 라이브커머스는 이제 막 태동하는 시장이기 때문에 이러한 규제로부터 비교적 자유로운 편이다. 그렇기 때문에 커머스와 미디어 콘텐츠와의 결합이 자유로운 측면이 강하다. 때문에 CJ ENM이 전략적으로 추진하고 있는 미디어 & 커머스 전략은 2021년에 더욱 빛을 발할 수 있는 해가 될 것이라는 시장의 분석이 나오고 있다.

현대백화점은 2020년 3월 중순부터 네이버와의 협업을 통해 백화점 유통 상품들을 네이버 '백화점 윈도 라이브' 방송을 통해 실시간으로 판매 운영하고 있다. 현대백화점은 대형 플랫폼 회사인 네이버와의 제휴를 통해 사업 진출을 하였으며, 2020년 7월부터 회사 내 라이브커머스 팀을 운영하고 전문가 육성을 위해 교육도 활발하게 진행하고 있다.

대형 유통기업인 롯데는 롯데쇼핑 계열 유통사를 통합시킨 통합 온라인 쇼핑 플랫폼 '롯데온'의 시스템 통합을 끝내면서, 본격적으로 이커머스 시장에 뛰어들었다. 이는 충성 없는 이커머스 시장에서 충성고객을 확보하여 오프라인뿐만 아니라 온라인에서도 유통업계 1위를 하겠다는 전략으로 볼 수 있다. 롯데백화점에서는 라이브커머스 채널 '100라이브'를 운영하고 있으며, 롯데온(https://www.lotteon.com)은 2020년 7월 22일 라이브커머스 채널 '온 라이브(ON LIVE)'를 론칭하였다. 온 라이브에서는 기존 백화점 상품을 비롯하여 마트, 롭스, 입점 셀러의 상품 등을 방송하고 있는데, 2021년 하반기에는 입점 셀러가 직접 방송을 할 수 있는 개방형 플랫폼으로 전환할 예정이다. 이러한 환경이 갖춰진 가운데 롯데는 몇 번의 성공 경험을 통해서 본격적으로 라이브커머스를 진행할 것이다.

현대Hmall의 '쇼핑라이브'

롯데ON의 '온 라이브'

롯데백화점의 '100라이브'

신세계도 2018년 10월, 1조 원의 투자 유치를 성공하면서 시장은 점점 가열되고 있다. '신세계TV 쇼핑'은 '신세계TV 쇼핑라이브'로 2020년 9월 이름을 리뉴얼하여 론칭하였다. 신세계는 '출근길 뮤직 하이'와 같은 차별화된 기획 프로그램을 선보이며, 고객들이 전문 뮤지션들의 음악과 쇼핑을 즐길 수 있도록 했다. 또한 네이버쇼핑에 입점하여 방송 중에 구입하지 못한 고객들이 차후 구입할 수 있도록 전략적인 구성도 했다.

SSG닷컴은 자체 라이브커머스 채널인 쓱라이브(SSG.LIVE)를 2010년 10월에 출시하였고, 신세계 인터내셔날은 2020년 12월, 자체 온라인몰 S.I.VILLAGE 내에 S.I.LIVE를 출시하면서 라이브커머스 방송을 시작하였다.

신세계TV쇼핑의 '쇼핑라이브'

SSG.COM의 '쓱라이브'

3) 라이브커머스 전문 플랫폼

대표적인 라이브커머스 전문 플랫폼으로는 그립(GRIP), 소스라이브(SAUCELIVE), 보고(VOGO), 푸딩(PUDDING), 볼라(VOLLA) 등이 있다.

'그립'은 2019년 2월 출시하여, 라이브커머스라는 비즈니스 모델을 국내에서 처음으로 안착시키며, 라이브커머스 전문 플랫폼 중에서 가장 앞서가고 있다.

그립의 쇼호스트를 '그리퍼'라고 하는데, 입점 신청 시 그리퍼로만 지원할 것인지, 판매할 상품이 있는 셀러로 입점할 것인지를 선택하게 된다.

판매 대행 그리퍼가 되면 방송을 할 수 있는 권한이 생기고, 판매자에게 그리퍼로 소개되어, 상품 판매 진행을 제안받게 된다. 방송 후에는 방송을 의뢰한 판매자로부터 수수료를 받게 된다.

판매자로 입점하여 그리퍼로 활동하려면 사업자등록증, 통신판매업신고증, 통장 사본, 신분증 사본이 필요하다. 이렇게 판매자로 입점하여 자신이 직접 그리퍼로 방송을 할 수도 있고, 판매 대행 그리퍼에게 수수료를 주고 방송을 맡길 수도 있다.

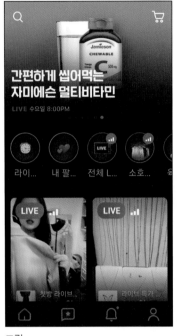

그립

소스라이브

푸딩

볼라

이 밖에도 인스타그램, 페이스북, 유튜브 등 다양한 매체를 통해 라이브 방송을 진행할 수 있다.

현재 우리나라 라이브커머스 시장은 거대 IT 기업인 네이버와 카카오가 주도하는 형국 속에 오픈마켓의 선두주자 쿠팡과 배달앱의 최강자 배달의민족 등 거대 플랫폼 기업과 이커머스 기업들이 계속 주시하며 시장 진출을 하고 있다. CJ ENM 같은 거대 유통기업들의 경쟁력 또한 라이브커머스 시장에서 그 영향력을 발휘하며 시장을 선도해나갈 것이다.

네이버, 카카오, 쿠팡에 이어 유통 공룡인 롯데와 신세계가 뛰어들면서 우리나라의 라이브커머스 시장은 그야말로 전쟁터를 방불케 하고 있다.

04 네이버 쇼핑라이브를
반드시 해야 하는 이유

앞서 이야기한 것처럼 현재 라이브커머스는 네이버 '쇼핑라이브', 카카오의 '카카오쇼핑라이브'를 비롯하여 온·오프라인 유통사, 라이브 방송 전문 플랫폼, 유튜브, 인스타그램, 페이스북 등 여러 채널에서 라이브 방송이 가능하다. 이 중에서도 상품을 판매하는 셀러들이 가장 쉽게 접근하여 판매할 수 있는 방송은 바로 '네이버 쇼핑라이브'이다.

네이버 쇼핑라이브가 단기간에 라이브 쇼핑 시장을 석권할 수 있었던 까닭은 구글과 같은 검색 기능과 아마존의 강점인 이커머스 기능 덕분이다. 이 기능은 소비자의 니즈를 충족시키면서, 그 단계에서 머무르지 않고 쇼핑을 하는 고객들의 더 많은 욕구를 수용할 수 있다. 쌍방향 소통에 최적화되어 있는 리얼 생방송 커머스의 시도는 고객의 니즈를 찾아가기 때문이다.

한마디로 말해 네이버의 강점인 검색엔진 기능의 장점을 살리면서 글로벌 이커머스를 주도하는 아마존이 자랑하는 최신식 로직과 타오바오의 메신저 기능을 접목해, 소비자 니즈를 채워주는 '한국형 라이브커머스'를 만든 데 있다고 할 수 있다.

1 네이버 메인화면 노출 서비스와 국내 1위의 검색엔진

1999년에 시작한 네이버는 현재 회원수 4200만 명을 거느린 국내 최대의 포털사이트이다. 하루 방문자 약 4000만 명으로 2020년 국내 포털사이트 '트래픽'의 약 60% 정도를 차지하고 있다. 하루 동안 진행되는 상품 검색은 3000만 건에 달한다. 네이버는 이렇게 축적된 유저 데이터를 마케팅 등 다양한 분야에 활용하고 있다. 특정 상품에 대한 구매자의 연령이나 성별, 고객 성향 등을 네이버만큼 잘 아는 곳이 있을까?

네이버는 이 유입률과 축적된 빅데이터를 기반으로 이커머스 시장과 라이브커머스를 연결함으로써 네이버 쇼핑라이브를 급성장시킬 수 있었다. 트렌드에 맞는 상품을 좋아하는 소비자의 니즈에 따라 네이버는 무료로 라이브 창에 노출을 시켜주고, 이는 큰 매출로 이어지는 것이다.

'네이버쇼핑'으로 들어가서 '네이버 쇼핑라이브'를 클릭하면 각종 네이버 쇼핑라이브 채널들이 나온다. 그리고 나오는 화면들은 계속 살아 움직이는 영상들을 보여준다. 홈 화면의 '지금 라이브 중'에 들어가면 지금 생방송 하고 있는 채널들이 등장한다.

메인을 보면 개인 방송도 있고 백화점 채널도 있다. 상단 메뉴를 보면 홈, 패션, 뷰티, 푸드, 라이프, 라이브쇼, 키즈, 테크레저, 도전라이브 등이 나와 있다. 네이버 쇼핑라이브는 그 이름에서 알 수 있듯이, 상품을 판매하는 라이브 방송이다. 인스타그램이나 유튜브는 판매활동을 자주 하다 보면 팔로워들에게 본질을 흐리고 상업성만 추구하는 느낌을 주게 된다. 하지만 쇼핑라이브는 대놓고 판매활동을 할 수 있는 곳이다.

쇼핑라이브에 들어오는 사람은 이 페이지가 상품을 판매하는 방송이라는 것을 누구나 알 수 있다. 즉 유입 고객의 목적이 확실하기 때문에 구매전환율이 높다. 스마트스토어 판매자라면 앞으로 쇼핑라이브는 반드시 진행해야 할 판매 채널이다.

2 간편결제 시스템 '네이버페이'의 급성장

네이버는 2015년 6월 '네이버페이(Naver Pay)'를 출시하였다. 네이버페이는 네이버 ID로 손쉽게 구매와 송금을 할 수 있는 결제 수단이다.

네이버페이의 2019년 1월~8월까지의 결제 추정금액은 13조 5000억 원으로, 전년 같은 기간 대비 27% 증가하면서 해를 거듭할수록 온라인 결제 시장을 주도하고 있다.

우리나라 사람 대부분이 가지고 있는 네이버 아이디를 통해 쇼핑하는 고객 누구나 결제를 할 수 있는 네이버페이가 네이버쇼핑에 연동되면서 네이버 쇼핑라이브에서도 판매자와 구매자 모두 손쉽게 스마트스토어를 이용할 수 있게 되었다.

네이버는 고객이 손쉽게 라이브 방송에 들어가게끔 하기 위해 화면에서 라이브 방송에 접속하는 경로를 단축했다. 네이버 첫 화면에서 라이브 방송에 들어가기까지 단한 번의 터치로 충분하다. 첫 화면에서 화면을 옆으로 밀기만 하면 라이브 방송에 들어갈 수 있게 만들어놓은 것이다. 이는 네이버가 라이브커머스를 스마트폰에 최적화하기 위해 서비스를 개편한 것이라 볼 수 있다.

모바일 네이버 홈 화면에서 화면을 왼쪽으로 플리킹하거나 하단의 '쇼핑·라이프' 아이콘을 터치하면 '쇼핑·라이프' 페이지가 나타나는데, '쇼핑라이브' 채널이 아예 상단에 고정되어 있다. 탭을 터치하면 네이버 쇼핑라이브에 들어가게 된다.

네이버 쇼핑라이브는 휴대폰으로 쉽고 편리하게 라이브 방송을 촬영하여 송출할 수 있다. 휴대폰에 '쇼핑라이브 앱'이나 '스마트스토어센터 앱'을 설치하고 진행하면 실시간으로 고객과 소통하면서 판매 방송이 이루어진다.

위 화면은 '24시 내고향'에서 랍스터를 판매하는 라이브 방송 화면이다. 이날 라이브 방송은 저녁 8시부터 진행되었다. 저녁 8시는 라이브 방송의 황금시간대라고 할 수 있는데, 퇴근 후 저녁식사를 하고 마음이 느긋한 상태로 즐길 수 있는 시간대이기 때문이다. 그래서 홈쇼핑의 황금시간대의 방송단가는 매우 비싸다. 반면에 네이버 라이브 방송은 일반 시간대와 수수료 변화가 없다.

또 라이브 방송 중에 '이벤트 중이니까 라이브 공유하세요'라고 화면에 나온다. 그러면 초대를 많이 한 고객인 일명 '초대왕'에게 네이버페이를 최대 2만 포인트를 상품으로 준다. 네이버페이 2만 포인트는 현금으로 2만 원인 셈이다. 이벤트를 통해 받은 네이버페이를 네이버 라이브 방송에서는 현금처럼 상품을 구매할 수 있다.

네이버라는 익숙한 환경에 네이버페이라는 천군만마를 얻자 네이버 쇼핑라이브는 거침없는 성장을 하게 되었다.

③ 빠른 자금 회전과 최저 수준의 수수료

현재 라이브커머스 시장은 최저가 '치킨게임'에 빠져 있다. 치킨게임이란 게임이론 모델에서 나온 말로, 문제에 대해 대립하는 두 공동체가 있을 때 한쪽이 포기하면 상대방에 비해 손해를 보지만, 양쪽 모두 포기하지 않을 경우 모두가 손해를 보는 상황을 말한다.

라이브커머스는 '최저가'라는 부분에서 치킨게임이 이루어지고 있기 때문에 시장에서 개인 셀러는 한푼이 아쉬운 상황이다. 이런 셀러들에게 타 오픈마켓 대비 낮은 네이버 쇼핑라이브의 수수료(매출액의 3%, 제휴 라이브는 5%)는 가장 큰 매력으로 다가온다.

특히 유통사업에 있어 가장 중요한 것이 자금회전이다. 네이버는 구매확정일까지 기다리지 않고 상품 발송 후, 다음날(집화 기준) 상품 판매대금의 80%를 선 지불해주는 제도인 '퀵에스크로 선정산 서비스'를 2019년부터 실시하고 있다. 이것은 판매자의 자금회전율을 돕고 현금 유동성을 높여 당장 현금이 아쉬운 판매자에게 많은 도움이 되고 있다. 퀵에스크로를 통해 판매자는 정산주기를 최대 10일 이상 단축할 수 있다.

④ 다양한 판매 경로를 통한 매출 증대

판매자가 스마트스토어에 집중해야 하는 가장 큰 이유를 꼽으라면 새로운 제품을 상위 노출시켜주는 '최신성 로직'과 검색 SEO(Search Engine Oprimization, 검색엔진 최적화)에 의한 '알고리즘 로직'일 것이다.

최신성 로직은 이미 판매되고 있는 기존 셀러의 상품보다 새로이 등록한 셀러의 상품을 일정 기간 유리한 랭킹 점수를 주어 상품의 순위에 영향이 있게 하여 노출에 도움을 주는 로직이다. 이는 신규 셀러의 판매 장벽을 낮춰 스토어 진입을 용이하게 한다.

이것이 다른 플랫폼과 비교되는 네이버쇼핑의 가장 큰 차이점이자 강점이다. 네이버쇼핑 SEO를 적용하여 알고리즘 로직에 맞게 페이지를 운영하면 광고를 하지 않더라도 매출을 올릴 수 있다. 결국 네이버 라이브 방송 조건을 신규 판매자도 맞추기가 쉽다는 것이다. 네이버의 라이브 방송은 스마트스토어 파워 등급 이상이면 진행할 수 있다.

그리고 그에 부합할 수 있는 방법을 네이버 쇼핑라이브는 제공한다. 네이버 쇼핑라이브는 네이버 메인 페이지에 노출되고 있는 만큼 시청자의 유입이 대체적으로 쉬운 편이다.

이것이 우리가 네이버 쇼핑라이브를 해야 하는 이유이다.

5 낮은 시청자 진입 장벽

라이브커머스는 시청자의 수에 따라, 즉 라이브 유입 인원 수에 따라 매출이 결정된다고 해도 과언이 아니다. 스마트스토어에서 상품이 아무리 좋아도 상위노출이 되지 않으면 큰 판매를 기대하기 어려운 것처럼, 라이브커머스도 쇼호스트가 아무리 방송을 잘해도 시청자가 없으면 판매가 되지 않는다. 기본적으로 시청자 수가 많아야 판매가 많이 된다.

시청자가 많이 유입되려면 진입 장벽이 낮아야 하는데, 네이버 쇼핑라이브는 시청자들의 진입 장벽이 낮다. 사실 장벽이라고 할 것이 없다. 대한민국 사람 누구나 사용하는 네이버에서 바로 쇼핑라이브로 들어갈 수 있고, 네이버페이를 통해 바로 결제를 할 수 있기 때문이다.

라이브 전문 플랫폼이나 기타 다른 라이브 방송를 시청하려면 고객은 별도의 앱을 깔아서 시청해야 하고, 때에 따라서는 인증 절차를 거쳐야 한다. 하지만 네이버 쇼핑라이브는 앱 설치나 별도의 작업 없이 바로 진입할 수 있다. 누구나 쉽게 진입하여 라이브를 시청할 수 있는 플랫폼이기에 그만큼 유입 고객이 많다. 이것 또한 우리가 네이버 쇼핑라이브를 해야 하는 이유 중의 하나이다. 라이브커머스에서는 시청자 수가 곧 매출이다.

6 셀러가 자체적으로 운용하기 쉬운 플랫폼

앞으로 국내 라이브커머스를 이끌어갈 업체라고 볼 수 있는 '네이버'와 '카카오', '쿠팡'의 라이브커머스를 셀러의 입장에서 단순 비교해보면, 셀러의 뜻대로 가장 운용하기 쉬운 곳이 '네이버 쇼핑라이브'이다.

네이버 쇼핑라이브는 스마트스토어 파워 등급 이상의 자격만 되면 누구나 라이브 방송을 진행할 수 있다. 플랫폼의 개입 없이 자체적으로 '챌린지 라이브'를 진행할 수 있고, 네이버에서 공지하는 기획전에 선정되면 '기획전 라이브'도 진행할 수 있다. 셀러가 원하는 날짜, 원하는 시간에 자신의 의도대로 라이브를 진행할 수 있다.

이에 비해 '카카오 쇼핑라이브'나 '쿠팡 라이브'는 개인 셀러나 소상공인이 진입하기에는 아직까지 다소 힘든 상황이다. 이들 라이브는 셀러가 자체적으로 라이브를 진행할 수 없고, 플랫폼사에 신청하여 선정되어야 진행할 수 있다. 따라서 현재 유명 브랜드사나 대형 업체 위주로 라이브가 진행되고 있는 실정이다.

카카오 쇼핑라이브는 셀러가 라이브 방송을 신청하여 선정이 되면 시간, 장소, 방송 장비, 쇼호스트 지정 등 방송에 관한 거의 모든 것을 카카오에서 알아서 진행한다. 어떻게 보면 셀러의 라이브가 아니라 카카오에서 하는 방송이라고 볼 수 있다. 그러다 보니 수수료율도 높다. 개인 셀러 입장에서는 그만큼 진입 장벽이 높다.

쿠팡은 방송 진행자인 '크리에이터'로 등록하거나 판매할 상품이 있다면 '벤더'사로 입점하여 라이브 방송을 할 수 있다.

이들 업체가 지금은 네이버와 차별화 전략을 펼치고 있지만, 머지 않아 네이버처럼 셀러가 자신의 상품을 자체적으로 방송을 할 수 있는 시스템도 구축해나갈 것으로 예측해본다.

7️ 라이브커머스의 대세는 네이버 쇼핑라이브

네이버는 방송 송출 횟수, 시청 뷰, 매출액 등 그 규모 면에서 타 플랫폼의 추종을 불허할 정도로 앞서가고 있다. 앞으로 이러한 쏠림 현상은 더욱 심화될 것으로 업계에서는 추정하고 있다. 교보증권 리서치센터는 2023년에는 네이버가 국내 라이브커머스 시장의 42%를 차지할 것이라고 전망하고 있다.

네이버의 한성숙 대표가 네이버 쇼핑라이브를 "네이버가 가진 커머스, 트래픽, 사용자제작콘텐츠(UGC) 자산과 라이브 기술을 한데 모아 만든 결정체"라고 강조한 것은, 앞으로 라이브커머스 시장의 성장에 발맞추어 네이버 쇼핑라이브를 더욱 성장시킬 것을 시사하는 것이라고 할 수 있다.

지금 라이브커머스는 네이버를 중심으로 돌아가고 있으며, 앞으로 라이브커머스의 대세는 네이버 쇼핑라이브가 될 것이다.

2장

네이버 쇼핑라이브
입성하기

01 〉 네이버 쇼핑라이브 진행 자격 조건

　　네이버 쇼핑라이브는 '네이버 쇼핑라이브 앱'과 '네이버 스마트 스토어센터 앱'을 통해서 실시간으로 라이브를 진행하며 상품을 판매할 수 있는 쇼핑 채널이다. 쇼핑라이브는 (구)셀렉티브가 2020년 7월 30일부터 '네이버 쇼핑라이브'로 변경된 것으로, 둘은 같은 것이라고 보면 된다.

　　네이버 쇼핑라이브를 하기 위해서는 스마트스토어(윈도 포함) 등급이 **파워 등급** 이상이어야 한다. 파워 등급은 **3개월 동안 판매건수 300건 이상, 판매 금액 800만 원 이상을 충족**할 경우 부여되는 등급이다. 만약 스토어를 개설한 후 한 달 만에 800만 원의 판매금액을 올렸다면 다음 달 등급이 업데이트되는 2일에 파워 등급을 부여받아 바로 쇼핑라이브를 진행할 수 있다.

등급 산정 기준 안내 ×

| 판매자 등급 | | 굿 서비스 | | 상품등록 한도 |

판매자님의 거래 규모에 따라 구간별로 등급명이 표기 됩니다.
사용자들이 믿고 구매할 수 있도록 네이버 쇼핑 및 스마트스토어 판매자 정보 영역에 아이콘이 표기됩니다.

등급표기		필수조건		
등급명	아이콘 노출	판매건수	판매금액	굿서비스
플래티넘	🛡	100,000건 이상	100억원 이상	조건 충족
프리미엄	🏅	2,000건 이상	6억원 이상	조건 충족
빅파워	🏅	500건 이상	4천만 이상	-
파워	🏅	300건 이상	800만원 이상	-
새싹	-	100건 이상	200만원 이상	
씨앗	-	100건 미만	200만원 미만	

네이버 쇼핑라이브를 진행할 수 있다.

· 산정 기준 : 최근 3개월 누적 데이터, 구매확정 기준(부정거래, 직권취소 및 배송비 제외)
· 등급 업데이트 주기 : 매월 2일 (예) 10월 등급 산정 기준: 7월~9월 총 3개월 누적 데이터 (월:1일~말일)
· 플래티넘과 프리미엄은 거래규모 및 굿서비스 조건까지 충족시 부여되며, 굿서비스 조건 불충족시 빅파워로 부여됩니다
· 새싹 및 씨앗 등급은 네이버 쇼핑 및 스마트스토어 사이트에서도 등급명 및 아이콘이 노출되지 않습니다

| 닫기 |

스마트스토어 판매자 등급 산정 기준

파워 등급이 되어 라이브를 한 번이라도 진행한 이력이 있을 시에는 등급이 하향되어도 계속적으로 라이브를 진행할 수 있다. 만약 파워 등급 충족 후에 라이브를 진행한 이력 없이 등급이 하향되었다면 라이브 진행이 불가능하다. 그때는 다시 파워 등급으로 상향되었을 때 라이브 진행이 가능하다. 그러니 파워 등급이 되었을 때 조금 미진한 부분이 있더라도 쇼핑라이브를 짧게라도 한번 진행해볼 것을 추천한다.

㈜셀렉티브 앱을 통해 라이브를 진행한 이력이 있는 경우는 파워 등급이 충족되지 않아도 라이브 진행이 가능하다.

네이버에서 이렇게 파워 등급 이상에게 자격을 부여하는 것은 이 정도의 판매 실적이 있는 셀러라야 상품에 대한 기본적인 신뢰도가 있다고 보기 때문이다. 결국 네이버 쇼핑라이브는 기본적으로 상품을 판매하는 것이기 때문에 무엇보다 상품 자체가 좋아야 좋은 매출을 기대할 수 있다는 의미이기도 하다.

Tip 나의 판매자 등급 확인하기

나의 판매자 등급은 **스마트스토어센터**에서 **판매자정보 → 판매자 등급**에서 확인할 수 있다.

02 스마트스토어 판매자 가입하기

네이버 쇼핑라이브를 진행하려면 먼저 스마트스토어 판매자로 가입되어 있어야 한다. 그리고 파워 등급 이상이 되어야 쇼핑라이브를 진행할 수 있다. 스마트스토어 판매자 가입은 다음의 과정을 따라 누구나 쉽게 할 수 있다.(스마트스토어 셀러로 이미 활동하고 있는 분들은 이 부분은 건너뛰어도 된다.)

1️⃣ 개인 판매자 가입하기

1. 인터넷 검색창에 '스마트스토어센터'를 검색하면 '네이버 스마트스토어센터(https://sell.smartstore. naver.com)'가 나온다. 클릭하여 스마트스토어센터에 들어간 후 **판매자 가입하기**를 클릭한다.

2. 먼저 판매자 유형을 선택한다. **판매자 유형은 '개인', '사업자', '해외사업자' 중 개인으로 선택하고 다음을 누른다.** 사업자등록증이 있는 사람은 사업자로 가입하면 되고, 그렇지 않은 사람은 먼저 개인 판매자로 가입하면 된다. 개인 판매자로 가입한 후 판매를 해보면서 경험을 쌓고, 아이템에 대한 확신이 생겼을 때 사업자등록증을 내고 사업자로 전환해도 된다.(가입 후 스마트스토어센터의 **판매자 정보 → 사업자 전환**에서 할 수 있다.) 사업자로 가입할 경우 필수 서류를 제출해야 하고 심사를 거쳐 가입 승인이 된다.

개인 판매자가 일정 조건이 되면 반드시 사업자를 내고 '통신판매업 신고'도 해야 한다. 최근 6개월 동안 거래 횟수가 20건 이상이면서 거래 규모가 1,200만 원 이상인 경우 통신판매업 신고를 해야 하는데, 통신판매업 신고를 하기 위해서는 사업자등록증이 있어야 한다.

'사용 가능 이름 조회하기'를 클릭하면 스마트 스토어 이름과 URL의 사용 가능 여부를 확인할 수 있다.

■ 가입 필수 서류

판매자 유형		필수 서류
개인	일반	• 없음
	법적 미성년자(만 19세 미만)	• 스마트스토어 법정대리인 동의서 원본 1부(가입화면에서 다운로드할 수 있음) • 가족관계증명서(또는 법적 대리인 증명 서류) 사본 1부 • 법정대리인 인감증명서 사본 1부
사업자		• 사업자등록증 사본 1부 • 통신판매업신고증 사본 1부 • 대표자/사업자/법인 명의 통장 사본 1부 • (해당하는 경우) 대표자/법인 인감증명서 사본 1부(발급일 3개월 이내) • (해당하는 경우) 법인등기사항전부증명서 사본 1부(발급일 3개월 이내)
해외사업자		• 대표자 해외 여권 사본 1부 • 사업자등록증 사본(미국의 경우 IRS 서류) 1부 • 해외에서 개설된 사업자 또는 법인 명의 통장(또는 해외계좌 인증 서류) 사본 1부

3. '실명인증' 화면이 나온다. **휴대전화 본인인증** 버튼을 클릭하여 본인인증을 한 후 **다음**을 클릭한다.

4. 가입할 아이디 유형을 선택한다. 본인의 스토어를 개설하는 것이라면 '네이버 아이디로 가입하기'를 선택하여 진행하는 것을 추천하며, 나 혼자만이 아닌 직원이나 다른 사람들이 같이 아이디와 비밀번호를 공유하여 관리하는 것이라면 'E-Mail로 가입하기'로 진행하는 것을 추천한다.

5. 가입하기를 진행했다면 휴대전화 번호를 입력한 후에 휴대전화 인증을 한 번 더 진행한다.

6. '네이버 비즈니스 서비스 연결하기'가 확인된다. 오른쪽 버튼을 ON으로 설정한다. '네이버 쇼핑'은 네이버 검색에 상품이 노출되도록 하는 것이고, '네이버 톡톡'은 구매자와 톡을 할 수 있도록 설정하는 것이다.(이 서비스는 가입 완료 후 스마트스토어센터의 **노출 서비스 관리**에서 설정할 수 있다.)

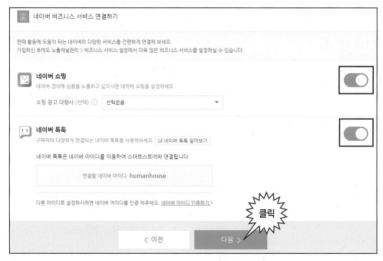

7. 이용약관을 살펴보고 동의한 후 **다음**을 클릭한다.

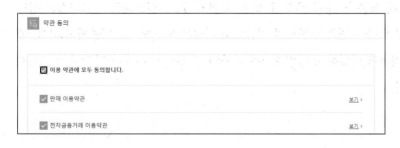

8. '판매자 정보' 입력 화면이다. **주소찾기**를 클릭하여 상품출고지 혹은 회사 등 주소를 설정한 후 **다음**을 클릭한다.

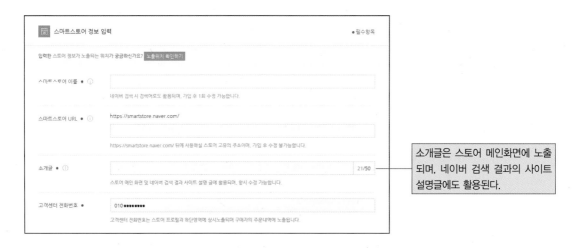

9. 스마트스토어 이름, URL, 소개글, 고객센터 전화번호를 입력하고 **다음**을 클릭한다.

소개글은 스토어 메인화면에 노출되며, 네이버 검색 결과의 사이트 설명글에도 활용된다.

10. 대표상품 카테고리, 판매 상품 및 상품 출고지, 반품/교환지 주소, 정산대금 입금계좌를 설정한다. 입금계좌는 휴대전화로 인증한 명의와 동일한 이름으로 개설된 은행계좌로 인증해야 하며, 예금주명을 휴대전화 인증한 이름과 동일하게 입력해줘야 인증이 진행된다. 마지막 담당자 정보까지 입력한 후에 **다음**을 클릭한다.

판매 상품정보 입력

대표상품 카테고리 ● 패션잡화 ▼

대표상품 카테고리는 네이버 페이, 네이버 쇼핑 가입 시 기본 등록 정보로 사용되며 판매자정보 > 판매자 정보 에서 변경 가능합니다.

상품 판매권한 신청 해외상품(구매대행)이나 건강기능식품, 의료기기, 전통주 관련 상품을 판매하시려면 별도 약관동의나 서류를 제출하셔야 판매가 가능합니다. **상품군별 카테고리 보기**
해외 배송 판매자는 '해외 상품 판매 이용약관' 동의시 해외 배송지 등록이 가능합니다.
○ 판매권한 신청   ● 신청하지 않음

배송 · 정산정보

상품 출고지 주소 ● 출고지 이름 (2~12자 한글, 영문, 숫자 사용가능)
상품출고지

출고지 주소
☑ 사업장주소와 동일
🔍 주소수정

출고지 연락처1 (필수)

출고지 비상 연락처2 (선택)
-없이 연락가능한 전화번호 입력

반품/교환지 주소 반품/교환지 이름 (2~12자 한글, 영문, 숫자 사용가능)
반품교환지

반품/교환지 주소
☑ 사업장주소와 동일   ☐ 출고지주소와 동일
🔍 주소수정

반품/교환지 연락처1 (필수)

반품/교환지 비상 연락처2 (선택)
-없이 연락가능한 전화번호 입력

정산대금 입금계좌/ 수령방법 ● KEB하나은행 ▼

홍길동   ●●●●●●●●426●●● ✕ 인증   인증필요

휴대전화로 명의 인증한 이름(판매자명)과 동일한 이름으로 개설된 은행 계좌로 인증하셔야 합니다.
예금주명을 휴대전화 인증한 이름과 동일하게 입력해주셔야 인증이 진행됩니다. (휴대전화 인증 이름 : 정방철)

● 정산대금 입금계좌   ○ 판매자 충전금

판매자 충전금은 정산금액을 모아 두었다가 내가 원할 때 정산 받을 수 있는 수단입니다.
판매자 충전금으로 정산대금 수령, 네이버 쇼핑 광고 구매를 하실 수 있으며 출금하실 경우 신청일 +1 영업일 되는 날 계좌로 입금됩니다.

담당자 정보

고객센터 전화번호와는 별개로, 상품의 주문 현황 및 스마트스토어센터 중요 안내를 받는 담당자 정보입니다.
가입 후, 주/부 관리자를 등록하시면 담당자를 변경하실 수 있습니다.
주/부 관리자는 '판매자정보 > 매니저 관리' 메뉴에서 회원 초대를 통해 등록하실 수 있습니다.

담당자 이름 ● **홍길동**

담당자 인증 ● 휴대전화 번호 인증ⓘ
대한민국 (+82) ▼   010●●●●●●●●   인증   인증완료

이메일 주소 인증ⓘ
humanhouse@naver.com   인증   인증필요

11. '판매자 추가 정보 입력'의 해당 칸을 체크한 후에 **신청완료**를 누르면 판매자 가입이 완료된다.

12. 판매자 가입이 완료되었다. **스마트스토어센터 가기**를 클릭한다.

13. 판매자의 스마트스토어센터 화면이다. 앞으로 이곳에서 판매자는 판매와 관련된 다양한 활동을 하게 된다. 상단의 스토어명을 클릭하면 판매자의 스마트스토어 페이지로 가게 된다.

14. 판매자의 스마트스토어이다. 상단 주소창에서 설정한 URL을 확인할 수 있고, 스토어 이름과 소개글 등 가입 시 설정한 정보들을 확인할 수 있다.

2 사업자 판매자 가입하기

1. 스마트스토어센터 판매자 가입하기에서 '판매자 유형'을 **사업자**를 선택하고 **다음**을 클릭한다.

2. '사업자등록번호' 입력란에 사업자번호를 입력하여 인증을 진행한다.(이후 약관 동의하기까지 개인 판매자 가입하기와 동일하다.)

3. 다음은 사업장 정보를 입력한다. 아직 통신판매업으로 신고하지 않았다면 '미신고' 선택 후 '신고 준비중'으로 설정한다.

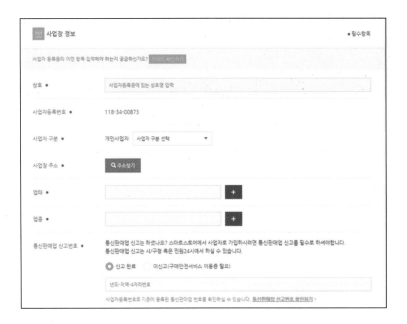

4. 사업자 판매자 가입을 위한 필요서류를 첨부하고 **신청완료** 버튼을 클릭하면 신청이 완료된다.

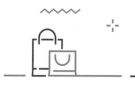

03 스마트스토어 상품 등록하기

네이버 쇼핑라이브는 스마트스토어에 등록되어 있는 상품을 연동하여 판매하는 것이기에 먼저 스마트스토어에 판매할 상품이 등록되어 있어야 한다.

1. 스마트스토어센터에서 **상품관리 → 상품등록**을 클릭한다.

2. [카테고리] 상품명과 잘 매칭되는 카테고리를 설정한다. 여기서 선택하는 카테고리와 바로 아래에서 설정할 '상품명'에 들어가는 키워드가 매칭이 되어야 한다. 그래야 네이버쇼핑 검색 알고리즘의 '적합도' 로직에 의해 상위노출이 된다. 그렇지 않으면 노출을 기대하기 어렵다.

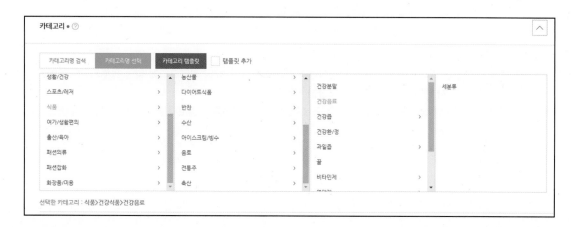

3. [상품명]을 입력한다. 상품명은 대표키워드와 블루키워드를 조합해서 50자 이내로 쓴다. 상품명은 직접 타이핑해야 최신성으로 인식된다. 복사 – 붙이기 하면 안 된다.

상품명 입력 후 **상품명 검색품질 체크**를 클릭해보면 검색에 적합한 상품명을 입력했는지를 알 수 있다. 이것은 하나의 참고사항이다. 노출이 잘되는 상품명이라는 소리는 아니다.

🔔 **Tip** 상품명 작성 방법

상품명 작성은 여러분이 소비자라면 어떻게 검색해서 그 제품을 찾을까를 생각해보면 된다.

① 상품명은 50자 이내에서 작성한다(최대 100자까지 입력할 수 있다).

② 조사, 수식어, 특수어 사용 금지: ( ) – · [ ] / & + , ~ . 외의 특수문자 및 기호는 사용하지 않는다.(특수문자는 많이 사용하지 않는 것이 좋다.)

③ 동일 키워드 상품품질 체크
동일한 키워드를 여러 번 사용할 시 '상품명 검색품질 체크' 부분에서 부적합하다고 나올 수 있으므로 해당 부분을 한 번 더 체크한다.

④ 브랜드화되지 않은 스토어명, 셀러명, 쇼핑몰명 사용 금지

⑤ 한글이나 아라비아숫자를 사용한다.
파라소닉 DMC-GM II Digital 카메라(1210만 화소) ➡ 파라소닉 DMC-GM2 디지털 카메라(1210만 화소)
: 로마자와 영어는 지양하고 아라비아숫자와 한글을 쓴다.

⑥ 카테고리와 맞는 블루키워드를 넣는다.
상품등록 시 설정한 카테고리가 [식품 > 건강식품 > 건강음료]라면, 해당 카테고리에 맞는 블루키워드를 사용해야 네이버쇼핑에서 해당 키워드 검색 시 노출될 확률이 높다.
(* 대표키워드: 하나의 상품군을 대표하는 키워드 / 블루키워드: 검색량은 많고 판매 상품수는 적은 키워드)

⑦ 어순에 맞게 작성한다.

4. [판매가]를 입력한다. 판매가를 책정할 때 되도록 '할인'을 설정하도록 한다. 할인가는 금액과 퍼센티지로 입력할 수 있는데, 보통 판매가의 10~30% 정도를 설정한다.

판매가 •			
판매가 •	18,800	원	일만팔천팔백 원

네이버 쇼핑을 통한 주문일 경우 네이버쇼핑 매출연동수수료 2%가 네이버페이 결제수수료와 별도로 과금됩니다. 수수료안내 ›
판매가, 할인가를 활용한 비정상 거래는 자동 탐지되어 판매지수에 포함되지 않으니 유의해주세요. 안내 ›

할인 ⓘ	설정함 / 설정안함
	✓ 전체 할인 ☐ PC만 할인 ☐ 모바일만 할인
전체 할인 •	940 원▾ 할인
	☐ 특정기간만 할인
할인가	**17,860**원 (940원 할인)
판매기간	설정함 / 설정안함
부가세 •	과세상품 / 면세상품 / 영세상품

5. [재고수량]을 입력한다. 재고가 0이 되면 품절 처리된다. 만일 옵션 상품이 있어 옵션의 재고수량을 사용하면, 옵션의 재고수량으로 적용되어 자동으로 입력된다.

재고수량 •		
1,000	개	옵션 재고수량을 사용하면, 옵션의 재고수량으로 적용되어 자동으로 입력됩니다.

6. [옵션]을 선택한다. 네이버에서는 하나의 상품명에 옵션 상품이 없는 '단일 상품'을 권장하고 있다. 그런데 옵션명은 검색에 노출되는 항목이다. 따라서 옵션명을 '1+1', '할인상품', '세트상품' 등으로 해서 판매하는 것도 하나의 전략이다.

  '옵션명'과 '옵션값'을 입력한 후 **옵션목록으로 적용**을 클릭하면 '옵션목록'에 상세 옵션목록이 나타난다. 그러면 옵션별로 옵션가/재고수량/판매상태 등을 입력해주면 된다.

[선택형]

① **옵션 설정**: '선택형'과 '직접입력형'이 있다. '선택형'은 판매자가 옵션을 설정해놓으면 구매자가 선택하는 방식이다.

② **옵션 입력방식**

▶ **색상/사이즈 간편 입력**: 색상과 사이즈만 간편하게 등록하는 방식이다. 옵션가는 설정할 수 없고, 색상명과 재고수량은 설정할 수 있다. 옵션 이미지도 등록할 수 있다. 지정된 카테고리에서만 사용이 가능하다.

▶ **직접 입력하기**: 등록 상품에서 바로 입력하는 방식이다.

▶ **엑셀 일괄등록**: 엑셀 양식을 다운받아 내용을 입력한 후 업로드하는 방식이다. **엑셀 일괄등록** 선택 → **엑셀 양식 다운** 클릭 → 엑셀 파일에서 옵션 설정 후 **저장** → **엑셀 일괄등록하기** 클릭 → 등록할 파일을 선택해주면 된다.

▶ **다른 상품 옵션 불러오기**: 등록되어 있는 상품의 옵션을 불러와 설정하는 방식이다.

③ 옵션 구성타입

▶ **단독형**은 옵션별로 추가 옵션가와 재고수량이 동일한 경우에 설정하면 된다.(옵션가/재고수량을 별도로 설정할 수 없다.) 옵션별로 판매가는 같고 색상, 사이즈 등만 다를 경우에 설정하여 구매자가 옵션을 선택하게 한다.

▶ **조합형**은 옵션별로 옵션가가 다르거나 재고수량이 다른 경우에 설정하면 된다. 사이즈나 색상별로 추가금액이 있는 경우에 설정한다. 단, 옵션 중에 정상 판매 중이고, 옵션가가 0원으로 설정된 것이 반드시 하나 이상 존재해야 한다.

[직접입력형]

'직접입력형'은 주문 시 구매자가 선택사항을 직접 텍스트로 입력해야 할 때 설정한다. 꽃다발의 축하 문구, 반지의 이니셜, 간판 제작, 특정 일자 배송 상품 등 구매자가 직접 옵션의 내용을 입력해야 하는 경우에 사용한다.

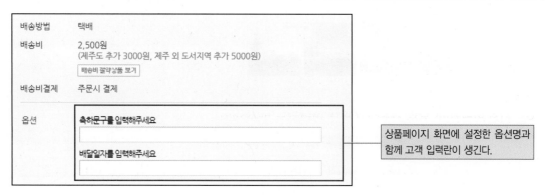

7. '상품이미지'를 등록할 차례이다. **+** 버튼을 클릭하여 이미지를 지정해주면 된다. 흔히 섬네일이라고 부르는 대표 이미지는 검색 결과 페이지에서 상품명과 함께 노출되는 이미지를 말한다. 이것이 목록이미지가 된다. 추가 이미지는 최대 9개까지 설정할 수 있다. 대표 이미지와 추가 이미지 모두 권장 크기는 1000×1000픽셀(윈도 대상 750×1000)이다. 파일은 jpg, jpeg, gif, png, bmp 형식의 정지 이미지만 허용된다. 움직이는 이미지의 경우 첫 번째 컷이 등록된다.

동영상도 등록할 수 있는데, 권장 동영상 길이는 최대 1분이다. 상품 상세페이지의 대표 이미지 영역 제일 마지막 및 상세 정보 최상단에 노출된다.

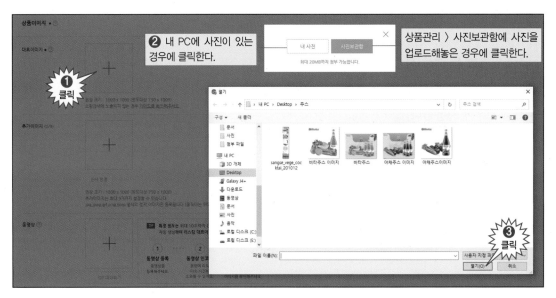

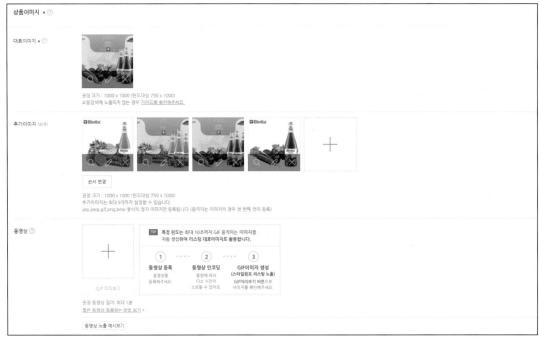

- 이미지 안에 글자를 넣지 마라. 글자가 있으면 럭키투데이와 광고를 할 수 없다.
- 가장 좋은 이미지, 시선을 사로잡을 수 있는 이미지를 선정하라.
- 로고가 들어가는 경우 이미지의 우측 상단에 배치하면 좋다.
- 이미지 파일명은 한글로 상품의 키워드를 넣어 만든다(ex. 바이오타 발효 야채주스.jpg).
  (※ 이미지 파일명을 상품명이나 키워드로 만드는 이유는 이미지 판에서도 검색되어 스마트스토어로 고객이 유입될 수 있기 때문이다.)
- 도매사이트 상품은 반드시 대표 이미지를 바꾸어라. 그대로 사용하면 최저가 그룹에 묶일 수 있다.
- 상품이 잘린 사진은 사용하지 마라.
- 패션의류 상품은 특히 심혈을 기울여라. 대표 이미지를 보고 많이 들어온다.

8. 이제 [상세설명] 작성을 위해 'SmartEditor ONE으로 작성'을 클릭한다.

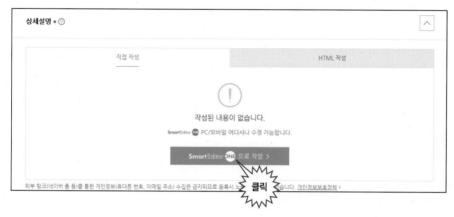

'스마트에디터 ONE'은 전문화된 글쓰기 툴과 사진 및 동영상 업로드 기능, 주제별 템플릿, 포스트 레이아웃, 네이버의 전문 DB 첨부 기능이 있는 '네이버 웹 에디터'이다. 스마트에디터 ONE은 네이버 서비스의 글쓰기가 제공되는 블로그, 카페 등에서 이용되는데, 스마트스토어에서도 상품등록 시 상세페이지 작성에 이용되고 있다. 이것을 이용하여 초보자도 어렵지 않게 상세페이지를 만들 수 있다.

사용에 관한 자세한 내용은 스마트스토어센터의 **공지사항 → 매뉴얼** 탭의 **스마트스토어 스마트에디터 ONE 매뉴얼**을 참조하면 된다.(공지사항의 매뉴얼 탭에는 스마트스토어 운영에 관한 다양한 매뉴얼이 있으니 참조하기 바란다.)

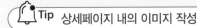 **Tip** 상세페이지 작성 요령

- 글＋사진＋글＋사진＋동영상의 순으로 텍스트와 사진을 적절히 배치하여 고객을 지루하지 않게 하라.
- 제목 서체는 '소제목', 본문은 '본문' 스타일을 지정하고, 폰트 크기도 조절하면 된다.
- 본문에는 5~7개 정도의 주력 키워드를 삽입하라.
- 상세페이지의 텍스트는 쇼핑 연관검색어 중 카테고리가 맞는 키워드를 조합하여 작성하라.
- 본문 중간중간 해시태그를 넣어라.
- 사진은 860×495 픽셀 이미지를 사용하라.
- 사진의 파일명은 상품의 핵심 키워드로 만들어라.
- 사진 설명글에 키워드를 넣어 작성하라.
- 상단 사진은 고객의 시선을 끌 수 있는 사진으로 배치하라.
- Gif, 동영상, 장소 등 각 컴포넌트의 요소를 사용하여 작성하라.(되도록 컴포넌트의 모든 요소를 사용하라.)
- 동영상은 '네이버 동영상'으로 업로드하여 등록하라.
- 동영상 파일명은 핵심키워드를 넣어 만들어라.

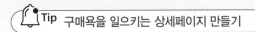 **Tip** 상세페이지 내의 이미지 작성

- 모바일 환경에서는 작은 사이즈의 이미지를 좋아한다.
- 권장 크기: 가로 860×495픽셀 이미지(세로는 상관없음)
- 통 이미지보다는 일반 사진 비율로 만들어라.
- 이미지의 크기는 150kb 전후를 추천한다.
- 사진 개수는 8~20개면 좋다.
- 이미지 속의 글자는 크게 하라.

Tip 구매욕을 일으키는 상세페이지 만들기

- 왜 이 상품을 사야 하는가를 어필하라.
- 가려운 곳을 긁어주는 카피를 삽입하라.(카피성 문구)
- 스토리가 있는 페이지를 만들어라.(이 제품은 어떤 제품인가, 언제 어떻게 사용하는가, 누가 사용하면 좋은가, 다른 제품과 무엇이 다른가, 사용하면 어떻게 좋아지는가 등으로 스토리를 만들어라.)
- 할인이나 고객 혜택을 강조하라.
- 독특한 콘셉트의 사진이나 영상, 짤방으로 재미있게 만들어라.
- 가독성을 고려하여 심플 명료한 텍스트와 이미지를 사용하라.
- 모바일 환경을 고려하여 텍스트를 이미지화하라.

9. 이제 '스마트에디터 ONE'에서 상세페이지를 만드는 작업이다. 먼저 제목을 입력한다. 제목의 스타일은 '소제목'으로 설정해준다. PC와 모바일 모두에서 제일 가독성이 좋다. 글자색 아이콘을 선택하여 글자 색깔을 바꾸고, 가운데 정렬을 하였다.

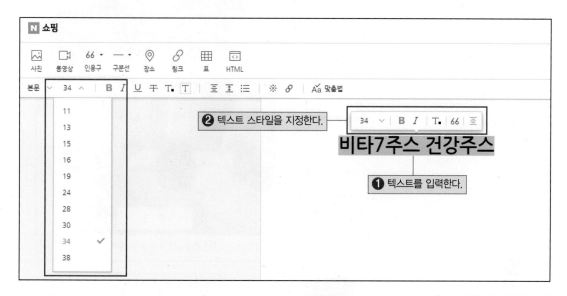

• 화면 오른쪽 하단의 미리보기 아이콘을 클릭하면 'PC 화면', '모바일 화면', '태블릿 화면'으로 입력 내용을 보면서 작업할 수 있다. '모바일 화면'을 선택하면 실제 등록 시 모바일에서 보이는 화면을 미리 보면서 작업할 수 있다. 스마트스토어는 모바일 이용자가 많기 때문에 모바일 너비 화면에 최적화되게 상세페이지를 작성하는 것이 좋다.

　　메뉴에서 도구를 선택하거나 **+** 버튼을 클릭하여 '구분선', '인용구', '텍스트' 등을 선택하여 내용을 작성한다. 본문은 '본문' 스타일을 지정한다.

사진을 선택하여 이미지를 삽입하였다. 사진 입력 후 '**사진 설명을 입력하세요**'를 클릭하여 사진에 대한 설명을 입력한다.

사진 설명글을 입력한다.

계속해서 **+** 버튼을 눌러가면서 상세페이지를 작성한다. 제목＋본문＋사진＋제목＋본문＋사진...식으로 배치하면 고객들을 지루하지 않게, 오래 머무르게 할 수 있다.

'동영상', '장소', '글감' 등 되도록 화면에 있는 메뉴를 모두 다 사용하기를 권장한다. 메뉴 도구가 있다는 것은 그것을 이용하면 네이버가 좋아한다는 뜻이다.

설정을 완료했으면 상단의 **등록** 버튼을 클릭한다. 그러면 '스마트에디터 ONE' 창이 닫힌다. 다시 수정을 하고자 할 때는 'SmartEditor ONE으로 수정'을 클릭하면 된다.

클릭

10. [상품 주요정보]에서 상품의 모델명, 브랜드, 제조사, 상품속성을 설정해준다.

① **모델명:** 입력 시 복사하여 붙이지 말고 직접 타이핑을 해서 입력해야 한다. 모델명은 '가격비교 추천'이나 '같은 상품 모아보기'에 활용된다. 찾기를 통해 모델명을 등록하면 카테고리, 브랜드, 제조사, 상품 주요정보가 자동으로 입력된다. 모델명이 없는 경우 직접 입력하면 된다.

모델명이 같으면 '최저가'에 묶일 수 있다. 이를 피하기 위해서는 '상품명'을 그대로 입력하는 것을 추천한다.(도매로 위탁 판매를 할 때는 '스토어명'을 입력하든지 판매자가 정한 관리번호 등을 입력하면 된다.)

② **브랜드:** 브랜드는 '브랜드 검색'에 사용된다. '상품명'에 브랜드명이 있다 하더라도 '브랜드' 항목에 브랜드명을 입력해야 한다. 그래야 상품이 검색 적합도가 높아져 노출 순위 상위로 올라간다. 입력 시 자동완성 레이어(노란색 영역)가 나타나면 마우스로 그것을 선택한다. 그래야 검색에 유리하게 적용된다.

브랜드가 없을 경우는 직접 입력하면 되는데, 마땅한 브랜드가 없는 경우 판매자의 '스토어명'을 입력하면 된다. 자사 브랜드면 사용하고, 타사 브랜드면 사용하지 않는 것이 좋다. 모델명과 브랜드명을 사용하면 '최저가 그룹 묶기'에 묶일 수 있다.

③ **제조사**: '상세페이지 참조', '기타', '공급업체' 등등의 사용은 자제한다. 도매로 위탁 판매를 할 때는 '스토어명 협력사' 등으로 입력한다.

④ **상품속성**: 상품속성은 상품의 카테고리에 따라 입력 정보가 다르게 나타나는데, 반드시 입력해야 한다.

⑤ **KC인증, 인증정보**: KC인증이나 기타 인증번호가 있으면 반드시 입력한다. KC인증이 필요한 상품을 인증 없이 판매하는 경우 '3년 이하의 징역 또는 3천만 원 이하의 벌금형'에 처해질 수 있다.

⑥ **원산지**: 원산지는 반드시 끝까지 입력해야 한다.

⑦ **상품상태**: 신상품, 중고상품 중에서 선택한다.

⑧ **맞춤제작**: 맞춤제작 상품이면 체크한다. 맞춤제작 상품이란 구매자의 요구에 맞춰 개별적으로 제작되는 상품으로, 구매자의 주문을 확인하고 제작하는 '주문확인 후 제작상품'과는 다른 것이다. 단순히 사이즈를 지정하는 의류/수제화나 주문 후 제작/발주하는 가구류, 반지, 주문확인 후 제작 등의 상품은 맞춤제작 상품이 아니다.

⑨ **제조일자, 유효일자:** 제조일자와 유효일자는 카테고리마다 다르다. 설정할 수 있는 상품이면 설정한다.

⑩ **미성년자 구매:** 성인제품이면 불가능을 선택한다.

⑪ **리뷰 노출:** 리뷰 노출 여부를 설정한다.

11. 다음은 [상품정보제공고시]를 입력한다. 온라인에서는 「전자상거래 등에서의 소비자보호에 관한 법률」에 따라 상품에 대한 정보를 소비자에게 제공(표시)하도록 되어 있다. 상품군을 선택하면 종류, 소재, 주의사항 등 상품군에 따른 기재사항이 나타난다.

　'**상품상세 참조로 전체 입력**'을 체크하면 모든 필드에 '상품상세 참조'라는 문구가 입력된다. 입력 가능한 필드는 직접 타이핑하여 모두 입력한다. 상품 키워드를 적절히 삽입하면 좋다. 적어주면 모두 다 노출된다.

　'설정여부' 항목 우측의 '**템플릿 추가**' 체크 후 저장을 할 경우 **상품관리→ 템플릿 관리** 내 **상품정보제공고시 템플릿 관리** 탭에 저장이 되고, 추후 유사상품 등록 시 활용할 수 있다.

상품정보제공고시 ● ⑦	상품정보제공고시의 ● 표시가 있는 필수항목 필드는 모두 입력해야 한다.
설정여부 ●	설정함　상품정보제공고시 템플릿　☐ 템플릿 추가
상품군 ●	건강기능식품　▼　☑ 상품상세 참조로 전체 입력
제품명 ●	비타7주스 발효 야채주스
식품의 유형 ●	주스

12. [배송] 관련 정보를 입력한다.

① **배송여부:** '배송없음'은 E-쿠폰 등 실제 상품이 배송되지 않는 경우 선택한다. '배송비 템플릿'이 있는 경우 **배송비 템플릿**을 클릭하여 선택하면 설정한 템플릿대로 배송비가 설정된다.

배송 정보를 설정하고 **템플릿 추가**에 체크하면 설정한 정보를 '배송비 템플릿'에 추가할 수 있다.

> **Tip** 배송비 템플릿 만들기
>
> 스마트스토어센터에서 **상품관리 → 템플릿 관리 클릭 → 배송비 템플릿 관리** 탭에서 **등록**을 클릭하면 팝업창이 뜬다. 배송비 템플릿명을 입력하고 배송비 등 조건을 입력하여 템플릿을 만들고 **등록**을 클릭하면 된다.

② **배송속성:** '오늘출발'을 선택하면 오늘출발 기준시간을 설정할 수 있다. 오늘출발 상품은 '일반배송' 상품보다 좋은 점수를 얻는다. 가능하다면 오늘출발을 설정하는 것이 좋다.

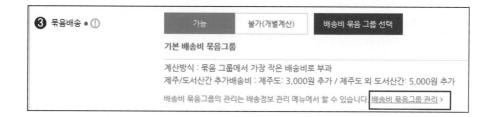

③ **묶음배송:** 다른 상품과 동시에 구매할 경우 배송비를 묶어서 한 번만 부과하도록 설정하는 것이다. 묶음배송 '불가(개별계산)'를 선택하면, 각 상품별로 구매자에게 배송비가 부과된다. 이 경우 '제주/도서산간 추가배송비'는 '설정함'으로 선택하고 '추가배송비'를 설정하면 된다.

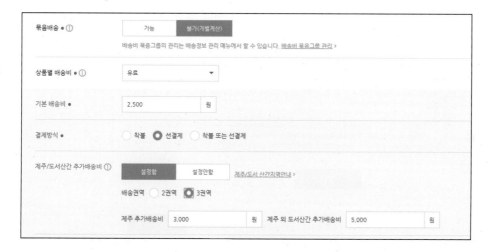

묶음그룹 상품 중에 '배송비 부과상품'과 '무료배송상품'이 함께 주문될 경우, 해당 상품의 '배송비 묶음그룹'이 '최소 배송비 부과'로 설정된 경우 배송비 무료로 적용되고, '최대 배송비 부과'로 설정된 경우 가장 비싼 배송비가 부과된다.

🔔Tip 배송비 묶음그룹 설정하기

위 화면에서 묶음배송을 '가능'으로 하면 기본으로 '기본 배송비 묶음그룹'이 선택되어 있다. 이 디폴트 값에는 '제주/도서산간 추가배송비: 설정안함'으로 되어 있다. 이것을 변경하기 위해 '**배송비 묶음그룹 관리**'를 클릭한다.(스마트스토어센터의 **상품관리 → 배송정보 관리**를 클릭하는 것과 같다.)
기본 배송비 묶음그룹의 **수정** 버튼을 클릭하여 '제주/도서산간 추가배송비'를 '설정함'으로 한다. 권역을 선택하고 배송비를 설정한 후 **저장**을 클릭한다.(제주와 도서산간 지역 배송비를 다르게 할 때는 제3권역으로 지정하고 추가배송비를 설정하면 된다.)

④ **상품별 배송비**: '무료', '조건부 무료', '유료', '수량별', '구간별'로 배송비를 설정할 수 있다.
배송비는 결제금액이 아니라, '판매가'를 기준으로 청구된다(본 상품 판매가 + 옵션가 + 추가상품가가
포함된다).

⑤ **지역별 차등 배송비**: 제주/도서산간을 제외한 지역별 차등 배송비가 있는 경우 입력한다. 위에서
'묶음배송'을 '가능'으로 설정한 경우 제주/도서산간 추가배송비는 **상품관리 → 배송정보 관리**에
서 배송비 묶음그룹의 **수정** 버튼을 클릭하여 '추가배송비'를 설정해주어야 한다. 그렇지 않으면
제주/도서산간 지역도 동일한 배송비가 적용된다.

⑥ **별도 설치비**: 별도 설치비가 있을 경우 '있음'으로 하고 비용은 구매자에게 별도로 받아야 한다.

⑦ **출고지**: '판매자 주소록'을 클릭하여 설정할 수 있다. 해외출고지를 입력하는 경우 "이 상품은 해
외에서 국내로 배송되는 상품이므로, 배송, 반품, 교환이 일반상품과 다를 수 있습니다."라는 문
구가 노출된다. 개인, 사업자 회원인 경우 '판매자정보 → 상품판매권한 신청'에서 해외상품판매
권한신청을 해야 해외 출고지를 설정할 수 있다.

13. [반품/교환] '반품배송비(편도)'는 상품을 반품받기 위해 지불해야 하는 편도 배송비를 입력하면
되고, '교환배송비(왕복)'는 상품을 교환받기 위해 지불해야 하는 교환 비용으로 왕복으로 배송비를
설정해야 한다.

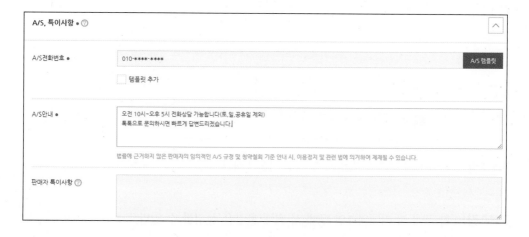

반품/교환 ● ⑦

반품/교환 택배사 ●   기본 반품택배사(우체국택배) ▼
                      반품택배사 설정 안내 ›

❶ 반품배송비(편도) ● ⓘ   2,500   원
최초 배송시의 배송비가 무료인 경우 왕복 배송비 5,000원이 청구됩니다.

판매자 주소록을 설정하여 반품/교환지를 변경할 수 있다.

❷ 교환배송비(왕복) ● ⓘ   5,000   원

반품/교환지 ●   반품교환지
(우 : 04091) 서울특별시 마포구 토정로 222 (한국출판콘텐츠센터) 420호   판매자 주소록

① **반품배송비(편도):** 구매자가 반품을 접수한 후 판매자에게 반품을 보내기 위해 지불해야 하는 반품비용이다. 만약 최초 배송비가 무료였다면 설정한 금액의 2배가 왕복 배송비로 자동 청구된다. 예를 들어 '반품배송비(편도)' 2,500원을 설정했다면, 최초에 무료배송이었다면 5,000원이 구매자에게 자동 청구되고, 최초에 유료배송이었다면 2,500원이 자동 청구된다.

② **교환배송비(왕복):** 구매자가 교환을 접수한 후 다시 상품을 배송받기 위해 구매자가 지불해야 하는 교환비용이다. 왕복으로 배송비가 필요하기 때문에 왕복 금액으로 설정한다. 예를 들어 '교환배송비(왕복)' 5,000원을 설정했다면 최초 배송비와는 무관하게 교환을 위해 구매자에게 5,000원이 자동 청구된다.

14. [AS, 특이사항] 'AS 전화번호'와 'AS 안내'는 필수 입력사항이다. A/S 템플릿은 '**상품관리 → 템플릿 관리 → A/S 템플릿 관리**에서 만들 수 있다. '판매자 특이사항'에는 청약철회, 배송기간, 판매지역, 판매수량 등 특이사항이 있는 경우 입력하면 상품 상세페이지에 노출된다.

A/S, 특이사항 ● ⑦   ∧

A/S전화번호 ●   010-****-****   A/S 템플릿
                ☐ 템플릿 추가

A/S안내 ●   오전 10시~오후 5시 전화상담 가능합니다(토,일,공휴일 제외)
            톡톡으로 문의하시면 빠르게 답변드리겠습니다.

            법률에 근거하지 않은 판매자의 임의적인 A/S 규정 및 청약철회 기준 안내 시, 이용정지 및 관련 법에 의거하여 제재될 수 있습니다.

판매자 특이사항 ⑦

15. [추가상품]은 본 상품과 관련 있는 상품을 등록하는 영역이다. 부속상품이나 액세서리 등 본 상품과 연관되는 저렴한 상품들로 구성하면 좋다. 선물성 상품의 경우는 포장서비스, 축하카드, 기프트백 등을 추가상품으로 구성하면 좋다.

하지만 자칫 잘못하면 고객을 분산시킬 수도 있다. '크릴오일' 페이지에서 '비타민' 판매는 고객을 분산시킬 수 있다. 상품에 따라 잘 생각해보고 설정해야 한다.

16. [구매/혜택 조건] 구매자에게 주는 혜택 사항을 입력한다. 설정하는 혜택 금액은 판매자 부담이다.

① **최소구매수량**: 최소구매수량은 입력하지 않아도 기본 1개가 적용된다. 2개 이상일 때부터 입력하면 된다.

② **최대구매수량**: 1회 구매 시 최대와 1인 구매 시 최대 물량을 설정할 수 있다.

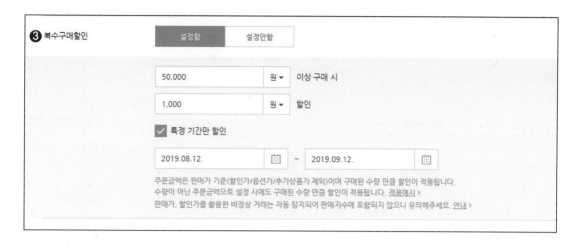

③ **복수구매할인:** 일정 주문금액 또는 수량 이상의 구매자에게 할인을 해주는 것으로, 설정하는 기준 이상 구매 시 할인금액은 전체 금액에서가 아니라 상품 수량별로 할인되는 금액이다. 주문번호 단위로 할인 적용 가능 여부가 결정되며, 개별 상품 단위로 할인이 적용된다. 또한 기준가 및 복수구매할인율은 '판매가'를 기준으로 적용된다.

> **Tip** 복수구매할인 예시
>
> 예) 상품금액 5,000원 / 5개 이상 구매 시 1,000원으로 복수구매할인이 설정된 경우
> → 상품 5개를 한 번에 구매 시 개당 1,000원씩 할인 적용되어 복수구매할인 총 5,000원이 할인되어 20,000원에 구매하게 된다.
>
> 예) 상품금액 5,000원 / 즉시할인 1,000원 / 주문금액 10,000원 이상 구매 시 1,000원으로 복수구매할인이 설정된 경우
> → 상품 2개를 한 번에 구매 시 주문금액은 실 결제금액(8,000원)이 아닌 '판매가' 기준으로 반영(10,000원)되어 개당 1,000원씩 할인이 적용되어 복수구매할인 총 2,000원 할인이 적용된다. 따라서 구매자는 즉시할인과 복수구매할인을 적용받아 6,000원에 2개를 구매하게 된다.
>
> 예) 상품금액 7,000원 / 즉시할인가 6,300원 적용(10%) / 주문금액 10개 이상 구매 시 20%로 복수구매할인이 설정된 경우
> → 판매가 7,000원×(즉시할인율 10% + 복수구매할인율 20%)×10개＝21,000원 할인이 적용된다. 즉 상품 10개를 70,000원에서 21,000원을 할인받아 49,000원에 구매하게 된다.

④ **포인트** ①   ☑ 상품 구매 시 지급

        500   원 ▾ 지급

        ☐ 특정 기간만 지급

        ☑ 상품리뷰 작성시 지급 ①

        텍스트 리뷰와 포토/동영상 리뷰 포인트는 중복지급되지 않습니다.
        포토/동영상 리뷰가 필요하시다면, 포토/동영상 리뷰 작성에 더 많은 포인트를 설정해보세요.

        텍스트 리뷰 작성   **포토/동영상 리뷰 작성**
        500   원   1,000   원

        한달사용 텍스트 리뷰 작성   **한달사용 포토/동영상 리뷰 작성**
        1,000   원   2,000   원

        톡톡친구/스토어찜 고객리뷰 작성 ①
        500   원 추가

        ☐ 특정 기간만 지급

⑤ **무이자할부**   설정함   **설정안함**

⑥ **사은품**   톡톡친구, 스토어찜 하시면 500원을 드려요!

⑦ **이벤트**   리뷰 작성하시면 포인트를 드려요!
        ☐ 템플릿 추가

④ **포인트:** 상품 구매 시 혹은 리뷰 작성 시 포인트를 지급하도록 설정할 수 있다. 구매자에게 네이버페이 포인트를 혜택으로 지급한다. 지급되는 금액만큼 판매자 정산금액에서 차감된다.

'톡톡친구/스토어찜 고객리뷰 작성'은 톡톡친구 혹은 스토어찜 회원인 고객이 해당 상품을 구매 후 리뷰 작성 시 추가로 지급하는 포인트로, 텍스트, 포토/동영상 여부와 상관없이 '상품리뷰' 혹은 '한 달 사용 리뷰' 작성 시 1회 지급된다. 리뷰는 상품 순위 상승에 큰 영향을 미치므로 리뷰 포인트를 지급하여 리뷰 작성을 유도하는 것이 좋다.

포인트 지급을 %로 설정했을 경우 지급 기준은 즉시할인, 쿠폰 및 옵션 가격을 모두 적용한 금액을 기준으로 지급된다(배송비와 추가구성 상품은 제외).

⑤ **무이자할부:** 할부 개월 수에 따른 이자 금액을 판매자가 부담한다.

⑥ **사은품:** 구매자에게 제공되는 사은품을 적어준다. 사은품 처리는 판매자가 알아서 해야 한다. 사은품이 없더라도 공란으로 그냥 두지 말고 포인트 지급에 관한 내용을 입력한다.

⑦ **이벤트:** 이벤트가 있으면 적어주고, 없으면 포인트 지급에 관한 내용을 입력한다. '상품명' 바로 아래에 노출된다.

17. 다음은 [검색설정] 항목이다.

검색설정 ⓘ

	요즘 뜨는 HOT 태그	감성태그	이벤트형 태그	타겟형 태그
태그 ⓘ		뾰롱롱	겨울	초등학생
		맛난	여름	중고등학생
		건강에좋은음식	봄	20대
		건강한	사계절	40대

❶ ☑ 태그 직접 입력(선택포함 최대 10개)

태그를 입력해주세요.

건강주스 ×　# 야채주스 (3970) ×　# 과일주스 ×　# 채소주스 ×　# 몸에좋은영양소 (2497523) ×

입력하신 태그 중 일부는 내부 기준에 의해검색에 노출되지 않을 수 있습니다.
카테고리/ 브랜드/ 판매처명이 포함된 태그의 경우는 등록되지 않습니다.
판매상품과 직접 관련 없는 태그를 입력 시 판매금지될 수 있습니다.
입력한 태그가 검색에 활용되는 지 궁금하다면? 검색에 적용되는 태그 확인

❷ Page Title ⓘ　　영양이 가득한 야채 과일주스

❸ Meta description ⓘ　　영양이 가득한 야채 과일주스

① **태그 직접 입력:** 태그는 상세페이지를 노출하고자 하는 키워드를 말한다. 체크한 후 태그를 입력한다. 입력할 때 아래로 태그사전이 나타나는데 거기에서 원하는 것을 클릭하여 선택한다. 태그사전에 원하는 것이 없을 때는 직접 입력하고 엔터를 친다(되도록 태그사전에 있는 것을 선택한다).

적용되는 태그 확인 버튼을 클릭하면 검색에 적용되는 태그인지 확인할 수 있다. 추천 태그는 카테고리 대/중/소/세부 카테고리에 상관없이 카테고리에 매칭된 전체 추천 태그를 보여준다. 따라서 카테고리가 맞지 않는 태그를 입력해도 태그사전에 있으면 별 문제 없이 등록할 수 있다. 하지만 이렇게 카테고리가 맞지 않는 태그가 들어가면 락이 걸려 검색 순위에서 뒤로 밀리게 된다. 따라서 카테고리와 맞는 키워드만 태그에 넣어야 한다.

상품등록 시 입력한 브랜드명, 카테고리명은 자동으로 태그에 등록, 반영된다.

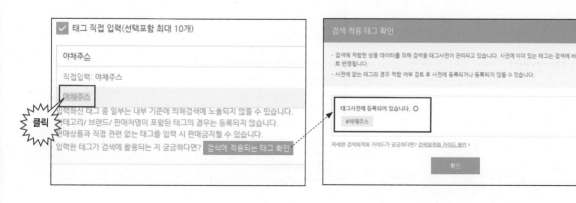

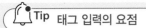
- 태그는 10개까지 입력할 수 있다(태그사전에 있는 단어 위주로 입력해야 한다).
- 카테고리명, 브랜드명, 판매처명은 사용할 수 없다.
- 카테고리 내에 있는 태그를 사용한다. 다른 카테고리에 있는 단어를 태그에 넣고 '검색에 적용되는 태그 확인' 을 해보면 별 문제가 없는 것으로 나오지만 이런 경우 검색 순위에서 하위로 밀리게 된다.
- 태그는 등록 후 수정하거나 삭제하는 것은 좋지 않다. 추가는 괜찮다.
- 공략할 키워드(내가 노출시키고 싶은 키워드)를 낮은 키워드부터 센 키워드 순으로 나열해놓으면 단계별로 잡고 싶은 키워드를 마인드맵 할 수 있다.(순차적으로 공략할 키워드를 바로 알아볼 수 있어서 좋다.)
- 패션잡화, 패션의류는 감성태그를 넣으면 효과가 있다.

② **Page title**: SNS 등 소셜 서비스에 상품정보 공유 시 노출되는 타이틀이다. 페이지 제목글(URL 제목글)이다. 노출에 효과가 있다. 미입력 시 '상품명 : 스마트스토어명'의 형태로 노출된다. 페이지 타이틀에는 상품명이나 대표키워드를 타이핑해서 넣으면 된다.

③ **Meta description**: SNS 등 소셜 서비스에 상품정보 공유 시 타이틀 아래 노출되는 설명글이다. 미입력 시 '스마트스토어명 : 스마트스토어 소개글'의 형태로 노출된다. 입력 시 단어의 구분은 쉼표로 하면 된다.(ex. 앵글,4단,철제)

18. [판매자 코드]는 판매자가 상품관리의 편의를 위해 부여하는 코드로, 구매자에게 노출되지는 않는 정보이다. 상품을 쉽게 알아볼 수 있도록 자신만의 기준을 정해 부여하면 된다. 위탁 판매를 하는 경우 '판매자 상품코드'는 도매처의 상품번호로 하고, '판매자 바코드'에는 가격을 적어두면 관리하기가 편리하다.

판매자 코드 ⑦	
판매자 상품코드	도매유셀190808
판매자 바코드	15000
판매자 내부코드1	
판매자 내부코드2	

19. [노출 채널]은 상품 판매가 진행되는 쇼핑 서비스 페이지로, 현재 '스마트스토어'와 '쇼핑윈도' 두 가지 채널이 있다. 쇼핑윈도는 판매자가 별도로 입점 신청을 하고 승인을 받아야 운영할 수 있다. 쇼핑윈도에 등록한 상품은 운영 담당자의 심사에서 승인이 나야 전시된다. 상품등록 후 **쇼핑윈도 관리 → 쇼핑윈도 상품 조회/수정** 메뉴에서 최종 심사결과(전시가능 여부)를 확인할 수 있다. 스마트스토어와 쇼핑윈도 모두를 운영하는 경우 두 가지 채널 모두를 선택할 수 있다.

① **가격비교 사이트 등록:** '네이버쇼핑'을 체크해야 상품이 네이버쇼핑 또는 가격비교에 노출된다. 이것을 해제하면 네이버쇼핑에서 노출이 되지 않으므로 반드시 체크해야 한다.

스토어 자체가 **노출관리 → 노출서비스관리 → 네이버 쇼핑**이 '사용함'으로 되어 있어야 한다.

② **공지사항:** '설정함'을 클릭하면 공지사항을 선택할 수 있다. 아직 공지사항을 등록해놓은 것이 없을 때는 '**공지사항 관리**'를 클릭하여(상품관리 → 공지사항 관리) **새 상품 공지사항 등록** 버튼을 클릭

하면 공지사항을 만들어 등록할 수 있다.

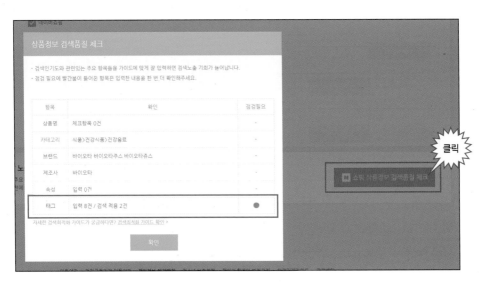

20. 등록상품에 관한 설정을 완료했으면 **쇼핑 상품정보 검색품질 체크** 버튼을 클릭한다. 점검이 필요한 항목이 있으면 표시된다. **확인** 후 수정을 해주면 된다.

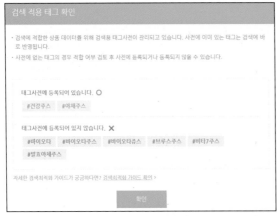

21. 미리보기를 클릭하면 실제로 구현될 상품페이지를 볼 수 있다. 이상이 없으면 **저장하기**를 클릭한다. 상품 저장이 완료되었다는 팝업창이 뜬다. **스마트스토어 상품보기**를 클릭한다. 그러면 실제로 등록된 상품 페이지를 확인할 수 있다.

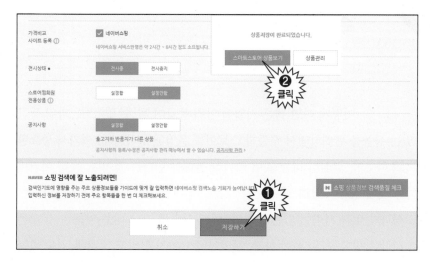

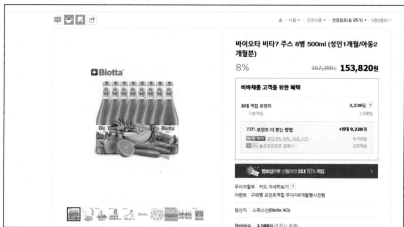

22. 스마트스토어센터의 **상품관리** → **상품 조회/수정**에서 상품이 등록된 것을 확인할 수 있다.

04 스마트스토어 파워 등급 되기 속성 과정

어떻게 하면 빠른 시일에 파워 등급이 될 수 있을까? 파워 등급이 되기 위해서는 경쟁력 있는 상품을 판매하면서 꾸준히 스토어를 운영해야 하는데, 여기서 중요한 것은 저자가 늘 강의에서 강조하듯이, 열심히 하는 것이 아니라 잘해야 한다는 것이다. 특히 이커머스 사업은 열심히보다 잘하는 것에 성공이 달려 있다.

밤낮없이 열심히 일해도 성과가 없는 사람이 있는가 하면, 어떤 사람은 그냥 대충 일하는 것 같은데 높은 성과를 낸다. 이런 사람은 방향을 잘 '선택'하고, 무엇이 중요한지를 알고 그것에 '집중'하는 사람이다. 돈이 없는 곳에서 백날 열심히 일해도 소용없다. 돈이 있는 곳에서 놀아야 한다.

아무리 열심히 일해도 성과가 없는 사람은 자신이 뭐가 문제인지를 뒤돌아봐야 한다. 내가 판매하고 있는 아이템은 고객의 니즈가 있는 상품인지, 고객은 관심도 없는데 나만 좋아서 열정을 쏟고 있는 것은 아닌지, 아이템은 좋은데 상품등록 작업을 잘못한 것은 아닌지, 그래서 상품이 검색 상위에 노출되지 않아서 판매가 부진한 것은 아닌지를 점검해봐야 한다. 그리고 문제점을 개선해야 한다. 이러한 작업을 통해 기존 판매자뿐만 아니라 신규 판매자도 어렵지 않게 파워 등급을 달성할 수 있을 것이나. 실제로 저자의 교육생 중에는 스마트스토어를 처음 시작하는 데도 트렌드를 잘 읽고 아이템을 잘 캐치하여 불과 2~3개월 만에 파워 등급이 된 셀러가 많이 있다. 파워 등급은 그렇게 어려운 것이 아니다.

스마트스토어에서 아이템 찾기와 상품등록 및 상위노출에 관한 보다 자세한 내용은 저자의 책 《네이버쇼핑 스마트스토어로 상위노출 하라》를 참조하기 바라며, 여기서는 파워 등급이 되기 위한 기본적인 판매 방법에 대해 알아보겠다.

① 저렴한 상품과 고가 상품을 함께 판매하라.

파워 등급이 되기 위한 방법은 그 조건에서 찾을 수 있다. 파워 등급이 되려면 3개월 동안 300건 이상, 800만 원 이상의 매출을 올려야 한다. 이 조건은 누적 기준이기에 한 달 만에 이 조건을 만족한다면 바로 다음 달부터 자격이 주어진다. 하지만 초보자가 처음부터 이런 실적을 올리기는 쉽지 않을 수 있다. 따라서 월간 평균 100건 이상의 판매 건수와 267만 원 이상의 매출을 목표로 잡고, 이러한 매출을 올릴 수 있는 상품을 판매하면 된다.

가격이 너무 낮은 상품을 판매하면 판매 건수는 만족해도 매출액이 못 미칠 수 있다. 또 가격이 너무 높은 상품은 매출액을 달성하더라도 판매 건수를 충족하지 못할 수도 있다. 아무래도 고가의 상품은 판매 건수가 많지 않기 때문이다. 이러한 것을 고려하여 저가 상품으로 판매 건수를 올리고, 고가 상품으로는 판매액을 충족시키도록 상품을 구성하면 좋다. 또 판매 건수를 늘리기 위해서 마진을 조금 적게 보더라도 일시적으로 높은 할인 정책을 펴는 것도 하나의 방법이다.

② 닥등으로 판매 종수를 늘려라.

초보 셀러는 일단 상품을 많이 등록하는 것이 중요하다. 가장 쉽게 할 수 있는 방법은 온라인 도매 사이트의 상품을 긁어와 내 스토어에서 판매하는 것이다. 아이템에 대한 분석 없이 도매 사이트의 상품을 무조건 많이 등록하면 된다. 판매 상품의 종수가 늘어나면 당연히 전체 판매량도 늘어날 것이다. 100종의 상품을 등록하여 하루 10종의 상품이 나간다면 1000종을 등록하면 하루 100종의 상품이 나갈 것이다. 저자는 이것을 '닥등(닥치고 등록)'이라고 이야기한다. 저자는 초보 셀러에게 무조건 한 달에 300건 이상의 상품을 등록해보라고 이야기한다.

이렇게 상품을 올려놓으면 그중에 팔리는 상품이 있기 마련이다. 한 번 팔리고 끝나는 것이 아니라 꾸준히 팔리는 것이 있다. 이것은 고객이 그 상품을 원하고 있다는 뜻이다. 그러면 이 상품을 면밀히 분석하여 상위노출 작업을 통해 판매를 극대화하면 된다.

초보 셀러는 이러한 닥등 작업을 통해 1000종 정도의 상품을 등록하면 어렵지 않게 2~3개월 내에 파워 등급이 될 수 있을 것이다.

> **🔔 Tip 국내 주요 도매사이트**
>
> 포털 사이트에서 '도매사이트'를 검색하면 종합몰과 전문몰 등 다양한 업체를 확인할 수 있다.
>
> • 도매꾹 domeggook.com
> • 도매토피아 dometopia.com
> • 온채널 www.onch3.co.kr
> • 오너클랜 ownerclan.com
> • 필우커머스 www.feelwoo.com

③ 1페이지 상위노출 상품을 만들어라.

앞서 이야기한 '닥등'과 달리, 충분한 시장조사와 분석을 통해, 판매가 될 만한 아이템을 등록하여 판매하는 것이다. 이것을 '닥분(닥치고 분석)'이라고 이야기한다. 이미 팔아야 할 상품이 정해져 있는 사람은 상위노출 작업을 통해 검색 결과 1페이지에 올려야 판매가 된다. 상품에 따라 다르겠지만,

몇 개의 블루키워드나 대표키워드에서 노출 1위를 한다면 하나의 상품으로도 쉽게 파워 등급 조건을 달성할 수 있을 것이다.

초보셀러는 닥등과 닥분 중 닥등에 많은 비중을 둬야 한다. 많게는 100%, 적게는 7:3 정도로 닥등에 비중을 둬야 한다. 적어도 월매출 1천만 원이 나올 때까지는 그렇게 해야 한다. 그러는 중에 갑자기 매출을 치고 나가는 상품이 있다면 그때는 빨리 닥분하여 상위노출 작업을 하면 된다.

④ 럭키투데이와 기획전을 진행한다.

'럭키투데이'는 스마트스토어 판매자가 자신의 상품을 직접 선정하고 등록하여, 고객에게 특가로 제공하는 서비스를 말한다. 럭키투데이를 진행하면 네이버쇼핑 메인화면의 '핫딜'-'럭키투데이' 탭에 전시되고, 많은 사람들에게 노출되어 판매 증대를 꾀할 수 있다. 또 '네이버 쇼핑 파트너 공식 블로그(https://blog.naver.com/naver_seller)'에 공지되는 '타임특가' 제안에 참여하여 선정이 되면 트렌드 판, 쇼핑판, 핫딜 영역 등 네이버의 주요 영역에 노출된다.

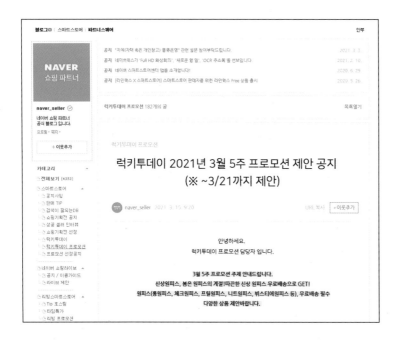

'기획전'은 내 스토어에 있는 여러 상품을 판매자가 직접 구성하는 것으로, 자신의 스마트스토어에 노출할 수 있다. 이렇게 기획전을 만들어 '기획전 노출 심사요청'을 진행하여 네이버쇼핑의 기획전 페이지에 노출되도록 하면 된다. 또 '네이버 쇼핑 파트너 공식 블로그'에 공지되는 기획전에 제안서를 제출하여 선정되면 네이버쇼핑, 트렌드 및 기타 판에서 메인에 노출된다.

이렇게 '럭키투데이'나 '타임특가', '기획전'에 제안서를 제출하여 선정되면 폭발적인 판매를 기대할 수 있다.

⑤ CPC 광고를 진행한다.

광고는 가장 손쉽게 트래픽을 모으고 판매 효과를 볼 수 있는 마케팅 수단이지만, 비용을 지불해야 하기에 망설이는 셀러가 많다. 하지만 자신의 판매 상품과 관련된 키워드의 비용이 의외로 저렴한 경우도 많이 있다. 광고 대비 효과를 잘 살펴보고 광고를 해보는 것도 좋은 마케팅 방법이다. 100만 원을 투자하여 200만 원을 버는 것은 좋은 것이다.

CPC(Cost-Per-Click) 광고는 클릭한 횟수당 비용을 지불하는 키워드 광고로, 고객이 검색을 하면 연관된 내용의 광고 배너나 링크를 노출해준다. 광고를 진행하기 위해서는 '네이버 검색광고'에서 '사업주 광고주'로 가입해야 한다.(네이버 메인화면 하단의 비즈니스·광고를 클릭하여 진행하면 된다.) 그리고 **광고시스템 → 광고 만들기**를 클릭하여 진행할 수 있다.

'쇼핑검색 유형'의 광고를 진행하면 네이버쇼핑 검색 결과 등에 상품 이미지와 정보를 상위노출해주어 구매를 유도해준다. 네이버쇼핑 광고 상품에는 '광고'라는 배너가 붙는다.

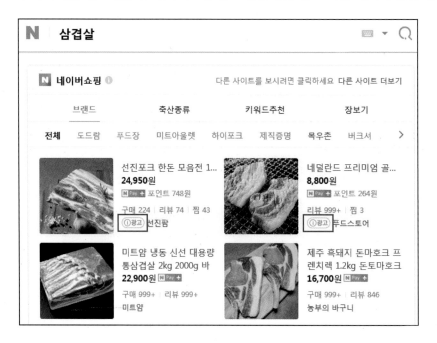

이상의 방법들로 꾸준히 판매를 하다 보면 초보자도 어렵지 않게 스마트스토어 파워 등급을 달성할 수 있을 것이다.

3장

카카오 쇼핑라이브와
쿠팡 라이브

01 카카오 쇼핑라이브 입점하기

'카카오 쇼핑라이브'는 기존의 라이브커머스와는 차별화된 서비스를 내세우고 있다. 셀러들의 입점 형태를 취하고 있는 '네이버 쇼핑라이브'와는 다르게 카카오커머스에서는 상품을 소싱하는 것부터 라이브 방송을 기획하고 진행하는 단계까지 카카오에서 자체적으로 진행한다는 점이 새롭다.

카카오 쇼핑라이브는 카카오 내의 전문 인력과 장비를 통해 진행되는 라이브 쇼핑이다 보니 다른 라이브커머스에 비해 영상이나 색감, 구성 등에서 굉장히 퀄리티가 뛰어난 것은 사실이다. 하지만 카카오 회사에서 자체적으로 방송을 등록하다 보니 셀러들의 진입 장벽이 높고 소비자들이 구매할 수 있는 상품량이 적다는 단점을 가지고 있다.

카카오 쇼핑라이브에 입점하는 절차가 조금 까다롭기는 하나 저자가 안내하는 순서대로 따라 하면 어렵지 않게 입점 진행을 할 수 있을 것이다.

카카오 쇼핑라이브에 입점하기 위해서는 먼저 '카카오톡 스토어'부터 입점을 진행해야 한다.

1 카카오톡 스토어 판매자 가입하기

카카오톡 스토어에 판매자로 가입하기 위해서는 '카카오 쇼핑(https://comm-auth-web.kakao.com/seller/guide)'에서 카카오 계정을 가입하고 'biz 계정'으로 등록해야 한다.

(1) 카카오 계정이 없는 경우

1. '카카오 쇼핑(https://comm-auth-web.kakao.com/seller/guide)'으로 들어가면 '카카오 쇼핑 입점 프로세스' 화면이 나타난다. '가입 전 확인사항'과 '가입 필수 제출서류'를 확인하고 미리 준비해두면 좋다. **카카오계정 가입하기**를 클릭한다.

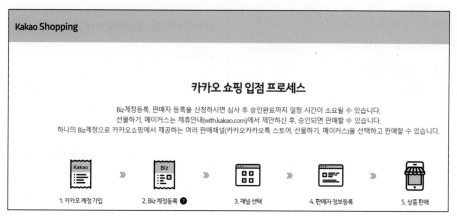

Kakao Shopping

카카오 쇼핑 입점 프로세스

Biz계정등록, 판매자 등록을 신청하시면 심사 후 승인완료까지 일정 시간이 소요될 수 있습니다.
선물하기, 메이커스는 제휴안내(with.kakao.com)에서 제안하신 후, 승인되면 판매할 수 있습니다.
하나의 Biz계정으로 카카오쇼핑에서 제공하는 여러 판매채널(카카오카카오톡 스토어, 선물하기, 메이커스)을 선택하고 판매할 수 있습니다.

| 1. 카카오 계정 가입 | 2. Biz 계정등록 ❷ | 3. 채널 선택 | 4. 판매자 정보등록 | 5. 상품 판매 |

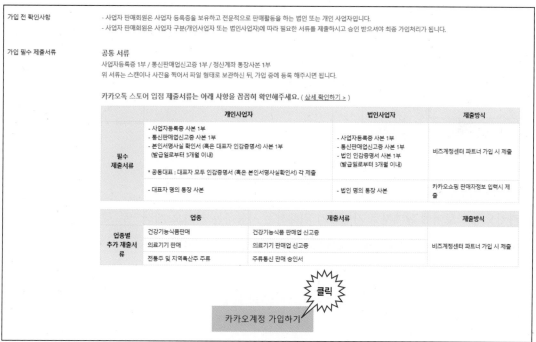

| 가입 전 확인사항 | - 사업자 판매회원은 사업자 등록증을 보유하고 전문적으로 판매활동을 하는 법인 또는 개인 사업자입니다.
- 사업자 판매회원은 사업자 구분(개인사업자 또는 법인사업자)에 따라 필요한 서류를 제출하시고 승인 받으셔야 최종 가입처리가 됩니다. |

가입 필수 제출서류

공통 서류
사업자등록증 1부 / 통신판매업신고증 1부 / 정산계좌 통장사본 1부
위 서류는 스캔이나 사진을 찍어서 파일 형태로 보관하신 뒤, 가입 중에 등록 해주시면 됩니다.

카카오톡 스토어 입점 제출서류는 아래 사항을 꼼꼼히 확인해주세요. (상세 확인하기 >)

	개인사업자	법인사업자	제출방식
필수 제출서류	- 사업자등록증 사본 1부 - 통신판매업신고증 사본 1부 - 본인서명사실 확인서 (혹은 대표자 인감증명서) 사본 1부 (발급일로부터 3개월 이내) * 공동대표 : 대표자 모두 인감증명서 (혹은 본인서명사실확인서) 각 제출	- 사업자등록증 사본 1부 - 통신판매업신고증 사본 1부 - 법인 인감증명서 사본 1부 (발급일로부터 3개월 이내)	비즈계정센터 파트너 가입 시 제출
	- 대표자 명의 통장 사본	- 법인 명의 통장 사본	카카오쇼핑 판매자정보 입력시 제출

	업종	제출서류	제출방식
업종별 추가제출서 류	건강기능식품판매	건강기능식품 판매업 신고증	비즈계정센터 파트너 가입 시 제출
	의료기기 판매	의료기기 판매업 신고증	
	전통주 및 지역특산주 주류	주류통신 판매 승인서	

클릭

카카오계정 가입하기

2. 보유하고 있는 이메일로 가입하려면 '이메일이 있습니다.' 클릭, 보유하고 있는 이메일이 없거나 신규 이메일로 가입하려면 '새 메일이 필요합니다.'를 클릭한다.

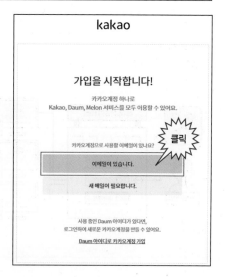

kakao

가입을 시작합니다!

카카오계정 하나로
Kakao, Daum, Melon 서비스를 모두 이용할 수 있어요.

카카오계정으로 사용할 이메일이 있나요?

클릭

이메일이 있습니다.

새 메일이 필요합니다.

사용 중인 Daum 아이디가 있다면,
로그인하여 새로운 카카오계정을 만들 수 있어요.
Daum 아이디로 카카오계정 가입

3. **인증메일 발송**을 클릭하여 카카오계정으로 사용할 이메일로 인증메일을 받고, 비밀번호, 닉네임, 생일, 성별 설정한 후 **다음**을 클릭한다.

4. 카카오계정 가입이 완료되었다면 **시작하기** 버튼을 눌러 'biz 계정센터'에서 사업자정보를 등록하면 된다.

(2) 카카오 계정이 있는 경우

카카오톡 스토어에 판매자로 가입하기 위해서는 사용하는 카카오 계정으로 로그인한 후 biz 계정센터(https://biz.kakao.com/createStep)에서 biz 계정으로 등록해야 한다.

1. 카카오 biz 계정센터(https://biz.kakao.com/createStep)에서 카카오 계정과 비번을 입력하고 **로그인**을 클릭한다.

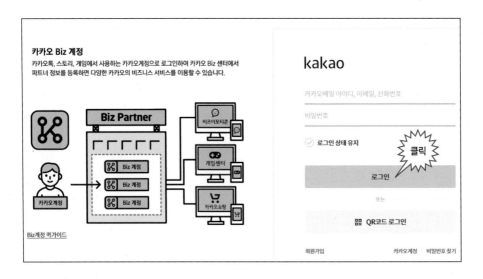

2. '약관동의'를 진행한 후 '파트너 정보'(사업자등록번호 / 업체명 / 대표자명 / 업태 / 종목 / 주소)를 입력하고 사업자등록증과 업종별 서류를 첨부한다.

카카오 비즈니스용 계정 만들기

| 01 약관동의 | **02 파트너 정보 입력** | 03 사용자 정보 입력 | 04 완료 |

Partner 기존 등록 여부 확인을 위해, 등록하고자 하는 업체의 사업자 등록번호를 입력해 주세요.

사업자 등록번호 [　　　] - [　　] - [　　　　] 확인 >

Partner 사업자 등록증 상의 정보를 동일하게 입력해 주세요.

기본정보 (사업자 등록증의 정보를 입력해 주세요)

사업자 등록번호	746 - 25 - 00808
업체(법인)명	[　　　　　]
대표자명	[　　　　　]
업태	[　　　　　] 예) 소매업
종목	[　　　　　] 예) 농산물통신판매
주소	[　　] 우편번호 >
	[　　　　　]
	[　　　　　]
사업자 등록증	[　　　] 업로드

사업자 등록증을 카메라로 찍거나 스캔한 이미지를 올려주세요.(10MB 이하의 이미지 파일만 가능합니다.)
개인정보 보호를 위해 서류 내 아래 개인정보는 마스킹하여 제출해주셔야 합니다.
제출한 서류에 개인정보가 포함되어 있을 경우 승인이 불가합니다.
* 마스킹해야 할 항목
주민등록번호 뒷자리, 대표자 개인의 주소, 면허번호, 전화번호, 휴대전화번호, 이메일주소, 대표자의 사진, 학력,전공,자격,경력,외국인번호,외국인 등록번호 뒷자리, 운전면허번호, 여권번호, 계좌번호 등

업종별 서류첨부 추가 제출해야 하는 추가서류 확인하기

| 업종선택 | 해당없음 ∨ 삭제 |

☐ 위 사업자 정보는 틀림이 없으며 나는 이 사업자 정보로 파트너를 생성할 수 있는 적합한 권리를 회사로부터 부여받았습니다.

업종별 제출해야 하는 추가 서류가 접수되지 않으면 심사가 반려될 수 있으므로 미리 확인해서 제출하는 것을 권장한다. 카카오톡 스토어 심사의 경우 평균 2주 이상의 시간이 소요되는 만큼 심사가 반려되지 않도록 처음부터 잘 대비하는 것이 좋다.

쇼핑몰/일반판매	통신판매업	통신판매업신고증
	건강기능식품	건강기능식품판매업 영업신고증
	의료기기판매/임대	의료기기 판매(임대)업 신고증
	전통주판매	주류통신판매승인서
	총포/도검/화약류	도검판매업허가증/총포판매업허가증
의료기관/안경원	의료기관	의료기관개설신고증명서/의료기관개설허가증
	문신/반영구/피어싱 시술	의료기관개설신고증명서/의료기관개설허가증
	문신/반영구/피어싱 교육	부대사업장개설신고증명서
	안경원	안경업소 개설등록증
	안마시술소/안마원	안마시술소/안마원개설신고증
대부업/대부중개업	대부업/대부중개업	대부업등록증/대부중개업등록증
변호사/법률사무소	변호사/법률사무소	변호사자격등록증명원/변호사신분증/변호사등록증서
부동산	부동산중개사무소	중개사무소등록증
채팅/자료공유 사이트	채팅사이트	사이트주소
	P2P/웹하드/자료공유	특수한 유형의 부가통신사업자 등록증

업종별 첨부 서류

3. 파트너 정보 등록이 완료되었다면 비즈 계정을 사용할 '사용자 정보'를 입력한다.

비즈 계정을 사용할 사용자 이름, 부서/직위, 전화번호, 이메일을 입력하면 비즈 계정 등록 신청이 완료된다.

2 톡스토어 가입과 상품 등록하기

카카오 비즈 계정의 등록 신청 완료 후에 톡스토어 판매자센터(https://store-sell.kakao.com/)에서 '톡스토어 가입' 신청을 할 수 있다. 비즈 계정으로 신청 완료 후, 다시 톡스토어 판매자 가입 페이지에 로그인 하면 가입 상태는 '비즈 계정 심사중'으로 확인된다. 카카오 비즈 계정 심사 중 상태에서도 카카오톡 스토어 가입 신청을 진행할 수 있다.

① 카카오톡 스토어 '톡스토어 가입하기' 버튼 클릭
② 카카오톡 스토어 판매자 이용약관 동의
③ 판매자 및 스토어 정보 입력: 판매자 정보 입력 시 정산 계좌 통장 사본을 업로드 해야 한다.
④ 가입신청 완료

가입 승인이 완료되면 카카오톡 스토어에 판매할 상품을 등록한다. 그리고 카카오톡 채널 연동 신청, 스타일 탭 노출 신청, 카카오 장보기 탭 노출 신청 등을 카카오톡 스토어 판매자센터를 통해 설정할 수 있다.

3️⃣ 톡스토어 상품 연동 신청하기

'카카오 톡스토어'에 등록한 상품의 노출을 늘리기 위하여 '카카오톡 채널', '쇼핑하기/장보기 전시', '쇼핑하우 전시', '카카오 스타일' 연동 신청을 설정한다.

1) 카카오톡 채널 연동하기

카카오 톡스토어에 등록한 상품을 운영 중인 카카오톡 채널에 노출시키기 위해서는 카카오 톡스토어 판매자센터(https://store-sell.kakao.com/)의 **'스토어 기본정보'** 메뉴를 통해 '카카오톡 채널 연동' 설정을 해야 한다.

카카오톡 채널과 연동되어 판매할 상품이 노출되면 채널 프로필 홈에서 카카오톡 스토어 상품 리스트를 확인할 수 있고, 채널 관리자센터를 통해 상품을 첨부하여 커머스형 메시지를 발송할 수 있다.

2) 카카오 쇼핑하기 탭 연동하기

카카오 톡스토어 판매자센터(https://store-sell.kakao.com/)에서 쇼핑하기 전시 상태를 ON으로 설정하면 '카카오 쇼핑하기' 탭에 상품이 노출되는 것을 확인할 수 있다.

판매할 상품을 등록하거나 수정 시에 상품 단위로도 쇼핑하기 전시 여부를 개별적으로 설정할 수 있어 노출하고 싶은 상품만 전시 상태로 등록할 수 있다.

3) 카카오 장보기 탭 연동하기

'쇼핑하기 톡딜' 탭에 노출하고 있는 상품들 중 식품 카테고리에 해당하는 상품은 '장보기' 탭에 노출할 수 있다. 별도의 연동 신청이 필요하진 않으며, 톡딜 진행 기간 내에 카테고리가 일치하는 적합한 상품은 자동 노출이 된다.

4) 카카오 스타일 탭 연동하기

'카카오 스타일' 탭은 카카오 톡스토어에서 패션 카테고리 판매자만 연동이 가능한 탭이다. 심사를 통해 연동 승인이 나면 판매할 제품 단위로 스타일 탭 전시 상태를 설정할 수 있다.

카카오 스타일 탭의 연동이 완료되면, SALE / SOHO / SHOP 탭에 노출되고 스타일 검색 결과에 전시된다.

5) 다음 쇼핑하우 연동하기

카카오 톡스토어 판매자센터(https://store-sell.kakao.com/)에서 '다음쇼핑' 전시 상태를 ON으로 설정하면 다음 '쇼핑하우'와 카카오톡 샵 탭의 쇼핑 탭에 상품이 노출되는 것을 확인할 수 있다.

Tip 카카오 채널 노출 수수료

채널별 노출 수수료는 각 채널을 통해 유입된 주문 내역에 대해서만 과금되는데, 기본 수수료에 각 채널별 노출 수수료가 더해진 것이 최종 과금되는 수수료이다.
예를 들어, 일반 상품 주문이 들어왔는데 스타일 채널을 통해 유입된 주문이라면 기본수수료 3.5%에 스타일 탭 노출 수수료 2%가 더해져 최종 5.5%의 수수료가 과금된다.

		일반 상품 주문	톡딜 주문
기본수수료		3.5%	10%
노출수수료	쇼핑하기 (장보기 포함)	2%	없음
	다음쇼핑	2%	
	스타일	2%	

4 카카오 쇼핑라이브 신청하기

카카오 톡스토어 입점 후 노출 연동까지 완료되었다면 드디어 카카오 쇼핑라이브 입점 절차를 진행할 수 있다. 카카오 쇼핑라이브 입점을 위해서 따로 가입하거나 입력해야 할 부분은 없고 쇼핑라이브에 입점하고자 하는 상품명과 제안서를 준비하여 공식 메일(live@kakaocommerce.com)로 보내면 된다.

입점 요청 제안을 보내면 카카오 쇼핑라이브 담당 MD들의 내부적인 검토 후 승인 처리가 되면 카카오 측에서 상품을 가지고 방송을 기획 및 준비하여 라이브쇼핑을 진행하게 된다.

02 > 쿠팡 라이브 입점하기

최근 들어 라이브커머스 사업이 빠른 속도로 성장하고 있다. 네이버, 카카오를 비롯하여 백화점, 유통업체, 홈쇼핑에서도 라이브커머스 방송을 하고 있다. 네이버쇼핑과 함께 국내 이커머스 업계의 양대 산맥이라 할 수 있는 쿠팡에서도 이러한 시대의 흐름에 발맞춰 2021년 1월 '쿠팡 라이브'라는 이름으로 라이브커머스 서비스를 시작하였다.

쿠팡 라이브는 '벤더'와 '크리에이터' 두 가지 방식으로 나누어 가입할 수 있다. 크리에이터는 일종의 쇼호스트 개념으로 쿠팡에 입점해 있지 않더라도(쿠팡에서 판매하는 물건이 없더라도) 타 판매자의 상품을 소개하면서 라이브 방송을 진행할 수 있다.

쿠팡 입점 온라인 셀러라면 벤더 가입을 통해 라이브 방송 진행이 가능하다.(현재는 베타서비스 단계로 '벤더'로 가입했다고 해서 모두 라이브 방송을 진행할 수 있는 것은 아니며 특정 카테고리에 대해 승인된 셀러만 라이브 진행이 가능하다.)

1 쿠팡 라이브 '벤더' 가입하기

다음은 쿠팡에 입점한 셀러들이 쿠팡 라이브를 진행하기 위한 벤더 가입 방법이다.

1. 네이버에서 '쿠팡 라이브 크리에이터'를 검색한 뒤, 'Coupang Live Platform'을 클릭하면 쿠팡 라이브 가입을 할 수 있는 사이트가 나온다.(https://livecreator.coupang.com)

쿠팡에 입점해 있는 셀러라면 **벤더 가입하기** 버튼을 클릭한다.

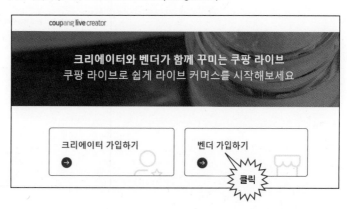

2. 'Wing 계정으로 가입'과 'Supplier Hub 계정으로 가입' 두 가지가 나온다. 현재는 'Wing 계정으로 가입'만 가능하며 'Supplier Hub 계정으로 가입'을 원하면 담당 매니저에게 문의하면 된다.

3. [쿠팡 라이브 벤더 가입 신청서]를 작성한다.

가입 신청서는 간단한 설문조사 형식으로, 해당 질문에 맞는 내용을 입력한 뒤 이용약관 및 개인정보처리방침 부분에 동의 여부 체크 후 신청서를 제출하면 된다.

가입 신청서가 정상적으로 접수되면 7영업일 내로 검토 후 결과가 메일로 공지되니 기다리면 된다.

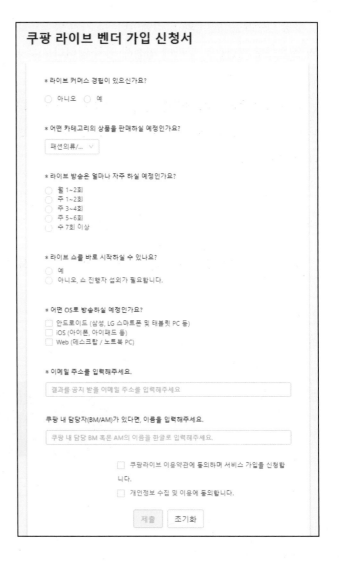

2️⃣ 쿠팡 라이브 '크리에이터' 가입하기

쿠팡의 라이브는 벤더뿐만 아니라 '크리에이터'들에게도 방송 기회를 제공하고 있다.

벤더가 라이브 방송 경험이 없거나 준비가 어려운 경우, 쿠팡 라이브에 가입한 크리에이터들에게 라이브 방송 진행을 의뢰할 수 있으며, 쿠팡 라이브 팀에서 벤더와 크리에이터의 연결을 도와주고 있다.

다음은 쿠팡 라이브의 방송 진행자 자격인 '크리에이터'에 가입하는 방법이다.

1. '쿠팡 라이브 플랫폼'(https://livecreator.coupang.com)에서 **크리에이터 가입하기** 버튼을 클릭한다.

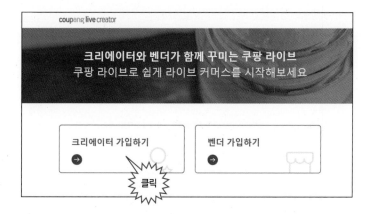

2. 기존에 가입한 쿠팡 계정이 있다면 해당 계정으로 로그인하면 된다. 쿠팡 계정이 없다면 회원가입을 먼저 진행 후 가입한 계정으로 로그인을 진행하면 된다.

3. 로그인을 하면 쿠팡 크리에이터 지원 페이지가 나온다.

닉네임, 사업자 유형, 라이브 방송 빈도, 라이브 방송 최대 매출, SNS 채널 보유 팔로워 수, SNS 활동 채널을 입력하면 된다. SNS 활동 채널 주소는 최대 3개까지 업로드가 가능하다.

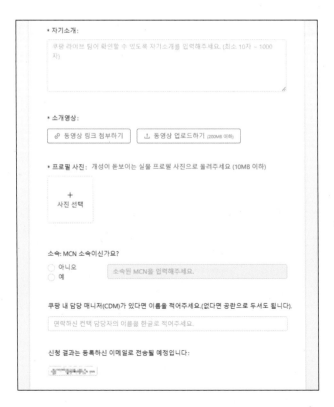

4. 자신의 특장점을 어필할 수 있는 자기소개, 소개영상 및 프로필 사진을 입력한다. 소속된 MCN 또는 쿠팡 내 담당 매니저가 있다면 해당 내용도 같이 입력해주면 된다.

5. '쿠팡 라이브 이용 신청서' 내용을 확인 후 '1. 계약당사자'의 '크리에이터' 부분에 본인 실명을 입력한 뒤 계약 조건 및 개인정보 이용 동의 부분을 체크하고 **제출** 버튼을 클릭하면 된다.

크리에이터 신청서를 접수하면 쿠팡 라이브 팀에서 검토 후 라이브 방송 진행 가능 여부에 대한 결과를 메일로 보내준다.

이렇게 쿠팡 라이브 크리에이터가 되면 자신의 상품이 없더라도 쿠팡에 입점해 있는 타 판매자의 상품을 라이브 방송을 통해 판매해 줄 수 있다.

네이버 쇼핑라이브,
누구나 할 수 있다

4장

네이버 쇼핑라이브를
위한 준비

01 >> 네이버 쇼핑라이브,
어떻게 운영할 것인가?

1️⃣ 네이버 쇼핑라이브 화면 둘러보기

네이버 쇼핑라이브(shoppinglive.naver.com) 방송을 진행하는 셀러는 휴대폰에 앱을 설치 후 방송을 할 수 있다. 이렇게 셀러가 방송을 하면 시청자는 모바일이나 웹 어디서든 시청할 수 있다. 모바일에서는 다음과 같은 방법으로 쇼핑라이브에 들어갈 수 있다.

1. 네이버에서 '네이버 쇼핑라이브'를 검색한 후 들어가면 된다. 그리고 화면 하단의 **'더보기'**(동그라미 점 3개 아이콘) 버튼을 터치한 후 **메인에 추가**를 터치하여 **저장**한다.

2. 다음부터는 네이버 메인 탭에서 '쇼핑라이브'를 터치하여 쉽게 들어갈 수 있다.

네이버 메인 바에 '쇼핑라이브' 탭이 생긴다.
터치하면 쇼핑라이브로 이동한다.

Tip 쇼핑라이브 바로가기

모바일 네이버 홈 화면에서 왼쪽으로 플리킹하면 '쇼핑라이브' 탭을 확인할 수 있다.
또 하단에 있는 '쇼핑·라이프' 버튼을 터치해도 '쇼핑라이브' 탭을 확인할 수 있다.

터치

■ 쇼핑라이브 홈 화면

① **쇼핑LIVE**와 **N쇼핑** 버튼을 터치하여 '쇼핑라이브'와 '네이버쇼핑'을 쉽게 오갈 수 있다.

② **라이브 캘린더**에서는 라이브 방송 일정을 확인할 수 있다. 여기에 소개되는 라이브 방송은 판매자가 자체로 진행하는 것은 노출되지 않는다. 네이버 '기획전 라이브'나 '제휴 라이브'를 통해 진행되는 방송만 노출된다.

'라이브 캘린더'에 노출된 '24시 내고향'의 라이브 방송

③ **돋보기 아이콘**을 눌러 라이브 방송이나 상품을 검색할 수 있다. 검색 시 라이브 예정 창이 보이는 기준은 라이브에 포함된 상품 질의 연관성이며, 라이브 중과 라이브 예고 페이지가 오늘 포함 day+2까지 노출된다.

이렇게 검색을 통해 방송을 시청하고 구매를 하는 사람들도 많이 있다.

④ **쇼핑라이브 MY영역**은 '최근 본 라이브'와 '최근 본 상품', 그리고 '알림 받는' 스토어들을 확인할 수 있으며, 여기서 알림 스토어 해제도 가능하다.

⑤ **쇼핑라이브 카테고리:** 쇼핑라이브에서의 카테고리는 상품에 따라 분류되고 있다. 각 메인 카테고리는 쇼핑사업부와의 제휴 라이브 노출 영역이었으나 2021년 1월 말부터 판매자의 카테고리 설정으로 변경되었다.

⑥ **쇼핑라이브 메인 배너:** 네이버 제휴 라이브의 노출 영역이며, 별도로 기획전이나 제휴를 거친 후 노출된다.

⑦ **메인 카테고리:** 현재 '지금 라이브 중' → (관심 채널의 예고) → '라이브 예고' → '라이브 구매 TOP 10' → '패션' → '뷰티' → '푸드' → '라이프' → '라이브쇼' → '도전! 라이브 챌린지' 순으로 전시되고 있다. (※ 유저가 접속한 아이디로 알림을 받고 있는 채널의 라이브 방송이 7일 내에 예정되어 있으면 '지금 라이브 중' 아래에 '관심 채널의 예고' 영역이 생기면서 방송 예고를 해준다. 네이버 쇼핑라이브는 그만큼 '알림받기' 고객이 많으면 라이브 방송을 알리기가 용이하다.)

지금 라이브 중 영역에는 현재 방송 중인 라이브가 소개된다. 이 영역은 셀러가 자체적으로 진행하는 라이브라도 일정 조건이 충족되면 노출된다.

'지금 라이브 중'에 노출된 '24시 내고향'의 '사랑하는 부모님께 고마운 마음을 전하세요! 영산 홍어!' 라이브 방송

관심 채널의 예고는 로그인한 유저가 '소식받기'를 하고 있는 스토어의 라이브 방송이 7일 내에 있으면 소개된다.

라이브 예고 영역에는 앞으로 진행될 라이브가 예고된다. 여기에 소개되는 라이브는 네이버 기획전 라이브나 제휴제안 라이브를 통해 진행되는 라이브만 노출된다.

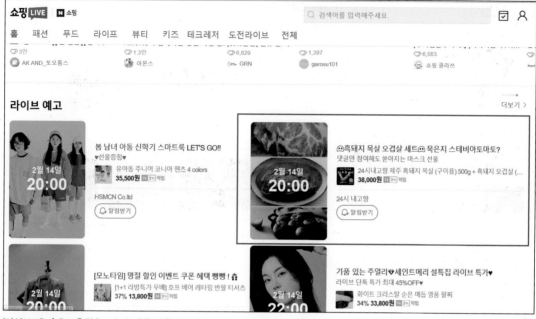

'라이브 예고'에 노출된 '24시 내고향'의 '흑돼지 목살 오겹살 세트 묵은지 스테비아토마토' 라이브 방송

라이브 구매 TOP 10에는 최근 72시간 내 진행한 라이브 중 구매력이 높은 순으로 라이브 10개가 노출된다. 그 아래로 **패션, 뷰티, 푸드, 라이프, 라이브쇼, 키즈, 테크레저, 도전! 라이브 챌린지** 등 상단 메뉴에 있는 카테고리의 주요 라이브가 소개된다.

웹에서도 '쇼핑라이브'를 검색하여 들어가거나 네이버쇼핑에서 '쇼핑LIVE' 탭을 클릭하여 쉽게 들어갈 수 있다(https://shoppinglive.naver.com/).

2 네이버 쇼핑라이브 운영하기

1) 어떻게 시작하는가?

네이버 쇼핑라이브의 콘셉트는 '언제 어디서나 휴대폰 하나로 라이브커머스를 진행할 수 있다'는 것이다. 즉 모바일 기기(휴대폰, 태블릿)로 촬영하면서 바로 영상을 송출하는 것이다. 따라서 PC나 노트북, 카메라, 캠코더 등으로는 할 수 없고 인터넷이 연결되어 있는 휴대폰에서 해야 한다.

스마트스토어 '파워 등급' 이상이 되는 셀러는 휴대폰에 '네이버 쇼핑라이브 앱'이나 '네이버 스마트스토어센터 앱' 중 하나를 설치하여 진행할 수 있다. 두 가지 앱 모두 라이브 방송을 할 수 있으나, '네이버 쇼핑라이브 앱'이 기능이 더 많으니 쇼핑라이브 앱을 설치하는 것을 추천한다.

시청자(구매자)는 별도의 앱을 다운로드할 필요 없이 판매자가 보내주는 라이브 방송 알림이나 URL을 클릭하여 시청하거나, 네이버 쇼핑라이브 영역에 접속하여 노출 라이브 또는 관심 라이브를 검색하여 시청하면서 상품을 구매할 수 있다.

2) 누가 운영하는가?

현재 안정적인 라이브 운영을 위하여 스마트스토어(윈도 포함) '파워 등급' 이상이 되어야 라이브 진행이 가능하다. 단, 2020년 6월 25일 이전 (구)셀렉티브 앱을 통해 라이브를 진행한 이력이 있다면 파워 등급이 충족되지 않아도 라이브 진행이 가능하다.

쇼핑라이브 운영자의 유형을 보면 대략 다음과 같다.

① 직접 제조 및 생산하는 판매자

생산자와 제조사는 자신의 상품을 라이브를 통해 직접 판매할 수 있다. 이런 셀러는 자신의 상품에 대해서 누구보다 잘 알고 있으므로, 고객의 돌발 질문에도 잘 답변할 수 있고, 전문가다운 모습을 보여줄 수 있다. 또한 유통과정을 줄이고 직접 판매를 함으로써 마진도 높일 수 있다.

라이브를 통해 제품의 생산 및 제작 과정을 보여주면 고객은 제품에 대해 신뢰감을 갖게 된다. 특히 농수산물의 경우 우리가 직접 먹는 것이기 때문에 인체에 유해하지는 않은지, 수입산은 아닌지 등 고객의 구매 결심에 영향을 미치는 요소가 많은데, 이럴 때 산지에서 직접 수확하는 모습을 보여주면서 방송하면 고객에게 신뢰감을 한층 심어줄 수 있어 좋다.

② 온·오프라인 쇼핑몰 운영자 및 오픈마켓 판매자

쇼핑몰을 운영하는 사람은 자신의 제품을 직접 판매하는 사람도 있고, 위탁으로 판매하는 사람도 있다. 특히 스마트스토어나 오픈마켓 판매자 중에는 위탁으로 상품을 판매하는 사람이 많다.

'소싱'을 통한 판매는 제조사와 공급 계약을 맺고 진행하는데, 대량 구매에 따른 초기 자금과 재고 위험의 부담이 있다. 하지만 위탁 판매에 비해 높은 마진을 볼 수 있다.

'위탁 판매'는 보통 도매사이트에 있는 상품을 등록하여 판매하는 것이다. 주문이 들어오면 도매업체에서 상품을 구매하여 고객에게 배송하거나, 도매업체에서 직접 배송하게 하는 방식이다. 소싱에 비해 마진은 낮은 편이지만 위험 부담이 적어 초보자가 쉽게 시작하기에 좋다.

③ 판매 대행업자

판매자의 상품을 라이브 방송으로 대신 판매해주고 수수료를 받는 사람이다. 요즘 라이브커머스 방송을 보면 개그맨이나 방송인 등 유명인이 나와서 상품을 판매하는 것을 흔히 볼 수 있다. 이들은 판매자의 상품을 대신 팔아주고 출연료나 수수료를 받는 쇼호스트이다. 이렇게 방송에 능숙한 사람이 라이브 방송의 진행자가 되어 상품을 판매해주는 것이다. 이들 전문가에게 방송을 맡기면 정말 홈쇼핑과 같은 고퀄리티의 라이브커머스 방송을 진행해준다.

> **Tip** 네이버 쇼핑라이브 진행자(쇼호스트)에 관하여
>
> - 판매자가 직접 출연하지 않고 다른 사람이 진행해도 된다.
> - 출연자 없이 제품만 노출하고 음성으로 진행해도 된다.(방송 초반에 오랫동안 제품만 나오고 음성이 없을 경우 라이브 송출이나 '다시 보기'가 중단될 수 있다.)
> - 초등학생 이하 어린이가 출연 시 반드시 성인 출연자가 동반 출연해야 한다.(성인 출연자가 동반 출연하지 않거나 성인 목소리만 나오는 경우 라이브 송출이나 '다시 보기'가 중단될 수 있다.)
> - 시청자와의 신뢰감 있는 소통을 위해 진행자의 얼굴을 노출하는 것을 추천한다.

3) 어떤 것을 팔아야 하는가?

쇼핑라이브에서 진행할 수 있는 상품의 카테고리는 제한이 없다. 단, 네이버 상품등록 정책에 위반되지 않는 상품이어야 한다. 만약 상품등록 정책에 위반된 상품을 등록한 경우, 운영정책에 따라 상품 판매금지 처리 및 쇼핑라이브 진행 취소, 서비스 이용 정지가 조치될 수 있다.

쇼핑라이브에서는 ① **대중적인 상품**, ② **3~4만 원대의 가격대**, ③ **일반 시장에서보다 가격 경쟁력이 있는 상품**이 잘 판매되고 있다.

네이버 쇼핑라이브에서 현재 판매가 잘되고 있는 카테고리는 '패션'과 '푸드'이다. '리빙', '키즈' 카테고리는 구매 효율이 좋다. 이 밖에도 농수산물, 화장품, 주얼리, 액세서리 등 다양한 카테고리에서 판매가 일어나고 있다.

저자가 운영하는 '24시 내고향'은 '대한민국 바른 먹거리 지침서'를 표명하며 프리미엄, 산지직송 배송, 100% 자연산을 고집하는 푸드 전문 스토어이다. 저자는 그동안 라이브 방송을 통해 삼겹살, 간장게장, 전복, 과메기, 문어, 고구마, 귤, 천혜향, 돈가스, 떡볶이 등 수많은 계절 상품과 신선 제품을 팔아왔는데, 갈수록 고객들이 늘어나고 판매도 많이 되고 있는 추세이다.

저자가 운영하고 있는 '24시 내고향' 쇼핑라이브

4) 언제 어디서 얼마나 자주 해야 하는가?

[시간대] 방송 시간대는 유저가 많이 보는 시간대를 택하면 된다. 상품에 따라, 타깃층에 따라 다르겠지만 일반적으로 황금시간대인 저녁 7시~10시가 가장 좋다.(하지만 아직 시작 단계인 초보자는 이 시간대를 피해 시간을 정해놓고 진행하는 것을 추천한다.) 라이브커머스는 대부분의 시청자들이 휴대폰으로

시청하는데, 이 시간대는 저녁을 먹고 휴식을 취하는 시간이기에 많이들 시청하게 된다.

　직장인을 대상으로 하는 상품을 회사의 근무 시간대에 방송한다면 시청률이 저조할 것이다. 반면 가정 주부를 타깃으로 하는 상품은 오전 10시~12시 사이가 좋다. 이때는 주부들이 남편과 아이들을 내보내고 집에서 TV나 휴대폰을 보면서 휴식을 취하는 시간이기 때문이다. 또 저녁 준비를 해야 하는 오후 4시~5시에는 식품 관련 방송을 하면 좋은 판매 효과를 기대할 수 있다. 키즈도 오전 시간대에 하면 좋다.

　네이버 쇼핑라이브는 '소식받기'를 한 유저에게 방송 전에 푸시 알림을 내보낼 수 있는데, 야간 방송은 야간 알림 받기(21시~08시)를 동의한 사람에게만 푸시가 간다. 때문에 이 부분도 고려해야 한다. 만일 밤 11시에 방송을 한다면 야간 알림 받기를 동의하지 않은 사람에게는 푸시가 가지 않는다.

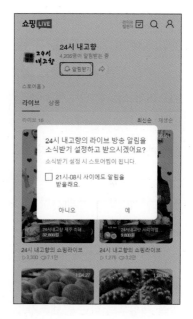

　[시기] 당연한 얘기겠지만, 계절과 환경의 영향을 받는 상품은 계절에 맞게 해야 한다. 조만간 한파 경보가 내려진다고 하면 핫팩 등 방한용품을 기획하면 좋다. 혹서기에는 선풍기나 팥빙수, 빙과류 등을 판매하면 좋다. 또 추석이나 설 명절, 밸런타인데이, 어린이날, 어버이날, 수능일 등 특정 시즌에는 해당 상품을 판매하면 된다.

　[장소] 방송을 진행하는 장소는 특별히 현장감을 주는 콘셉트가 아니라면 실내에서 하는 것이 좋다. 주변 소음이 없고, 상품을 잘 보여줄 수 있는 밝은 조명이 있는 곳이라야 한다.

　[방송 분량] 네이버 쇼핑라이브 방송은 최대 120분까지 진행할 수 있다. 방송 최대시간 10분/5분 전에는 라이브 송출이 진행 중인 휴대폰으로 종료 안내가 전달되는데, 남은 시간을 고려하여 방송을 진행하면서 종료 인사를 하면 된다. '다시 보기'를 저장할 경우 시청자에게 충분한 상품 정보 제공을 위하여 최소 10분 이상 방송을 하는 것이 좋다.

> 🔔 **Tip** 배터리 잔량을 확인하자
>
> 방송 전에 방송용 휴대폰의 배터리 잔량을 확인해야 한다. 배터리 잔량이 낮거나 발열이 심할 경우 방송 잔여 시간이 남아 있어도 별도의 안내 없이 자동 종료될 수 있다. 종료 인사도 없이 갑자기 방송이 중단되면 고객의 신뢰를 잃을 수 있으므로 사전에 배터리와 휴대폰의 상태를 점검하고 진행하도록 한다.

[방송 횟수] 하루에 할 수 있는 쇼핑라이브 방송 횟수는 제한이 없다. 단, 같은 아이템으로 짧은 시간 동안 진행된 라이브가 반복적으로 노출될 경우 노출이 제한될 수 있다.(네이버에서는 동일 상품이나 동일 콘셉트의 상품은 1일 1회 진행을 권장하고 있다.) 기본적으로 10분 이상 정상적으로 방송이 진행될 경우 네이버 쇼핑라이브 서비스에 노출된다.

[방송 주기] 쇼핑라이브는 '언제, 어디서'라는 시공간적 한계가 없다는 점이 매력적이다. 아이템이 준비되어 있다면 해외에서도 지원 가능한 서비스이다. 다만 운영과 관리를 효율적으로 하기 위해 일주일에 몇 번, 무슨 요일, 지정된 시간대를 정하는 것을 권장한다.

지정된 시간을 정해 놓는 것은 소비자와 신뢰감, 유대감을 쌓을 수 있다는 점에서도 유리하다. 라이브커머스는 판매가 목적이지만 자신의 브랜드를 알리는 마케팅 수단이기도 하다. 자주 방송을 하다 보면 시청자들에게 나의 브랜드 인지도를 심어주게 된다. 블로그를 하는 사람들이 매일 일정한 시간에 포스팅을 하듯이 라이브 방송도 주기적으로 하는 것이 좋다. 3~4일 간격으로 혹은 매주 정해진 요일, 정해진 시간에 꾸준히 방송을 하면 고객들에게 브랜드가 각인되고, 그 시간을 기다리는 단골 고객들도 생기게 된다.

[구매 고객 연령층] 쇼핑라이브의 구매 고객은 30대 후반 여성이 제일 많다. 뒤이어 40대 여성 → 20대 여성 순으로 고객이 많다. 이 말은 이 연령층에서 라이브 방송을 많이 시청하고 있고, 또한 이들을 대상으로 하는 콘텐츠가 잘 팔린다는 뜻이기도 하다.

3 라이브 방송 시 주의 사항

1) 방송 중 효과 삽입 및 편집

그동안 쇼핑라이브는 효과 삽입 기능이 없어서 이벤트나 강조하고 싶은 문구가 있으면 손팻말을 만들어 방송 중에 쇼호스트가 들어서 보여주었다.

그러다가 2021년 2월 25일부터 라이브 중에 사진이나 동영상을 보여줄 수 있는 '라이브 스튜디오' 기능이 오픈되었다. 라이브 스튜디오는 스마트폰에 저장된 사진이나 동영상을 라이브 진행 중 언제든지 원하는 시점에 라이브에 노출할 수 있는 기능이다. 그동안 손팻말 제작으로 보여주던 핵심 내용이나 이벤트 문구 등을 그림 이미지로 만들어 폰에 저장해놓고 라이브 중 원하는 시점에 전시할 수 있다. 또 동영상도 전시할 수 있기에 여러 모로 활용도가 높은 기능이다.

2) 대표 이미지 삽입 시 주의할 점

라이브 방송용 대표 이미지에 ① 텍스트가 포함(브랜드 로고 안에 텍스트가 포함된 경우도 해당)되어 있거나 ② 초상권, 저작권 위반 사항이 있을 경우, 라이브 노출 중단 및 삭제될 수 있으므로 주의해야 한다. 브랜드명 삽입도 안 되며, 다만 제품에 라벨이 부착되어 사진으로 촬영한 것은 가능하다.

3) 배경음악

방송 중에 저작권이 확보되지 않은 음원이 나갈 경우 라이브 노출 중단 및 영상이 삭제될 수 있으니 주의해야 한다.

야외 방송 중에는 주변 상점이나 길거리에서 음악이 흘러나올 수 있는데, 고의가 아닌 잠깐의 실수에서라도 음원이 노출된다면 문제가 되기에 조심해야 한다.

음원 없이 직접 육성으로 노래를 부르는 것은 괜찮다.

만약 저작권 문제가 없는 배경음악이라면 저작권 관련 소명 자료(상업적 사용까지 보장된)를 판매자 센터 톡톡으로 사전에 전달해야 한다.

4) 부적절한 콘텐츠

부적합한 콘텐츠 게시로 인한 문제 발생 시 모든 책임은 제공자에게 있으며, 이로 인해 네이버에 손해가 발생했다면 적절한 보상을 요구할 수 있다고 네이버는 명시하고 있다. 다음과 같은 부적절한 콘텐츠가 포함된 라이브는 사전 안내 없이 라이브가 중지되거나 다시 보기 노출이 제한된다.

- 음란물 또는 잔인/폭력/혐오 등 청소년에게 부적합한 콘텐츠(즉시 영구 정지 및 형사고발 조치)
- 지적재산권 침해, 저작권에 위배되는 콘텐츠
- 타인의 라이브를 허락 없이 중계하는 콘텐츠
- 공공질서 및 미풍양속에 위배되는 저속, 음란 콘텐츠
- 매매 부적합 상품을 노출 또는 판매하는 콘텐츠
- 타인에게 공포심, 불안감 또는 불쾌감을 주는 콘텐츠
- 제목과 내용에 불법, 음란, 비속어 등을 포함하는 콘텐츠
- 장난 전화 및 타인에게 피해를 주는 콘텐츠
- 타 라이브 및 라이브에 대한 비방 목적의 콘텐츠
- 자신 또는 타인 개인정보를 채팅 또는 라이브에 노출할 경우
- 직거래 또는 직거래를 유도하는 콘텐츠

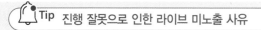

Tip 진행 잘못으로 인한 라이브 미노출 사유

라이브 방송 '실시간 노출 중단' 및 '다시 보기 미노출' 사유로는 다음과 같은 것들이 있다.

① 제품만 보여주고 변화나 진행이 없는 경우
② 미리 촬영한 영상을 다른 기기에 틀어놓고 그 기기를 촬영/송출하는 경우
③ 홍보/광고 영상을 모니터에 띄워놓고 반복해서 보여주는 경우
④ 리허설 기능을 사용하지 않고 서비스에 나타나게 테스트 송출하는 경우
⑤ 말을 하지 않고 언박싱하거나 제품 이용하는 것만 보여주는 경우
⑥ 진행자가 라이브 진행을 하지 않고 다른 일을 하는 경우

4 네이버 쇼핑라이브, 어떻게 판매하고 구매하는가?

[판매자] 네이버 쇼핑라이브는 '쇼핑라이브 앱'에서 상품을 등록하는 것이 아니라, 스마트스토어에 등록되어 있는 상품을 앱에서 불러와 연동하여 판매하는 것이다. 따라서 쇼핑라이브에서 상품을 판매하기 위해서는 먼저 스마트스토어에 상품이 등록되어 있어야 한다. 쇼핑라이브를 통한 판매도 스마트스토어에서의 판매와 마찬가지로 판매 지수에 반영된다.

[구매자] 로그인하지 않아도 시청할 수 있으나 댓글을 달거나 구매를 하려면 로그인을 해야 한다. 라이브 방송 화면 하단에 판매 상품이 노출된다. 이 상품을 클릭하면 스마트스토어의 상품 상세 페이지로 이동하게 되고 여기서 '구매하기'를 하면 된다. 이렇게 구매를 하면 리뷰를 남길 수도 있고, 구매 혜택도 받을 수 있다. 현재 쇼핑라이브를 통해 구매를 하면 기존에 네이버페이 구매 고객에게 주던 1% 페이백(적립금)에 더하여 추가로 2%의 혜택이 주어져 총 3%의 혜택의 받을 수 있다. 구매자의 입장에서 보면 일반 구매보다 쇼핑라이브를 통한 구매가 혜택이 더 많기 때문에 라이브 방송을 기다려 구매하는 사람도 많이 있다.

5 네이버 쇼핑라이브 수수료

네이버 쇼핑라이브의 수수료는 현재 업계 최저 수준이다. 쇼핑라이브는 방송 중 구매와 '다시 보기' 영상에 노출된 상품을 통해 구매가 일어나는 경우 **'라이브 매출연동 수수료로 매출액의 3% + 결제 수단 수수료'** 가 과금된다.(네이버쇼핑 검색 연동 수수료 2%는 중복 과금되지 않는다.)

그런데 **쇼핑라이브의 '캘린더'에 등록된 라이브와 '잼라이브'에서 진행 및 노출된 라이브**는 라이브 매출연동 수수료가 **5%**이다(2021년 5월부터 시행). '캘린더'에 등록되는 라이브는 네이버와 제휴한 라이브로, 네이버 메인이나 쇼핑라이브 홈에 노출이 지원된다. 네이버와 제휴한 라이브가 아닌 일반 판매자가 자체적으로 진행하는 라이브의 수수료는 3%이다.

이러한 네이버의 정책은 중소상공인의 수수료는 업계 최저를 그대로 유지하면서, 브랜드 파트너 사 등 대형 사업자를 대상으로 수익을 높이고자 하는 전략이라고 볼 수 있을 것이다.

결제수단 수수료는 상품 주문 시 구매자가 선택한 결제수단에 따라 각각 요율이 다르게 과금된다. 만일 고객이 라이브 방송을 통해 휴대폰 결제로 구매했다면, 라이브 매출연동 수수료 3% + 휴대폰 결제수단 수수료 3.85%를 더하여 6.85%의 수수료가 부과된다. 결제수단이 신용카드라면 총 6.74%(3% + 3.74%)가 부과된다.

구분				수수료율
유입경로	네이버쇼핑 연동인 경우			2%
	네이버쇼핑 연동이 아닌 경우			없음
결제수단	휴대폰			3.85%
	신용카드	개인 판매자		3.74%
		사업자 판매자	국세청 기준 연매출 규모	
			영세 ~3억 원	2.20%
			중소1 3억~5억 원	2.75%
			중소2 5억~10억 원	2.86%
			중소3 10억~30억 원	3.08%
			30억 원 이상	3.74%
	네이버페이 포인트			3.74%
	계좌이체			1.65%
	무통장입금(가상계좌)			1%(최대 275원)

네이버쇼핑 결제수단 수수료율 (※ 참고. 카드 수수료 등급은 국세청에서 선정된 매출 등급 기준이다.)

02 방송 전 준비사항

1 라이브 방송 장비 세팅하기

라이브커머스 방송을 진행하기 위해서는 기본적으로 스마트폰만 있으면 가능하다. 여기에 모니터링용 노트북이나 태블릿 PC, 댓글 소통을 위한 별도의 스마트폰이나 탭 정도만 있으면 별 무리 없이 방송을 진행할 수 있다. 하지만 좀 더 전문적인 방송을 위해서는 다음과 같은 사항들을 참조하여 진행하면 좋다.

1) 장소/배경

방송 장소는 판매자가 원하는 곳에서 하면 된다. 라이브 방송은 전문 스튜디오에서 하면 좋겠지만, 소음이 없는 사무실이나 매장 또는 집에서 해도 상관없다. 다만 방송 전에 주변 정리 정돈을 잘해야 한다. 라이브 방송은 진행자가 움직이면서 방송을 할 수 있으므로 동선에 따라 주변 환경들이 보이게 된다. 시청자들한테 지저분한 모습을 보여주면 상품에 대한 신뢰성미지 떨어뜨릴 수 있다.

진행자의 뒤로 보이는 배경에는 판매자의 스토어나 상품을 알리는 '배경지'를 걸어두고 하면 좋다. 이때 배경지가 상품과 같은 색상 계열이거나 너무 요란하여 상품을 방해하게 해서는 안 된다. 주변 소품이나 배경은 상품을 돋보이도록 구성해야 한다.

배경지: 하얀 벽면에 스토어명이 보이게 하고 방송 콘셉트에 맞게 장식하여 배경으로 사용하였다.

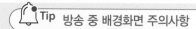
2) 방송용 핸드폰

[휴대폰 사양] 방송용 휴대폰은 성능이 좋아야 한다. 라이브 방송을 위해서는 '네이버 쇼핑라이브 앱'이나 '네이버 스마트스토어센터 앱'을 휴대폰에 깔아야 하는데, 아이폰은 ios 13, 안드로이드는 Android 9 이상 버전에서 사용할 수 있다.

고화질의 라이브 송출을 위해 아이폰 X, 갤럭시 S9 이상의 최신폰을 사용할 것을 권장한다.

[저장공간] 저장 공간은 최소 500MB 이상 남아 있어야 한다. 저장 공간 확인은 안드로이드는 **설정 → 디바이스 케어**에서, 아이폰은 **설정 → 일반 → iPhone 저장 공간**에서 확인할 수 있다.

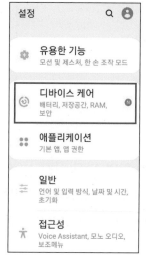

안드로이드

아이폰

[네트워크 연결] 네트워크 상태가 좋지 않으면 화질이 떨어지거나 연결이 끊어질 수 있다. 따라서 네트워크 연결은 유선으로 하는 것을 추천한다. wifi나 LTE로 연결할 때는 신호 상태가 양호한지 사전에 점검한다.

이더넷 어댑터

유선 연결을 할 때는 wifi와 데이터를 꺼주고, 유선 연결 설정을 '이더넷'으로 해주면 된다. 안드로이드는 **설정 → 연결 → 기타 연결 설정 → 이더넷**을 켜주면 되고, 아이폰은 유선 연결을 하면 설정에 **이더넷** 연결이 생성된다.

안드로이드

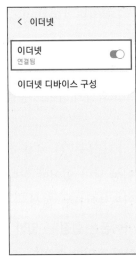

[방해금지 모드, 무음, 화면 꺼짐 시간 설정]

방송 중에 전화를 받으면 방송이 중단되고, 문자를 수신하면 알림음이나 진동음이 방송에 노출될 수 있다. 방송 중에 전화벨이 울리는 황당한 일이 발생하지 않도록 방송용 휴대폰은 '방해 금지 모드'로 세팅한다.

안드로이드: **설정 → 알림 → 방해 금지**를 ON으로 한다.

아이폰: **설정 → 방해금지모드 ON, 통화허용 '없음'**으로 설정한다.

'화면 자동 꺼짐 시간'은 아이폰은 '자동잠금' - '안 함'으로 설정하면 되고, 안드로이드는 '화면 자동 꺼짐 시간' - '30분'이 최대로 1시간 라이브 방송의 경우, 방송 시간보다 길게 설정은 불가능하다.(핸드폰 기종에 따라 최대 설정 시간이 다르다.)

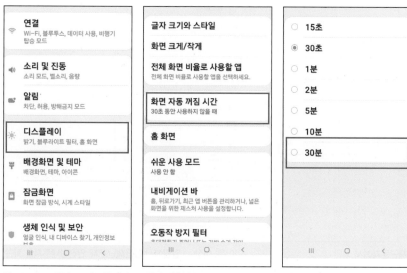

안드로이드: **설정 → 디스플레이 → 화면 자동 꺼짐 시간 → 최대로 설정한다.**

아이폰: **설정 → 디스플레이 및 밝기 → 자동 잠금 → 안함**

[재난문자 차단] 천재지변이나 코로나19 등 재난문자도 전화로 인식하기 때문에 방송 중에 이런 문자가 오면 라이브가 중단될 수 있다. 따라서 재난문자도 차단해주어야 한다.

안드로이드: 메시지에서 **설정 → 재난문자**에서 차단   아이폰: **설정 → 알림**에서 **긴급재난문자, 안전안내문자**를 차단

[밝기 조정 필터] '쇼핑라이브 앱'에서 라이브 시작 전에 카메라에 있는 필터 기능을 설정할 수 있다. 화면 우측 하단의 필터 아이콘을 눌러 필터를 선택하고, 밝기 조절도 할 수 있다. 하지만 필터 기능을 사용하면 상품의 색상이 실제 색과 다르게 나올 수 있으므로, 특별한 경우가 아니라면 사용하지 않는 것이 좋다.

[마이크 사용] 방송 시 마이크 사용 여부를 설정할 수 있다. 화면 우측 하단의 '더 보기'(∘∘∘) 버튼을 누르면 '마이크 사용' 여부를 설정할 수 있다. 별도의 마이크를 사용하지 않는 경우 어느 정도 크기의 목소리로 해야 시청자들이 듣기에 적당한지를 미리 테스트하고 방송에서 그 톤을 유지하도록 해야 한다.

[전면 카메라 좌우 반전 사용] 방송 시 휴대폰의 전면 카메라를 사용하는 경우, 진행자가 글씨가 적힌 손팻말을 들어서 보여줄 때 글씨가 좌우로 반전되어 나타난다. 이 경우 '전면 카메라 좌우 반전 사용'을 터치하여 '사용 안함'으로 하면 시청자들에게 글씨가 제대로 보이게 된다.

마이크 사용을 ON으로 한다. OFF 로 하면 라이브 방송에 소리가 나 가지 않는다.

전면 카메라 사용 시 OFF로 하면 좌우 반전된 화면이 제대로 보인다.

[카메라의 위치와 프레임 범위] 카메라의 위치는 진행자와 상품, 배경이 잘 보이는 최적의 자리를 찾아 설치하면 된다. 진행자와 너무 멀면 상품을 자세히 보여줄 수 없고, 너무 가까우면 화면 압박이 있고, 전체화면을 보여주기가 어렵다.

적당한 카메라의 위치를 잡았다면 카메라에 잡히는 프레임의 범위가 어디까지인지 미리 파악하고, 방송 중에 그 위치를 벗어나지 않도록 해야 한다. 이런 것을 미리 체크해두지 않고 정신없이 방송을 하다 보면 진행자가 카메라 밖으로 나가는 웃픈(?) 실수를 하기도 한다.

방송 중에는 카메라를 옮기지 않는 것이 좋다. 불가피하게 이동을 하면서 방송을 해야 한다면 카메라의 이동 동선과 덜 흔들리게 하는 방법 등을 사전에 점검하고 연습한다.

3) 댓글 답변용 노트북 & 태블릿PC

라이브 방송은 방송 중에 시청자의 댓글이 마구마구 올라온다. 이것을 진행자가 확인하면서 댓글을 달기는 어렵다. 따라서 댓글을 모니터하고 답변을 다는 노트북이나 태블릿PC를 준비한 후 별도의 댓글 담당자가 댓글을 달도록 하면 좋다. '채팅관리자'로 등록된 네이버 아이디로 로그인한 후 내가 진행하는 라이브 시청 페이지에 접속하면 노트북이나 PC로 빠르게 댓글 작업을 할 수 있다.

4) 조명

촬영 시 사용하는 조명은 크게 '자연광'과 '지속광' 두 가지로 나눌 수 있다. 자연광은 사진 촬영 시 플래시 조명에 출력된다. 지속광은 사진 촬영이 아닌 방송에 주로 사용되는 것으로 라이브커머스 방송 촬영 시 이용된다. 지속광은 지속적으로 빛이 출력되는 조명을 말한다.

라이브커머스 촬영의 경우 움직임이 많고 한 명이 아닌 여러 명의 호스트가 방송에 참여하는 경우가 대부분이므로 조명을 책상 위에 설치하는 것보다는 스탠드를 이용하여 세워두는 것을 권장한다. 1인 방송에 비해 조명의 빛이 닿아야 하는 거리가 상대적으로 멀리 있으므로 LED 개수가 많고 사이즈가 어느 정도 있는 조명을 사용하는 것이 좋다. 다음은 몇 가지 추천 조명이다.

구분	#B-라이트 45N	#B-라이트 33N	프로딘 combo 40c
배터리	완충 후 최장 2시간 사용	완충 후 최장 1.5시간 사용	완충 후 최장 1.5시간 사용
LED 개수	5600K 144개 3200K 144개	5600K 96개 3200K 96개	5600K 100개 3200K 100개
최대 출력	40w	19.5w	40w
색온도 범위	3200K – 5600K	3200K – 5600K	3200K – 5600K
사이즈	376×266×25mm	268×188×126mm	400×230×60mm
금액대	20만 원대 중반	20만 원대 초반	10만 원대 후반

5) 마이크

선명한 음질로 생생한 방송을 전달하기 위해 라이브커머스 방송에서 마이크 사용은 필수라고 해도 과언이 아니다. 출연진 인원에 따라 그리고 판매하는 상품에 따라 사용할 수 있는 마이크 종류가 나뉘게 된다.

2인 이하의 출연진이 참여하는 경우 '블루투스 핀(라빌리에) 마이크'를 많이 사용한다. 블루투스 핀 마이크의 경우 옷에 고정을 할 수 있고 본체와 선을 길게 연결하지 않아도 되는 장점이 있어서 핸드 마이크보다 이동 범위가 넓고 자유로워 라이브커머스 방송을 할 때 사용하기에 편리하다.

출연진이 3인 이상이거나 식품 판매 중에서도 요리하는 과정의 소리를 전달하고 싶을 경우 핀 마이크보다는 특정 방향에서 들어오는 소리를 세밀하게 전달할 수 있는 '샷건 마이크'를 권장한다.

■ 핀(라빌리에) 마이크

XSW_D 라빌리에 세트

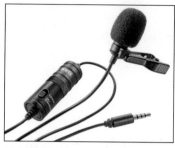

보야 핀마이크

코미카 핀마이크

■ 샷건(지향성) 마이크

MKE 600 샷건마이크

보야 샷건마이크

소니 ECM-CG60 샷건마이크

6) 삼각대

　핸드폰으로만 방송이 가능한 네이버 쇼핑라이브 방송의 경우 핸드폰 거치가 가능한 삼각대를 이용하는 것이 좋다. 보통 서서 방송하는 경우가 많으므로 삼각대는 기본 1m 이상 높이의 제품으로 준비하는 것을 권장한다.

■ SK-04 투인원 삼각대

- 최대 145cm 높이 조절 가능
- 낮은 각도 촬영 가능(22/ 52/ 82_3단 기어)
- 접이식 보관 가능

■ 큐디드 170 삼각대

- 최대 170cm 높이 조절 가능
- 접이식 보관 가능

7) 짐벌

이동하면서 촬영해야 하는 경우 스마트폰 짐벌을 준비한다. 짐벌은 수평을 유지해주는 기구로, 이것을 이용하면 손 떨림이 어느 정도 보완되어 좀 더 안정적으로 이동 촬영을 할 수 있다.

8) 업무 분담 직원

쇼핑라이브는 혼자서도 할 수 있지만, 업무를 분담할 직원이 있으면 훨씬 수월하게 진행할 수 있다. 보통 다음과 같이 업무를 분담하여 진행할 수 있다.

① **방송 출연자(진행자, 쇼호스트):** 라이브 방송에 출연하여 상품을 소개한다. 쇼호스트는 보통 1~2명 정도가 적당하다. 3명 이상이 되면 스마트폰의 화면에 다 잡히기가 힘들고, 방송 진행이 산만해지기 쉽다.

② **댓글 담당자:** 시청자의 댓글을 확인하고 답변을 달고, 공지 댓글을 올린다.

③ **방송 장비 담당자:** 방송용 휴대폰을 컨트롤한다. 조명, 오디오 등 방송 장비를 담당한다.

④ **상품 및 소품 담당자:** 방송용 상품 및 소품을 준비하여 그때그때 제공해준다. 삼겹살처럼 구워서 시식하는 장면을 보여줘야 하는 경우 쇼호스트가 직접 할 수도 있지만, 그러면 진행하랴 고기 구우랴 정신이 없다. 이럴 때 소품 담당자가 있어 가장 맛있는 상태로 구워서 준비해주면 최상의 상품으로 시청자의 구매욕을 자극할 수 있다.

9) 의사 전달용 화이트보드 & 컴퓨터 모니터

방송 도중 진행자에게 전달할 사항이 있을 때 직접 말로 하면 그 말이 시청자들한테도 들릴 수 있다. 이럴 때 스케치북이나 화이트보드에 적어서 전달하거나, 컴퓨터 메모장이나 PPT 파일에 입력하여 모니터로 보여주면 보다 빠르고 명확하게 의사 전달을 할 수 있다.

10) 진행자용 모니터

방송 진행자가 조그만 휴대폰 화면을 보면서 진행하는 것은 여의치 않다. 그래서 진행자가 실제 송출되는 화면을 모니터링하면서 진행할 수 있도록 별도의 진행자용 모니터를 준비한다.

진행자용 모니터는 촬영용 휴대폰의 옆이나 뒤에 두어 방송 중 시선을 돌리지 않고도 카메라를 보면서 자연스럽게 모니터링할 수 있도록 설치한다.

▶ 컴퓨터(노트북)를 HDMI를 사용하여 진행자용 모니터에 연결한 후 진행자가 방송 화면을 보면서 진행한다. (시청자에게 보여지는 화면이므로 실제 현장에서의 진행과는 10초 정도 차이가 있음)

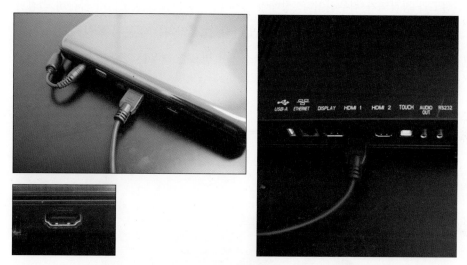

라이브 방송 화면을 띄워놓은 노트북을 진행자용 모니터의 후면(혹은 측면) HDMI 연결 단자에 연결한다.

※ 촬영 중 와이파이가 끊기거나 연결 상태가 좋지 않을 경우, 촬영용 휴대폰에 멀티 허브를 이용해 유선 랜을 연결하면 좋다.

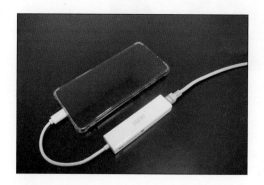

2 방송용 상품 준비

　방송 중에 사용할 상품 샘플을 점검한다. 방송용 상품은 진열대에 진열할 '디스플레이용'과 진행자가 상품 설명을 할 때 사용할 '설명용' 상품, 그리고 작동법이나 시식을 위한 '시연용' 상품을 따로 준비한다. 시연용 상품은 여러 가지 변수가 있을 수 있기에 넉넉히 준비한다. 고기의 경우 굽다가 잘못하면 태워서 다시 구워야 할 수도 있고, 시청자들이 댓글로 시연을 다시 요구할 수도 있기 때문이다.

　방송 중에 사용할 상품은 최상의 상품으로 준비하고 사전에 점검을 한다. 기능을 보여주기 위해 조작을 했는데 작동이 되지 않는다면 난감할 것이다.

　식품의 경우 신선도와 청결도가 최우선이다. 상태가 좋지 않거나 이물질은 없는지 꼼꼼히 점검한다. 의류는 디스플레이 상품이 구김이 없이 잘 다려져 있는지, 보푸라기는 없는지 확인하고, 진행자나 모델이 입을 옷은 사이즈가 맞는지 확인한다. 기타 소품이 필요한 경우는 소품도 이상이 없는지 체크해야 한다.

3 큐시트 작성과 방송 계획 짜기

방송을 위한 장비와 상품을 점검했다면 이제 방송을 어떻게 구성하여 진행할 것인지 계획을 짜야 한다. 계획 없이 방송을 진행한다는 것은 설계도 없이 집을 짓겠다는 것과 같다. 설계도 없이 집을 짓다 보면 집을 완성하기까지 얼마의 시간과 비용, 인력, 자재가 들어가는지 가늠할 수가 없다. 방송도 마찬가지이다. 계획 없이 그것도 생방송을 진행한다는 것은 있을 수 없는 일이다. 아무리 준비를 잘해도 실수가 있고 돌발 상황이 발생하는 것이 생방송이다.

큐시트(Cue-Sheet)란 방송의 시작에서 종료까지 각각의 담당자가 그때그때 해야 할 일을 일정한 형식에 따라 시간순으로 정리한 방송 진행표를 말한다.

라이브커머스의 큐시트는 TV 뉴스나 방송처럼 아주 전문적이거나 세세할 필요는 없지만, 그래도 방송 진행에 따른 기본적인 내용은 구성되어 있어야 한다.

라이브커머스는 보통 '진행자(쇼호스트)', '촬영 담당', '댓글 담당', '진행 보조' 등으로 그 역할을 나눌 수 있는데, 방송 시작과 종료까지 이들이 각각의 타이밍에 해야 할 일을 시간대별로 세부적으로 정리하여 도표화하면 된다. 그리고 이 큐시트에 맞춰 모든 스태프들이 일사분란하게 움직이면 원만하게 방송을 진행할 수 있다.

다음은 저자가 '24시 내고향' 네이버 쇼핑라이브를 진행하면서 실제로 작성하여 사용한 큐시트와 방송 핵심 요약 카드이다.

'24시 내고향'의 '흑돼지 목살 오겹살 세트 묵은지 스테비아 토마토' 방송
– 인트로 오프닝 부분

■ 큐시트

2월 14일 PM8시 24시 내고향 라이브커머스 큐시트

LIVE 판매가	제주 흑돼지 목살500g+오겹살500g	38,000원-> 33,900원
	2년묵은 묵은지2kg	16,000원-> 12,000원
	스테비아 방울 토마토 1팩 500g	11,900원-> 7,900원
	스테비아 완숙 토마토 1팩 1kg	12,900원-> 8,900원

방송 이벤트	<경품 추첨 이벤트>
	이벤트1. 항균 지킴이마스크(8매 가족세트) 1차 x 5명
	이벤트2. 스타벅스 교환권 5명 (구매고객중 20시 40분 추첨)
	이벤트3. 항균 지킴이마스크(8매 가족세트) 2차 x 5명
	이벤트4. 라이브 시청만해도 네이버포인트100%증정

출연: 쇼호스트 조승희, 하지혜

순서	시간	내용	상세	소품
1	20:00	인트로 오프닝 (3분)	[시그니처 멘트 필수] 클릭 한번으로 방 안에서 만나보는 고향의 맛! 24시간 소비자를 생각하는 "24시 내고향"입니다~~! **오프닝곡-심수봉의 남자는배 여자는 항구 개사** EX.언제나 찾아오는~휴일의 이별이 아쉬워 두손을 꼭잡았나~ 눈~앞에 음식을 핑계로 참아볼까 휴일은 끝~내일은 평일♬ 아~!! 노래만 들어도 슬픕니다 설명절의 마지막날 여러분들 잘 보내고 계신가요? 이제 오늘만 지나면 다시 찾아오는 월요일! 다른걸 먹어도 기분이 고기서 고기라구요? 이런말이 있죠 기분이 저기압일땐 고기앞으로가라! 긴 연휴의 마지막밤 끝자락을 잡아줄 끝나지않은 고향의 음식으로 준비해봤습니다! (+ 자기소개) 혜택 1.라이브 방송에서만 선사하는 산지 가격 스토어 찜&소식알림 전용 중복 할인쿠폰 1000원 지급!! 혜택 2. 라이브 중에만 참여 가능한 이벤트 소개	1)이벤트 경품 판넬 2)의상 ※ 멘트 수정 가능
2	20:03	상품 가격 구매 방법 소개 (3분)	**제주 흑돼지 목살500g+오겹살500g** (정상가 38,900원-> 라이브가 33,900원) 제주 사육환경에 따른 흑돼지 효능 설명 **2년묵은 묵은지2kg** (정상가 16,000원-> 라이브가 12,000원) 100%국내산 재료로 담근 "2년" 묵은지 ※한분이 판넬 들면, 한분이 음식을 보여줄수 있도록 유도해주세요※ (음식을 직접 들기 또는 손으로 가리켜주세요)	원물&배송박스 준비 라이브특가 판넬 준비 (※상품의 더욱 자세한 설명은 카메라 앞에 붙여드립니다※)
3	20:06	상품 가격 구매 방법 소개 (3분)	**스테비아 방울 토마토 1팩 500g** (정상가 11,900원-> 라이브가 7,900원) **스테비아 완숙 토마토 1팩 1kg** (정상가 12,900원-> 라이브가 8,800원) 스테비아란?/ 토마토 영양과 효능 설명 ※한분이 판넬 들면, 한분이 음식을 보여줄수 있도록 유도해주세요※ (음식을 직접 들기 또는 손으로 가리켜주세요)	원물&배송박스 라이브특가 판넬 준비

순서	시간	내용	상세	소품
4	20:09	이벤트공지 (1분)	**라이브 중 댓글 참여자선물 제공 안내멘트** *'구매고객은 스타벅스 커피교환권 20시 40분에 추첨합니다'* ※안내멘트 필수※ "댓글 추첨-향균마스크" (1차 5명/2차 5명) **"구매자 추첨-커피교환권" (8시40분 5명 추첨)**	#사은품 실물,판넬 #퀴즈 문제용 판넬
5	20:10	1차 콜타임 및 경품이벤트 (3분)	*1차 댓글당첨자 5명 발표* ※당첨자 발표시 댓글 10명 이상 읽어주세요(소통 필수) "댓글 추첨-1인당 향균마스크8매" (1차 <u>5명</u>) (※MC님이 소통하며 원하는 댓글 당첨호명 가능, 스텝도 함께 추첨해 당첨자 알려드립니다)	#사은품 실물,판넬 #퀴즈 정답,문제용 판넬
6	20:13	상품 상세소개 및 시식, 2차콜타임 경품이벤트 (35분) ※두번 반복 해주세요※	※흑돼지,김치,토마토 시식 두번씩 반복※ #흑돼지 시식 후 EX. 제주 흑돼지 맛있수깡? 어떠수깡? 스토어찜 안하고 구매하면 센스꽝! EX. 캠핑가서 삼겹살 구워먹으면 연기 너무나서 조난신고하는 것 같잖아요 근데 목살은 지방이 적어서 실내에서 굽는대도 이렇게 연기가 덜 나니까 야외에서 구워드실꺼면 가족들에게 본인위치 알리고 드세요. 삼겹살처럼 조난신고 불가능. EX.인간도 생수를 마시는데 얘네는 그냥 먹는물이 암반수인거잖아요? 부럽다~나는 삼다수 돈주고 사먹는데.. #묵은지 시식 후 EX.일반 가정집에서 먹는 묵은지는 처음부터 "이거 묵은지로 담궈야지~"해서 담근게 아니라 그냥 오래되서 묵은지가 된거잖아요? 근데 이 김치는 애초에 목표가 묵은지였기 때문에 집에서 먹는 군내나는 신 김치랑은 맛이 달라요. 과학적으로 온도 꼼꼼히 따져서 무려 2년을 묵힌 김치입니다. 여러분~시간을 돈으로 사는 시대에요~ #토마토 시식 후 EX.거짓리액션으로 오해받기 딱 좋은 맛입니다 달아요~가 그냥 달아요가 아니라 진.짜.달다고요. 설탕보다 두배, 세배가 아니라 300배 단맛이라고요. 이거 솔직히 스테비아 이름 안붙이고 나왔으면 설탕주입했다고 오해받아서 뉴스에 나올판이에요. ※흑돼지,김치,토마토 시식 꼭 두번 반복 해주세요※ ※1차 시식 끝나고 약 8시35분경, 5분뒤 추첨안내멘트와 구매유도 후 8시40분 구매고객 스타벅스 5명 추첨	식품방송인만큼 위생장갑 개인 수저 필수 ※방송 전, 시식 동선과 순서 미리 말씀해주세요 ※대사, 애드립 수정 가능
7	20:48	3차 콜타임 및 경품이벤트 (3분)	2차 당첨자 발표 "댓글소통-1인당 향균마스크8매" (2차 <u>5명</u>) *※당첨자 발표시 댓글 10명 이상 읽어주세요(필수)*	쇼호스트 이벤트 멘트 +사은품 실물 또는 판넬 ※자유롭게 설명해주세요
8	20:53	상품구성 (1분)	구성1. 제주 흑돼지 목살500g+오겹살500g 구성2. 2년묵은 묵은지 2kg 구성3. 스테비아 방울토마토 500g / 완숙토마토1kg	**간단히** 설명
9	20:54	아웃트로 클로징 (3분)	[라이브 정리 및 클로징 인사] #스토어찜, 알림설정!! **#다음 방송상품 홍보 멘트!!**	다음 방송 상품 홍보 판넬

■ 배경지식 카드

판매하는 상품에 대해서 풍부한 배경지식을 미리 조사하여 숙지하도록 한다. 저자는 큐시트와 함께 배경지식 카드도 만들어 틈틈이 내용을 외우고 숙지한다. 방송 중에 이 배경지식으로 다양한 이야깃거리를 풀어낼 수 있다.

토마토 배경지식

#토마토는 미국 타임즈가 선정한 10대 건강식품중 하나!
#의사들이 가장 싫어하는 채소 1위
토마토를 즐겨 먹으면 건강에 좋아서 사람들이 병원에 잘 안 찾아오므로 의사들의 수입이 감소하기 때문이라고 함 (토마토가 빨갛게 익을수록 의사는 얼굴이 퍼렇게 질린다라는 서양속담이 있을정도)
#망고처럼 달달하다 하여 토망고 라고도 부른다
※속이 꽉찬 열매라는 인디어 말 토마틀에서 유래한 이름
#슈퍼푸드, 레드푸드, 황금사과(뽀모도로)라고도 불려짐
#토마토는 산 성분이 강해서 빈속에 먹으면 위에 부담을 줘 식후에 먹기를 추천한다
#토마토의 효능
1. 유방암 예방에도 효과적인데, 토마토를 많이 섭취하는 이탈리아 여성들이 유방암에 걸릴 확률이 세계적으로 가장 낮다는 보고가 있다.
2. 일주일에 토마토를 3개이상 섭취하면 만성 기관지염에 도움을 준다고 한다
3. 토마토10개의 칼로리 = 밥 한공기
   1-2개만 먹어도 느껴지는 포만감으로 다이어트 효과적

목살+오겹살 배경지식

#삼겹살과 오겹살의 차이점
살-지방-살-지방-껍데기순으로 되어있는 것이 오겹살 (껍데기가 있는 것이 오겹살이다)
껍데기의 콜라겐과 쫀득한 식감이 오겹살의 특징
#목살 삼겹살보다 기름이 적고 맛이 진하다.
#대학생들이 엠티갈 때 삼겹보다 목살을 더 선호함
그 이유는 삼겹살은 기름이 계속 새어나오기 때문에 연기가 심한데 목살은 굽는데 노력이 덜 들고 숯불이나 그릴에 올려 구울때 좋기 때문이다
#보디빌더들이 닭가슴살 다음으로 많이 먹는 부위

묵은지 배경지식

그나마 배추는 국산, 고춧가루만 중국산을 쓰는곳이 있는데 온전히 100% 국내산 재료를 쓰는곳은 거의 찾아볼수가 없음(하지만 24시내고향은 모두 국내산)
스페인의 올리브유, 그리스의 요구르트, 인도의 렌틸콩, 일본의 낫토와 함께 한국의 김치가 세계5대 건강식품
사실 김치가 인정받는 가장 큰 이유는 유산균 때문이다.
김치에 사는 고유 유산균의 생존력 덕분이다. 다른 제품으론 더많은 양을 섭취해야만 필요 유산균을 충족시키지만 김치는 몇점만으로도 필요양을 금방 채움

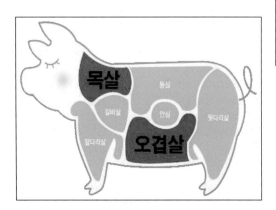

■ 핵심 요약 카드

셀링 포인트나 방송 중 꼭 알려야 할 핵심 키포인트는 카드로 만들어 충분히 숙지한다. 저자는 방송을 할 때 배경지식 카드와 핵심 요약 카드를 A4 종이에 큼지막하게 출력하여 카메라 뒤의 화이트보드에 붙여두고 방송에 활용한다.

[흑돼지]
▶ 제주에서 자란 100%국내산
✓ 청정제주, 맑은공기, 지하200m의
　천연화산 암반수를 먹고자라
　스트레스 없는 흑돼지
-> 그래서 불포화지방산 다량 함유
※ 불포화지방산이란 = 필수지방산
▶ 왜 흑돼지가 좋을까?
✓ 골고루 퍼진 마블링
->모든 부위를 구워먹어도 맛있는이유
(굳이 수육용으로 따로 뺄 부위가없다)
✓ 견고한 조직감으로 쫄깃쫄득한 식감
✓ 콜레스테롤 축적막아 피의 흐름을
　원활하게 해줍니다

▶ 흑돼지 목살+오겹살
✓ 가정에서 드시기 편한
　1.5cm~2cm 두께로 배송!
✓ 인기있는 돼지부위의 콜라보
✓ 캠핑가서 굽기좋은 연기없는 부위
✓ 에어프라이기로도 안성맞춤
✓ 인,칼륨,미네랄풍부, 양질의 영양분
▶ 오늘 잡은 고기 오늘 발송
　-> 오전 10시까지 주문건 당일발송!
　-> 신선함의 끝판왕!
▶ 그랜드슬램 달성한 흑돼지
✓ 사육방법, 얼마나 깨끗한 물과
　먹이를 먹이느냐에 따라 등급이 결정
->국제인증, 국내해썹, 제주인증까지!

[2년묵은 묵은 김치]
▶ 국내산 100% 수제김치
✓ 중국산 재료로 만든 김치NO!
->無조미료, 無방부제, 無색소
✓ 생강, 새우젓, 천연효소등
　100% 국내산 재료로
　완성한 수제김치
✓ 전라도식 2년 저온숙성
✓ 제철에 수확한 강원도
　고랭지 배추
✓ 2KG = 大크기 약 한 포기
✓ 깨끗한 해썹인증 완료!

▶ 왜 2년 저온숙성일까?
✓ 시중 묵은지 대부분 6개월
　-> 몸에 좋은 유산균도 함께
　　더 활발히 숙성되는 장점
　-> 2년만큼 감칠맛이 일품!
✓ 하지만 군내없는 깔끔함!
　-> 건강한 국내산 농산물로
　　만들어낸 국내산 묵은지
▶ 타임지가 선정한 음식
✓ 김치 몇점으로도 충족되는 유산균
✓ 채소를 이용한 발효식품
✓ 김치 하나로 맞춰지는 영양균형

[스테비아 토마토]
▶ 스테비아 토마토가 뭔가요?
✓ 허브과 식물에서 추출한 천연감미료
✓ 설탕보다 200-300배 강한 단맛
✓ 칼로리가 낮고 체외로 배출되기
　때문에 걱정없이 드셔도 됩니다
　(당뇨병 환자를 위해 개발된 품종)
✓ 단맛이 없던 토마토의 문제점을
　개선한 새로운
　고당도 토마토 브랜드!
▶ 후숙없이 바로 먹는 신선함
✓ 기다림이 필요없는 완성된 당도
✓ 냉장보관해서 드셔야 맛있습니다
✓ 3-4일이내 섭취 추천

▶ 의사가 싫어하는 채소1위
✓ 항산화 물질의 리코펜
　콜레스테롤 줄여주는 루틴
=>성인병 예방, 항암효과 탁월!
✓ 피로회복에 도움주는
　아미노산, 글루타민 풍부
=>아침식사 대용으로 드시면
　활기찬 하루를 만들어 줍니다
✓ 유방암 예방, 기관지염 효과
▶ 다양한 레시피
✓ 올리브오일에 볶아 드시면 항산화효과가
　더욱 높아집니다
✓ 쌈 채소, 샐러드, 토마토식초, 샌드위치

목살+오겹살
(각 500G씩)
정상판매가 라이브가
38,000원　　33,900원

2년 묵은 묵은지 2KG
정상판매가 라이브가
16,000원　　12,000원

스테비아 완숙 토마토
1팩 (1kg)
정상판매가 라이브가
12,900원　8,900원

스테비아 방울 토마토
1팩 (500g)
정상판매가 라이브가
11,900원　7,900원

<톡톡메시지 방법>
※ 멘트: 경품 당첨자는 톡톡메세지로
　　당첨 닉네임과 연락처 보내주세요

1.방송화면 하단에
　판매상품 목록
　하나 클릭!

2.상품 상세페이지
　새창이 열리고
　오른쪽 하단에
　초록 네모창

4 이벤트 기획하기

TV를 보지 않고 클립이나 유튜브 방송을 보는 시대가 되었다고 떠들썩했던 것이 얼마 전인데, 이제는 라이브커머스 방송을 많이 보는 시대가 되었다. 특히 네이버 쇼핑라이브는 막강한 플랫폼 파워를 바탕으로 서비스 초기부터 많은 소비자들이 '구매'의 목적 외에도 '재미'로도 많이 시청하고 있다.

이런 소비자들의 시청 취향은 고스란히 라이브커머스의 색깔에 영향을 준다. 꼭 구매하지 않아도 재미만 있다면 반응하고 머무르는 시청자들은 라이브커머스 쇼호스트가 꼭 붙잡아야 하는 고객이 되었다. 그들이 사지 않아도, 그들의 반응과 머무름은 분명 판매에 도움을 주기 때문이다. 라이브커머스 쇼호스트가 단순히 판매에만 집중해서 좋은 성과를 내기는 점점 더 어려워지고 있다. 라이브커머스의 결과지표는 매출이겠지만, 그 결과지표에 영향을 주는 주요한 키(key) 중 하나는 바로 재미이다.

그렇다면 매출로 이어지는 재미 요소는 어떻게 만들어가야 할까?

재미있는 방송을 해야 보다 많은 소비자들이 방송을 시청하고, 또 재미있어야 좋은 판매율로 이어진다는 것은 알았다 하더라도 당장 쇼호스트로 서야 할 내가 모두 개그맨, 개그우먼이 될 수는 없는 노릇이다. 선천적으로 재미있는 언변을 타고났다면 그건 신께 감사하자. 하지만 그런 타고난 재능이 없다면 어떻게 할 것인가? 그런 사람이 조금은 쉽게, 마음의 부담을 덜고 할 수 있는 비법을 소개하겠다. 그것은 바로 '이벤트'이다.

만국공통, 선물을 싫어하는 이는 없다. 공짜를 싫어하는 이는 더더구나 없다. 라이브커머스는 시청자와 소통하는 방송인만큼 다양한 댓글 반응을 유도해 이벤트로 연결하면, 좀 더 쉽게 재미를 공유할 수 있다. 쇼호스트인 내가 웃기지 않아도 센스 넘치는 시청자를 참여자로 끌어들여 방송에 재미와 활력을 주는 것이다.

예를 들어 오늘 방송이 떡갈비라고 하자. 떡갈비 3행시 이벤트를 통해 선물을 준다고 하면 어떨까? 시청자들은 자연스레 방송에 소개하고 있는 떡갈비를 스스로 홍보하며 또 다른 시청자들에게 떡갈비 자랑을 어필한다. 판매자의 눈에 띄기 위한 센스 전쟁, 재밌는 댓글들이 올라오기 시작하면 재미는 기본이고 자발적 홍보가 판매에 긍정적 영향을 준다. 재미라고는 당최 없는 쇼호스트도 보석 같은 결과물들을 찾아 읽어주고 리액션하며 소통하기만 하면 불꽃 튀게 재밌는 시청의 순간들을 만들 수 있다.

필자가 했던 이벤트 중 정말 판매에 큰 역할을 했던 또 다른 이벤트를 소개하고자 한다. 바로 '100원 이벤트'이다. 이것은 방송 중 사전 예고 없이 갑자기 하는 게 특징이다. 방송 잘 하다가 판매율을 바짝 끌어올리고 싶은 순간에 적용해보자. 쇼호스트가 "준비, 시작!" 이라고 하는 시점부터 "그만!"

이라고 외치는 시점까지 상품을 구입한 소비자 중 추첨을 통해 소수(보통 3명)에게 100원에 상품을 구입할 수 있는 기회를 주는 이벤트이다. 실제로 이 이벤트를 적용했을 때 순간 구매율이 2배 이상 오르는 것을 확인할 수 있었다.

이 이벤트는 구매를 할까 말까 망설였던 소비자들의 마음을 사로잡는 데 결정적 역할을 했음은 물론 상품에 관심을 갖고 있던 소비자에게 거의 비용 없이 상품을 경험하게 했기에 상품에 대한 만족도도 현저히 높아진다는 플러스 효과도 있었다. 이런 고객은 해당 상품뿐 아니라 라이브커머스 스토어에도 긍정적 인식과 호감을 지속적으로 가질 확률이 높다.

'24시 내고향' 라이브에서는 구매 고객 중 추첨을 통해 커피 교환권 이벤트와 3행시 이벤트, 100원 구매 기회 이벤트, 댓글 이벤트 등 다양한 이벤트를 하고 있다.

하나 더 추천한다면, 상품 확대 사진 알아맞히기 게임이다.

다음 방송에 소개할 제품을 미리 확대해서 보여주고 댓글로 참여를 유도한다. 우리가 흔히 보고 접했던 음식이라도 사진을 크게 확대해 일부분만 보여주면 쉽게 알아맞히기가 어려워 재미있고 엉뚱한 답변이 난무하게 된다. 그 엉뚱함들이 라이브커머스의 소통과 어우러지며 재미있는 방송을 만드는 것이다.

Q. 이것은 어떤 상품일까요?

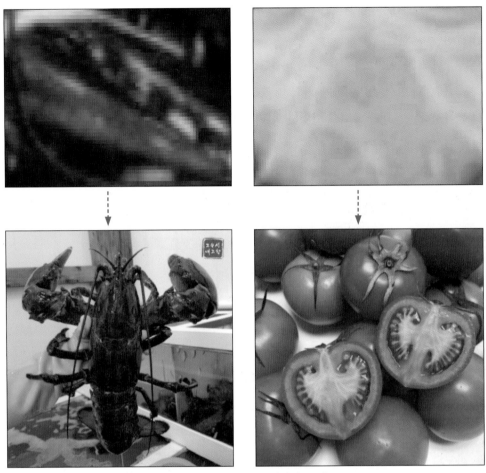

▶ 정답: 랍스터   스테비아 토마토

　책을 준비하는 길지 않은 기간에도 라이브커머스의 시청자 수는 계속해서 늘어나고 있다. 라이브커머스 시장의 폭발을 직감했다면, 더 이상 지체하지 말자. 고민은 시작만 늦출 뿐.

5장

실전! 쉽게 따라 하는
네이버 쇼핑라이브

네이버 쇼핑라이브 방송 프리뷰

네이버 쇼핑라이브 방송은 보통 다음과 같은 과정으로 진행된다.

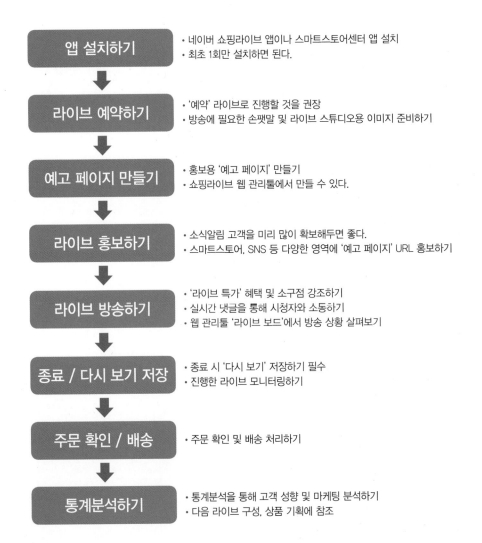

앱 설치하기	• 네이버 쇼핑라이브 앱이나 스마트스토어센터 앱 설치 • 최초 1회만 설치하면 된다.
라이브 예약하기	• '예약' 라이브로 진행할 것을 권장 • 방송에 필요한 손팻말 및 라이브 스튜디오용 이미지 준비하기
예고 페이지 만들기	• 홍보용 '예고 페이지' 만들기 • 쇼핑라이브 웹 관리툴에서 만들 수 있다.
라이브 홍보하기	• 소식알림 고객을 미리 많이 확보해두면 좋다. • 스마트스토어, SNS 등 다양한 영역에 '예고 페이지' URL 홍보하기
라이브 방송하기	• '라이브 특가' 혜택 및 소구점 강조하기 • 실시간 댓글을 통해 시청자와 소통하기 • 웹 관리툴 '라이브 보드'에서 방송 상황 살펴보기
종료 / 다시 보기 저장	• 종료 시 '다시 보기' 저장하기 필수 • 진행한 라이브 모니터링하기
주문 확인 / 배송	• 주문 확인 및 배송 처리하기
통계분석하기	• 통계분석을 통해 고객 성향 및 마케팅 분석하기 • 다음 라이브 구성, 상품 기획에 참조

02 앱 설치와 로그인하기

네이버 쇼핑라이브 방송을 진행하기 위해서는 방송을 진행할 휴대폰에 '네이버 쇼핑라이브 앱'이나 '스마트스토어센터 앱'을 설치하고 판매자의 스마트스토어 아이디로 로그인을 해야 한다.

'쇼핑라이브 앱'은 '라이브 진행하기' 버튼을 눌러 라이브 방송을 진행할 수 있고, '통계', '다시 보기' 등을 확인할 수 있는 앱이다. 반면 '스마트스토어센터 앱'은 PC에서 운영하는 '스마트스토어센터' 페이지의 앱 버전으로, 여기에 '라이브 진행하기'라는 메뉴가 추가로 있다. 이것을 이용해 라이브 방송을 진행할 수 있다.

라이브 진행은 어느 앱에서나 할 수 있지만, 라이브 방송에 관한 기능은 '쇼핑라이브 앱'이 좀 더 많다고 보면 된다. 스마트스토어센터 앱은 라이브 방송뿐 아니라 휴대폰으로 내 스마트스토어의 판매 관리를 할 수 있다는 장점이 있다. 따라서 판매자는 이 두 앱을 모두 설치할 것을 권장한다. 또 '네이버 쇼핑라이브 웹 관리툴'은 PC에서 쇼핑라이브를 설정하고 관리할 수 있으며, 라이브 중에는 '라이브 보드'에서 라이브 상황을 살펴볼 수 있으므로 이 사이트도 사용하기 바란다.

1 필수 앱 설치하기

1) 네이버 쇼핑라이브 앱

1. 방송을 진행할 휴대폰의 구글 'Play 스토어'나 애플 '앱스토어'에서 '네이버 쇼핑라이브'를 검색하여 '설치'한 후 '열기'를 클릭한다.

2. 스마트스토어센터 로그인 → 네이버 아이디로 인증을 누른다.(만일 쇼핑라이브 진행 자격이 되지 않는 아이디로 로그인 했을 때는 'N쇼핑라이브 권한이 없습니다'라고 나온다.)

3. 네이버 아이디와 비밀번호를 입력하면 '스토어 선택' 창이 뜬다. 로그인할 스토어를 선택하고 **확인**을 누르면 앱과 내 스마트스토어가 연동된다.

4. 네이버 쇼핑라이브 앱에 로그인이 된다.(다음부터는 앱을 실행하면 바로 설정한 스토어로 로그인된다.)

① **사용 가이드:** 네이버 쇼핑파트너 공식 블로그로 이동한다. 쇼핑라
  이브에 관한 공지사항이나 다양한 정보를 확인할 수 있다.

② **알림 종 아이콘:** 쇼핑라이브 관련 교육 등 다양한 소식 알림을 확
  인할 수 있다.

③ **더보기 버튼:** 클릭하면 앱 설정 화면이 나온다. '공지알림' 수신
  설정, '채팅관리자 등록'을 할 수 있고, '로그아웃'을 클릭하면 해
  당 스토어에서 로그아웃된다.

④, ⑤ **대표 이미지와 스토어명:** 내 스마트스토어의 스토어 대표 이
  미지와 스토어명이 자동으로 노출된다. 이미지 변경을 원할 경우 **스마트스토어센터 → 스토어 전
  시관리 → 스토어 관리**에서 대표 이미지를 바꾸면 된다.

⑥ **나의 라이브 목록 보기:** 다시 보기로 저장된 라이브와 통계 리포트를 확인할 수 있다.

⑦ **라이브 시작하기:** 터치하여 라이브 방송을 시작할 수 있다.

2) 네이버 스마트스토어센터 앱

1. 방송을 진행할 휴대폰의 구글 'Play 스토어'나 애플 '앱스토어'에서 '네이버 스마트스토어센터'를 검색하여 '설치'한 후 '열기'를 클릭한다.

2. **네이버 아이디로 로그인하기**를 누른 후 아이디와 비밀번호를 입력하고 **로그인**을 누른다.

3. 스마트스토어센터가 열린다. '**라이브 시작하기**'라는 메뉴가 보이는데, 이것을 클릭하여 라이브 방송을 진행할 수 있다. 자격이 되지 않는 셀러는 메뉴가 보이지 않는다.(PC의 스마트스토어센터에는 자격이 되어도 '라이브 시작하기' 메뉴가 없다.)

> **Tip** '라이브 시작하기' 버튼이 없어요!
>
> 파워 등급을 충족하는 데도 스마트스토어에 접속했을 때 '라이브 시작하기' 버튼이 안 보인다면, 인터넷 사이트를 통해 들어간 것이 아닌지 확인해본다. '라이브 시작하기' 버튼은 웹사이트 URL로 스마트스토어센터에 접속하는 것이 아닌 별도의 앱을 설치해야 생성된다.

2 쇼핑라이브 웹 관리툴

'쇼핑라이브 웹 관리툴'은 웹에서 쇼핑라이브 방송을 위한 설정과 관리를 할 수 있는 페이지로, 등록하거나 진행한 모든 라이브 목록을 조회 및 수정, 삭제할 수 있다. '쇼핑라이브 앱'이나 '스마트스토어센터 앱'에서 등록한 예약 라이브나 리허설도 웹 관리툴에서 수정할 수 있다. 작은 모바일 화면에서 방송 설정을 해야 하는 불편함을 해소하기 위해서 개발된 툴이다.

라이브 방송 중에는 '라이브 보드'에서 방송 상황을 실시간으로 지켜볼 수 있고, 댓글도 달 수 있다.

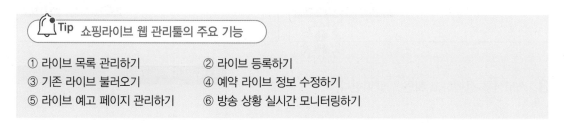

Tip 쇼핑라이브 웹 관리툴의 주요 기능

① 라이브 목록 관리하기   ② 라이브 등록하기
③ 기존 라이브 불러오기   ④ 예약 라이브 정보 수정하기
⑤ 라이브 예고 페이지 관리하기   ⑥ 방송 상황 실시간 모니터링하기

1) 웹 관리툴에 로그인하기

쇼핑라이브 웹 관리툴은 다음과 같이 로그인을 한다. (웹이나 모바일에서 모두 가능하다.)

1. 네이버 쇼핑라이브의 제일 하단에 있는 **N쇼핑라이브 관리툴** 버튼을 클릭한다.

2. 네이버쇼핑 웹 관리툴(https://tool.shoppinglive.naver.com/broadcasts) 화면이 나타난다. **스마트스토어 로그인 → 네이버 아이디로 인증**을 클릭한 후 **로그인**한다.

3. 스토어를 선택하고 **확인**을 클릭한다.

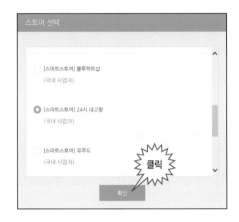

4. 내 스토어의 쇼핑라이브 관리툴 화면이다.
라이브 방송 등록 및 관리를 할 수 있는 **'라이브 관리'** 탭과
예고 페이지 등록 및 관리를 할 수 있는 **'예고 페이지 관리'**
탭이 있다.

쇼핑 LIVE 관리툴 · 스마트스토어 24시 내고향 · 로그아웃

라이브 관리 | 예고 페이지 관리

라이브 예고 페이지 조회 · 새 라이브 예고 페이지 등록

검색어 · 전체

전시 상태 · 전체

초기화 · 검색

라이브 예고 페이지 목록 (총 15건) · 100개씩 보기

선택삭제 · 전시 노출 여부가 '노출'인 경우에만 서비스에 노출됩니다.

	번호	수정	미리보기	라이브 ID	제목	URL		전시상태	최종 수정일	등록일
○	1	수정	미리보기	63113	▣원기회복 완도 활 전복 겨울철 별미…	https://shoppinglive.naver.com/livebridge/63113	복사	노출	2021.01.29	2021.01.29
○	2	수정	미리보기	60375	♣활력가득 풍천민물장어 스테비아…	https://shoppinglive.naver.com/livebridge/60375	복사	노출	2021.01.26	2021.01.26
○	3	수정	미리보기	56772	♣건강 단백질! 포두부와 닭가슴살 ♥♀	https://shoppinglive.naver.com/livebridge/56772	복사	노출	2021.01.20	2021.01.20

2) 웹 관리툴 화면 살펴보기

■ 라이브 관리 화면

① **라이브 등록:** 클릭하여 라이브를 등록할 수 있다.

② **상태:** 방송 전인 라이브는 '대기', 방송 중일 때는 'LIVE' 배지, 끝난 라이브는 '종료'로 표시된다.

③ **라이브 아이디:** 해당 라이브 방송의 아이디.

④ **라이브:** 다시 보기로 저장된 라이브. 라이브 제목을 클릭하면 라이브를 시청할 수 있다.

⑤ **예고 페이지 수정:** 라이브 시작 전 예고 페이지를 만들었을 때 생긴다. 라이브가 시작되면 버튼은 사라진다.

⑥ [★]**라이브 보드:** 라이브가 '대기' 중이거나 '라이브 중'일 때 생긴다. 라이브 종료 시에는 버튼이 사라진다. 라이브 상황을 시청하면서 채팅, 공지 작성, 판매 상황 등을 관리할 수 있다.

⑦ **URL 복사:** 라이브 URL을 복사할 수 있다.

⑧ **수정:** 라이브 정보를 수정할 수 있다. 종료된 라이브는 수정할 수 없다.

⑨ **삭제:** 라이브를 삭제한다.

⑩ [★]**관리:** 다시 보기 화면에 하이라이트를 넣어 다시 보기 시청자가 하이라이트 장면으로 바로 이동할 수 있도록 설정할 수 있다.

⑪ **통계:** 라이브 방송이 종료되고 나면 생긴다. 라이브 방송의 시청자 수, 댓글 수, 고객 성별 및 연령 등 라이브 방송에 관한 통계를 확인할 수 있다.

★ 라이브 보드

'라이브 보드'는 네이버 쇼핑라이브 웹 관리툴에서 라이브의 진행 상황을 모니터링하면서 효율적으로 라이브를 진행할 수 있도록 도와주는 툴이다.

'라이브 보드' 버튼은 웹 관리툴의 '라이브 관리' 탭에서 확인할 수 있는데, '대기' 중이거나 '라이브 중'인 상태의 라이브에서 노출되며, 라이브가 종료되면 버튼은 사라진다.

1. 라이브가 진행되는 동안 관리자는 **라이브 보드** 버튼을 클릭하여 진입하면 된다.

2. 실시간 라이브 상황을 확인할 수 있다. 실시간 시청뷰를 볼 수 있고, 라이브 통계 현황과 채팅 확인 및 공지 작성, 상품 관리 등을 한 화면에서 관리할 수 있다.

❶ **라이브 상황판:** 집계 기준은 라이브 대기~라이브 종료 시까지(다시 보기 미포함)

- 누적 결제 금액: 라이브 대기~라이브 종료까지 라이브 소개 상품에 대한 결제금액 총합. 예고 페이지를 통한 결제도 포함된 금액. 취소 및 입금 대기 내역은 미포함.
- 결제 상품 수: 라이브 중 라이브 소개 상품 중에서 결제가 이루어진 상품 수
- 취소 상품 수: 라이브 진행 중 결제 취소된 상품 수
- 누적 시청자 수: 라이브를 시청한 누적 시청자 수
- 상품 조회 수: 라이브 진행 중 상품 페이지 조회 수의 총합
- 라이브 진행 시간: 라이브를 진행한 총 시간

❷ **라이브 채팅보드**

- 시청자의 채팅을 확인할 수 있고, 공지 댓글을 작성할 수 있다. 작성한 공지는 왼쪽의 시청뷰 화면에서 노출되는 것을 확인할 수 있다.
- 기억해 두고 싶은 채팅 내용은 ★ 모양을 활성화해 관리할 수 있다.

❸ **노출 상품 & 한줄 요약 및 혜택**

- 라이브 등록 시 설정한 상품을 라이브 중에 추가 및 수정하거나 순서를 바꿀 수 있다.
- 한줄 요약 및 혜택을 라이브 중에 수정/관리할 수 있다. 수정한 내용은 시청뷰에서 바로 확인할 수 있다.

⭐ 다시 보기 화면에 하이라이트 넣기

1. 웹 관리 툴에서 해당 라이브의 **관리** 버튼을 클릭하면 '하이라이트 관리' 화면이 나온다. 라이브 화면 가운데를 클릭하여 댓글창과 상품 등이 보이지 않게 한다. 그러면 시간 알림바가 나타난다. 하이라이트 영상을 넣을 시간을 확인할 수 있다.

2. '내용'에 문구를 입력하고 **추가**를 클릭한다. 그리고 시간을 입력하면 된다.

공지에서 가져오기를 클릭하면 공지사항을 입력한 시간과 공지 내용을 가져와서 설정할 수 있다.

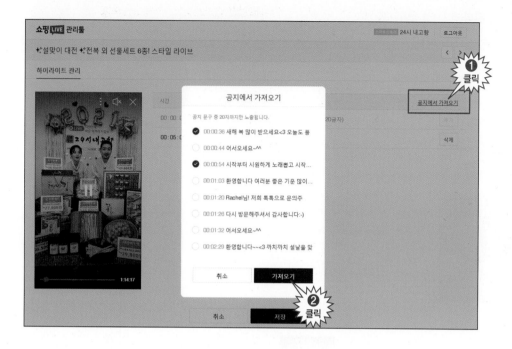

3. 설정을 완료했으면 **저장**을 클릭한다.

4. 그러면 다시 보기 영상에 하이라이트 버튼이 생기고, 그것을 누르면 지정한 하이라이트 장면으로 이동하게 된다.

클릭하면 해당 하이라이트 장면으로 이동한다.

03 네이버 쇼핑라이브 방송 설정하기

1 쇼핑라이브 앱 화면 둘러보기

다음은 '쇼핑라이브 앱'에서 라이브를 진행 중일 때 나타나는 화면이다.

① **라이브 화면**과 **라이브 스튜디오 화면** 표시

② **타이틀 영역(필수 사항):** 타이틀은 라이브 방송에서 판매하는 상품을 소개하는 문구이다. 최대 30글자(120바이트)까지 가능하며, 라이브 시작 후에도 수정할 수 있다. '예약' 라이브의 경우 라이브 시작 전에는 앱을 통해서는 수정할 수 없고, 웹 관리툴에서 수정할 수 있다.

③ **대표 이미지(필수 사항):** 라이브 시작 전 배경화면으로 노출, 종료 후 다시 보기 대기 화면으로 노출된다. 등록되어 있는 휴대폰의 갤러리 사진을 선택하거나 카메라로 직접 찍어 등록할 수 있다. 내 라이브나 스토어를 잘 나타낼 수 있는 이미지로 선정한다.

사이즈 규정은 없으나 직사각형 이미지를 권장한다. (720×1280 픽셀 이미지로 자동 리사이징된다.) 이미지에 텍스트가 포함되어 있거나 초상권, 캐릭터, 저작권 위반 사항이 있으면 라이브 및 다시 보기에 노출되지 않는다.

④ **카메라 화면 전환 버튼:** 전/후면 카메라 사용 전환.

⑤ **라이브 취소 버튼:** 클릭하면 라이브가 취소된다.

⑥ **진행 화면:** 송출되는 실제 라이브 화면이 나타난다. 오른쪽으로 플리킹하면 '라이브 스튜디오'가 나온다.

⑦ **라이브 스튜디오:** 사진이나 동영상을 추가해놓고, 라이브 진행 중에 원하는 시점에 라이브 화면에 전시하여 노출할 수 있다.

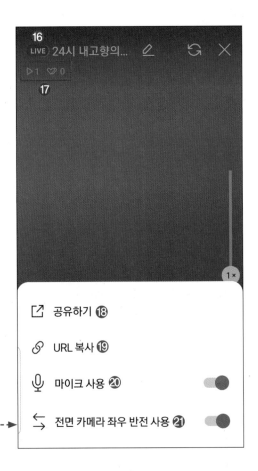

⑧ **줌 기능:** 슬라이드하여 화면을 멀리 할지 가까이 할지 크기를 조정할 수 있다.

⑨ **방송 모드 버튼:** 리허설, 라이브, 예약 중에서 글자를 슬라이드하여 방송할 모드를 선택한다.

⑩ **아이템 버튼(필수 사항):** 터치하여 방송에 소개할 상품을 최소 1개~최대 20개까지 등록할 수 있다.(한 라이브에서 최대 20가지의 상품을 팔 수 있다.) 라이브 중에 상품 변경도 가능하다.

⑪ **라이브 시작/종료 버튼(시작 후에는 '종료' 버튼으로 변경됨):** 터치하면 방송이 진행된다.

⑫ **카메라 필터 기능:** 방송 화면에 효과를 주는 필터를 선택할 수 있다. 상품을 잘 나타내어줄 수 있는 필터를 사용하면 된다. 상품 색상이 왜곡되면 안 되니 Original 사용을 권장한다.

⑬ **예약 라이브 목록 확인 버튼:** 예약한 라이브를 확인할 수 있다.

⑭ **채팅 버튼:** 라이브를 시작하면 노출된다. 터치하여 채팅 글을 올릴 수 있다.

⑮ **더 보기 버튼:** 터치하면 더 보기 메뉴를 확인할 수 있다.

⑯ **라이브 배지:** 방송이 시작되면 'LIVE' 배지가 표시된다.

⑰ **접속자 수/좋아요 수:** 현재 라이브 누적 접속자 수와 좋아요 수가 표시된다.(좋아요 수가 많다고 해서 노출이나 특정 혜택이 주어지는 것은 아니다.)

⑱ **공유하기 버튼:** 터치하여 라이브를 SNS 등 다양한 공간에 공유하면서 홍보할 수 있다.

⑲ **URL 복사 버튼:** 방송 URL을 복사한다.

⑳ **마이크 사용 여부 선택 버튼:** 마이크 사용 여부를 설정한다. 처음 라이브를 시작하면 ON 상태이다. 만일 방송 중간에 소리가 송출되지 않길 원할 경우 OFF로 하면 라이브에 소리가 나가지 않게된다.

㉑ **전면 카메라 좌우 반전 버튼(셀카 모드일 때만 활성화됨):** 전면 카메라(셀카) 사용 시 진행 화면에 배경이나 팻말 등의 글자가 좌우 반전되어 나올 때 해제하면 제대로 나온다.

② 쇼핑라이브 앱에서 방송 등록하기

쇼핑라이브에서 상품을 판매하기 위해서는 판매자의 스마트스토어나 쇼핑윈도에 상품이 먼저 등록되어 있어야 한다. 이 상품을 쇼핑라이브에서 불러오기로 연동하여 판매하는 것이다.

1) 방송 모드 선택

네이버 쇼핑라이브 방송은 ① 리허설, ② 라이브, ③ 예약, 3개의 모드가 있다.

▶ **리허설**은 실제 라이브로 방송되는 것이 아니고, 판매자가 테스트용으로 진행하는 방송이다. 고객들에게 알림도 가지 않는다. 리허설 방송을 통해 실제 라이브 방송에서의 진행 사항을 체크할 수 있다. 필수 항목 설정 후 '시작' 버튼을 눌러 진행할 수 있다.

▶ **라이브**는 필수 항목을 설정하고 바로 라이브 방송을 시작할 때 설정한다. 설정 완료한 후 '시작' 버튼을 누르면 바로 라이브를 진행할 수 있다.

▶ **예약**은 지금 바로 라이브를 하는 것이 아니라 방송을 예약 설정하는 것이다. 따라서 이것은 필수 항목으로 '시간 설정'이 있다. 설정을 한 후에는 '완료' 버튼을 눌러 저장하면 된다. '예약'을 설정하면 상품의 상세페이지에 언제 라이브가 진행될 것이라는 예약 배너가 노출된다. 예약한 라이브는 '예약 목록'에서 확인할 수 있다.

초보자뿐만 아니라 라이브 방송을 해본 사람이라도 바로 시작하는 '라이브'보다는 '예약'으로 진행하는 것이 좋다. '예약'으로 진행하면 라이브 방송을 홍보할 수 있는 시간이 있기 때문에 라이브에 시청자를 끌어모으기가 용이하다.

2) 라이브 타이틀, 대표 이미지, 상품 추가하기

라이브 방송을 시작하기 위해서는 ① **라이브 타이틀**, ② **대표 이미지** ③ **판매할 상품** 연동은 필수로 설정해야 한다.

1. 쇼핑라이브 앱(또는 스마트스토어센터 앱)에서 **라이브 시작하기**를 클릭한다.

쇼핑라이브 앱   스마트스토어센터 앱

2. 라이브 유의사항이 나타난다. 읽어보고 **확인**을 클릭한다. 방송 모드(유형)를 선택한다. '리허설', '라이브', '예약' 글자를 밀어서 선택할 수 있다. 여기서는 '라이브'를 선택했다.

3. 화면 상단의 '**타이틀**' 영역을 터치하여 라이브 방송의 타이틀을 입력한다.

4. '**대표 이미지**'를 클릭하여 라이브 방송의 대표 이미지를 등록한다. '카메라'와 '갤러리'를 선택하여 이미지를 등록할 수 있다.

대표 이미지에 텍스트가 포함(브랜드 로고 내 텍스트가 포함된 경우도 해당)되어 있거나 초상권, 캐릭터 저작권을 위반하는 이미지가 있는 경우, 라이브 노출 중단 및 '다시 보기'에도 미노출 된다.(이때는 라이브 링크 또는 알림을 통해서만 접속할 수 있다.)

5. '상품 태그'는 나의 스마트스토어에 상품이 등록되어 있어야지만, 라이브 방송에서 해당 상품을 불러오기 해서 판매할 수 있다. 따라서 라이브 쇼핑 진행 전 스마트스토어에 상품을 먼저 등록해야 한다. 화면 하단에 있는 '**상품 태그**' 아이콘을 터치한 후 '라이브에 소개할 상품'의 **+추가** 버튼을 터치한다. 그리고 해당 스토어를 선택하면 아래쪽에 등록된 상품 리스트가 나타난다. 여기서 라이브에서 판매할 상품을 선택한다. 판매할 상품은 방송 중에도 수정이 가능하다.

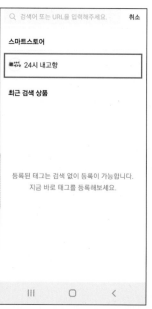

상품 추가를 하면 로그인 시 선택한 스토어를 기준으로 현재 판매 중인 상품
이 아래쪽에 자동으로 나타난다.

만일 판매자가 여러 개의 스토어를 운영 중일 때(사업자 판매자는 최대 3개
까지 스토어를 운영할 수 있다.) 본인의 다른 스토어의 상품을 등록하고자
한다면 '**검색어 또는 URL을 입력해주세요.**'에 상품페이지 URL를 복사하여
붙여넣거나, 검색 후 직접 첨부하면 된다.

하지만 판매 권한이 없는 타인의 상품이나 외부 사이트, 자사몰 상품을 판매
하다가 적발되면 해당 라이브는 노출 중단되며, 지속적으로 2회 이상 적발
시에는 라이브 진행을 할 수 없게 되니 주의해야 한다.

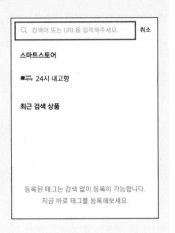

6. 방송에 소개할 상품이 추가되었다. 더 많은 상품을 노출하고 싶다면 **+추가** 버튼을 눌러 상품을
추가하면 된다. 상품은 최대 20개까지 등록할 수 있으며, 대표 상품을 설정할 수 있다.

이렇게 내 스토어에 연동되어 있는 상품 정보를 불러와 간편하게 추가할 수 있다.

3) 라이브 특가/고정(대표상품) 설정하기

7. 방송 중에만 특가를 설정하고 싶으면 **LIVE 특가 설정** 버튼을 터치하여 라이브 상품의 '할인가', '적용 기간', '특가 종료 후 가격'을 설정한 후 **저장**을 터치한다.

① **'설정함'**을 선택하고 판매가 기준으로 할인율(%)이나 할인가격(원)을 설정한다. 기존에 설정한 '즉시할인'이 있더라도 새로 설정한 할인율로 변경된다.

  – 할인율: 최소 1%~최대 99%까지 가능

  – 할인액: 최소 10원~최대 판매가 미만까지 가능

② 라이브 특가 **'적용기간'**을 설정한다. 라이브 방송을 시작하면 라이브 특가가 시작되며, 방송 도중 설정하는 경우에는 현재 시간부터 특가가 적용된다. 특가 종료일시는 방송 종료 후 구매고객도 혜택을 받을 수 있도록 어느 정도 시간적 여유를 주는 것이 좋다(종료 후 1시간 또는 종료 후 당일 자정 까지).

③ **'특가 종료 후'** 판매가 기준 할인 적용할 금액을 입력한다. 라이브 특가가 종료되면 설정한 할인 금액이 적용되어 스마트스토어 즉시할인가에 적용된다. 만일 기존에 1,000원 할인을 하고 있는 상품이었다면 기존할인가 1,000원을 입력해줘야 한다. '라이브 특가 종료 후 할인가'를 설정하지 않으면(0원 입력), 판매자센터에서 등록한 '판매가'로 상품가격이 설정된다.

- 라이브 특가란 쇼핑라이브 방송 중 특별 할인된 가격으로 판매하는 금액이다. 라이브에 소개할 상품을 추가할 때 'LIVE 특가 설정'에서 설정하면 된다.
- 라이브 특가를 설정하면 실제 라이브 방송 시간에 맞춰 할인이 시작 및 종료된다.(특가 설정을 해두었더라도 라이브 시작 전에는 반영되지 않는다.)
- 특가의 할인 시간은 판매자가 직접 설정할 수 있으며, 방송 중에도 변경이 가능하다.
- 라이브 특가가 적용되는 시간에는 라이브를 통해 유입되지 않더라도(일반 스마트스토어로 접속했더라도) 특가 금액이 적용된다. PC나 모바일 전체에서 할인이 적용된다.
- 라이브 특가가 적용 중인 상품에는 라이브 특가 배지와 라이브 특가 배너가 상품 상세에 노출된다.
- 라이브 특가 적용 중 스마트스토어센터에서 상품 가격을 수정하면 수정한 할인가로 가격이 즉시 변경된다.
- 라이브 특가는 본인의 스마트스토어 상품에만 설정할 수 있다. 본인의 다른 스토어 상품은 상품을 첨부할 수는 있지만 라이브 특가 설정은 할 수 없다.
- 외부 쇼핑몰 상품은 라이브 진행 상품에 첨부할 수 없다.
- 타인의 스마트스토어 상품은 라이브에 첨부할 수는 있지만, 가격 설정 권한은 없으므로 라이브 특가는 설정할 수 없다.

- 라이브 특가는 타임 세일과 같은 효과를 낼 수 있는 것으로, 단시간에 많은 구매를 일으킬 수 있다.
- 라이브를 기다린 고객에게 혜택을 주어 구매 만족도를 높일 수 있다.
- 라이브 특가는 단골 고객을 만들 수 있다. 다음 라이브 방송에는 어떤 혜택이 있을지 기대하고 기다리게 함으로써 단골 고객을 만들 수 있다.

8. 상품에 '라이브 특가'가 설정된 것을 확인할 수 있다.

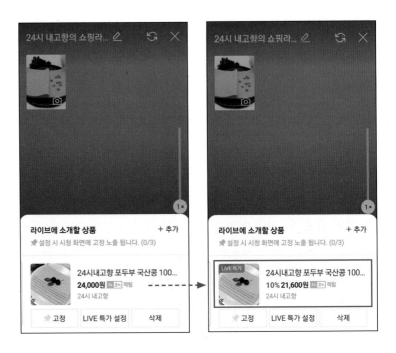

9. 상품 등록 후 '**고정**'을 터치하여 대표상품으로 설정하면 라이브 시청 화면의 하단에 상품이 고정되어 롤링으로 노출된다.(웹 관리툴에서 등록할 때의 '대표상품' 설정과 같다.)

고정 상품은 3개까지 설정할 수 있는데, 만일 소개하는 상품이 5개라면 고정 설정을 하지 않은 일반 상품은 '쇼핑백 아이콘'을 터치해야 볼 수 있다.

'라이브 특가'가 적용되는 상품이나 주력 상품은 '고정'을 해주어 방송 중 화면에 계속 보이게 하면서 구매를 유도하면 좋다. 고정된 상품은 롤링으로 보여지고 터치하면 라이브 화면이 작은 화면으로 줄어들고 해당 상품의 상세페이지가 바로 나타나게 된다. 작아진 라이브 화면은 드래그 앤 드롭으로 자리를 옮길 수도 있고 크기도 조절할 수 있다.

고정된 상품은 라이브 방송 중 화면 하단에 롤링으로 보여진다. 터치하면 해당 상품의 상세페이지가 나타난다.

쇼핑백 아이콘에는 라이브 중 소개하는 전체 상품이 숫자로 표시된다. 터치하면 전체 판매 상품을 확인할 수 있다.

10. 설정을 완료했으면 **시작** 버튼을 터치한다.

11. '소식받기를 한 고객에게 라이브 시작 알림을 보내시겠습니까?' 팝업창에서 '**예**'를 터치한다. 그러면 소식받기를 한 내 스토어의 고객에게 푸시 알림이 간다. '아니오'를 터치하면 알림 전송이 없이 라이브가 시작되므로 시청자 유입을 위해서는 '예'를 선택하도록 한다.

판매자가 스마트스토어 '소식받기' 유저에게 한 달에 보낼 수 있는 '톡톡 알림' 횟수는 제한이 있는데, 여기서 보내는 알림은 '톡톡 알림'이 아니라 '네이버 알림'이다. 톡톡 알림 차감 없이 라이브를 시작할 때마다 매번 보낼 수 있으니 반드시 '예'를 터치하여 라이브에 시청자를 끌어모으도록 한다.

12. 배경음악 사용에 관한 주의사항이다. **확인**을 터치한다.

13. 3, 2, 1 카운트 후 라이브 방송이 시작된다. 그러면 빨간색 '시작' 버튼은 하얀색 '종료' 버튼으로 바뀌게 된다. 라이브 방송을 시작하면 **채팅 아이콘**이 생긴다. 이 아이콘을 터치하여 댓글을 입력하면 된다.

> **Tip** 손팻말과 라이브 스튜디오
>
> '라이브 특가'나 방송 중 주요 혜택은 미리 '손팻말'이나 '라이브 스튜디오'용 미디어 소스를 준비하여 보여주는 것이 좋다. 말로 하는 설명은 순간적이어서 고객이 놓치거나 알아듣지 못하는 경우가 있지만, 손팻말은 오랫동안 지속되어 고객들에게 훨씬 직관적이고 명료하게 혜택을 전달할 수 있다. TV 홈쇼핑에서 쇼호스트가 손팻말을 여러 장 준비하여 바꿔가면서 수시로 혜택을 이야기하는 것도 고객에게 혜택 내용을 쉽게 전달하고 강조하기 위한 것이다. 라이브 스튜디오는 미리 등록해둔 이미지나 영상을 원하는 시점에 라이브 화면에 전시할 수 있는 기능이다. 이미지는 최대 3개, 영상은 1개를 전시할 수 있다. 라이브 중에 삽입된 미디어는 크기나 위치를 조절할 수 있다.

14. 방송을 종료할 때는 **종료** 버튼을 터치한다. '다시 보기 영상 저장'에 체크하면 진행한 라이브 방송이 '다시 보기'에 저장되어 방송 종료 후에도 볼 수 있게 된다. 특별한 경우가 아니라면 '다시 보기'를 저장하도록 한다.

15. '다시 보기'에 저장된 방송은 '쇼핑라이브 앱' 홈 화면에서 '나의 라이브 목록 보기'를 터치하여 확인할 수 있다. (라이브가 끝난 다음 저장하는 시간이 있기 때문에 어느 정도의 시간이 지난 후에 확인할 수 있다.)

3️⃣📡 쇼핑라이브 웹 관리툴에서 등록하기

1) 라이브 등록하기

쇼핑라이브 웹 관리툴(https://tool.shoppinglive.naver.com/)에서도 라이브를 등록할 수 있다. 하지만 이것은 PC 환경에서의 툴이므로 라이브 방송을 진행할 수는 없다.

1. 쇼핑라이브 웹 관리툴에서 **라이브 등록** 버튼을 클릭한다.

2. '라이브 등록' 화면에서 내용을 입력하고 **등록**을 클릭하면 라이브가 예약 된다.

① **라이브 타이틀:** 최대 30글자까지 입력할 수 있다.

② **대표 이미지:** 라이브를 잘 표현할 수 있는 이미지를 삽입한다.

③ **라이브 예정 일시:** 라이브 시작 날짜와 시간을 설정한다.

④ **라이브에 소개할 상품:** '상품검색', '상품URL', '상품코드' 중에서 선택해서 입력할 수 있다.

　상품검색에서 상품을 입력하고 엔터를 치면 상품이 나온다. 선택하고 추가하면 된다.(상품URL로 입력할 때는 입력창에 상품의 URL을 복사하여 붙여넣고 '상품추가' 버튼을

클릭하면 아래로 상품이 나타난다.) 상품은 최대 20개까지 추가할 수 있다.

⑤ **대표상품 설정** 버튼을 클릭하면 해당 상품을 대표상품으로 설정할 수 있다. 상하 화살표 버튼을

눌러 대표상품은 대표상품끼리, 일반상품은 일반상품끼리 순서를 조정할 수 있다.

⑥ **라이브 특가 설정** 버튼은 로그인 계정의 하위 스토어에 대해서만 직접 설정할 수 있다. 만약 가격 설정 권한이 없는 경우에는 라이브 특가 설정 버튼이 딤드(회색 버튼)로 노출된다.

⑦ **노출 카테고리:** 라이브를 노출할 카테고리를 선택한다.

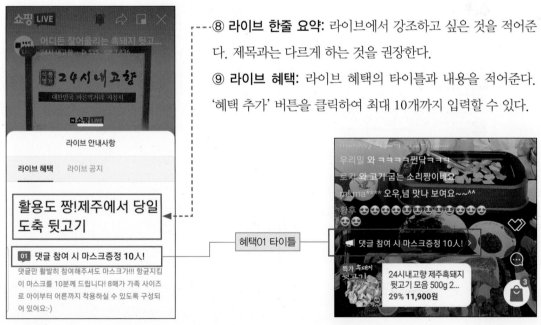

⑧ **라이브 한줄 요약:** 라이브에서 강조하고 싶은 것을 적어준다. 제목과는 다르게 하는 것을 권장한다.

⑨ **라이브 혜택:** 라이브 혜택의 타이틀과 내용을 적어준다. '혜택 추가' 버튼을 클릭하여 최대 10개까지 입력할 수 있다.

2) 기존 라이브를 불러와 등록하기

진행한 리허설과 같은 콘셉트의 라이브를 진행하거나 기존 라이브와 동일한 콘셉트의 라이브 진행이 필요할 때 '라이브 불러오기' 기능을 이용하면 쉽게 등록할 수 있다. 단, '라이브 등록' 시에만 가능하며 이미 등록된 라이브의 수정 페이지에서는 기능이 비활성화된다.

1. 쇼핑라이브 웹 관리툴에서 **라이브 등록** 버튼을 클릭한 후 **라이브 불러오기** 버튼을 클릭한다. 그러면 기존에 진행한 라이브 리스트가 나온다. 다시 방송할 라이브 방송을 클릭한다.

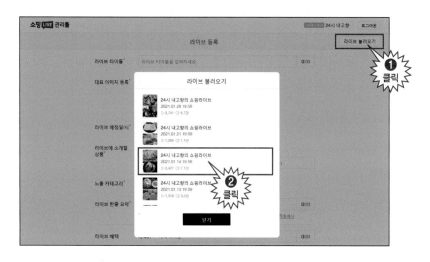

2. 내용을 확인하고 '라이브 예정 일시' 등 수정할 것을 수정하고 **'등록'**을 클릭하면 라이브가 등록된다.

4️⃣ 채팅관리자 등록하기

쇼핑라이브의 장점은 방송 중 실시간으로 시청자와 소통이 가능하다는 것이다. 단순히 판매자가 올린 이미지로 된 설명만을 보고 구매하던 스토어에 반해 쇼핑라이브는 라이브 방송으로 보다 더 생동감 있는 상품 설명과 현장감 그리고 시청자와 소통을 할 수 있는 매체로 발전했다. 이 중 소비자와 직접적으로 소통을 할 수 있는 '채팅'은 '채팅관리자'를 통해 효율적으로 관리할 수 있다.

채팅관리자는 라이브 방송 중 고객들의 채팅에 답변을 달고 공지 댓글을 올릴 수 있는 권한을 가진 관리자를 말한다. 진행자가 방송을 진행하면서 고객들의 댓글에 답변까지 달면서 진행하다 보면 시간이 지체되고, 고객들의 흥미, 방송 몰입감이 떨어질 수 있다. 이럴 때 직원이나 지인이 채팅관리자로 등록하여 댓글을 빠르게 달아주면 진행자는 방송에만 몰입하면서 매끄러운 진행을 할 수 있다.

채팅관리자는 라이브 진행자가 미처 확인하지 못해 놓치는 문의 댓글을 캐치하여 답변을 달아주거나, 상품 정보나 이벤트 혜택 등을 알려주면서 시청자와 소통할 수 있다. 혹은 채팅창에 욕설이나 비방 글 또는 도배 글 같은 악성 채팅 글도 관리할 수 있다.

채팅관리자 등록은 네이버 '쇼핑라이브 앱'에서만 할 수 있으며, 수시로 변경도 가능하다. 채팅관리자는 3명까지 등록할 수 있으며, 등록할 사람의 네이버 아이디를 등록하면 된다.

1. 쇼링라이브 앱에서 우측 상단에 있는 **'더 보기'**(⋮) 버튼을 터치한 후 설정 화면에서 **채팅관리자 등록**을 터치한다.

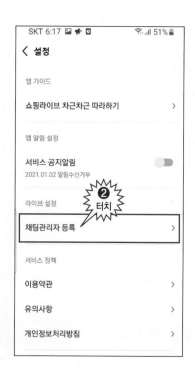

2. 네이버 아이디 등록 및 확인을 터치한다. 그리고 네이버 아이디를 입력하고 **확인**을 터치한다. 최대 3개까지 등록할 수 있다.

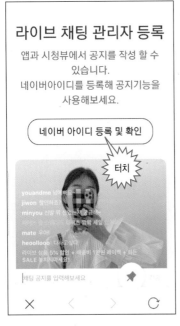

3. 이렇게 등록한 네이버 아이디로 PC나 다른 휴대폰에서 로그인하여 방송 중인 라이브에 들어가서 댓글이나 공지 댓글을 달면 된다.

일반 시청자와 같이 라이브를 시청하는 것이지만 이렇게 채팅관리자가 입력하는 댓글은 시청자의 댓글과는 다른 색깔로 구분되어 나타난다.

채팅관리자의 댓글은 시청자의 댓글과는 다른 색깔로 구분되어 나타난다.

5 라이브 스튜디오 기능 활용하기

네이버 쇼핑라이브 진행자들은 '라이브 특가'나 방송 중 주요 혜택은 미리 '손팻말'이나 '라이브 스튜디오'용 미디어 소스를 준비하여 보여주면 좋다.

말로 하는 설명은 순간적이어서 고객이 놓치거나 알아듣지 못하는 경우가 있지만, 손팻말은 오랫동안 지속되어 고객들에게 훨씬 직관적이고 명료하게 혜택을 전달할 수 있다. TV 홈쇼핑에서 쇼호스트가 손팻말을 여러 장 준비하여 바꿔가면서 수시로 혜택을 이야기하는 것도 고객에게 혜택 내용을 쉽게 전달하고 강조하기 위한 것이다.

'라이브 스튜디오'는 라이브 송출 시 활용할 미디어 소스(사진/동영상)를 관리하는 메뉴로, 라이브 중에 이미지나 영상을 원하는 시점에 손팻말처럼 라이브 화면에 전시할 수 있다. 라이브 도중에 스튜디오에 미디어를 등록할 수도 있지만, 미리 사용할 미디어를 등록해 두고 라이브를 시작하면 좀 더 원활하게 방송을 할 수 있다.

이미지는 최대 3개, 영상은 1개를 전시할 수 있다. 라이브 중에 삽입된 미디어는 크기나 위치를 조절할 수 있다.

1) 라이브 스튜디오에 미디어 소스 등록하기

1. 먼저 라이브 스튜디오에 사용할 이미지 파일이나 동영상을 만들어 휴대폰에 저장한다. '라이브 특가 배너'나 '세일 배너' 파일을 포토샵 등 이미지 프로그램에서 만들어 휴대폰으로 옮긴다.

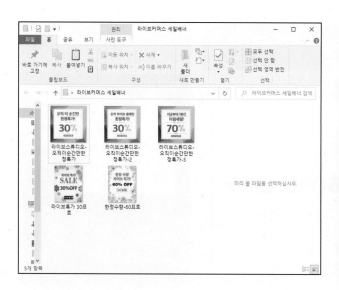

2. 쇼핑라이브 앱의 라이브 스튜디오 아이콘을 터치하면 라이브 스튜디오 화면이 나온다. + 버튼을 터치하여 추가할 이미지나 영상을 선택하여 추가한다.

3. 이렇게 라이브에 사용할 미디어를 추가해 놓고, 라이브 방송 중 필요할 때 게시하면 된다. '편집'을 터치하여 파일의 순서를 바꾸거나 삭제를 할 수 있다.

2) 라이브 송출 화면에 전시하기

라이브를 시작한 후 원하는 시점에 라이브 스튜디오에 등록한 미디어를 송출 화면에 전시할 수 있다.

1. 라이브 중 원하는 시점에서 라이브 스튜디오 아이콘을 터치하면 라이브 스튜디오가 나온다. 게시하고자 하는 미디어 소스를 터치하면 라이브 화면에 소스가 전시된다.

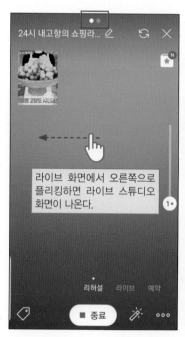

2. 이미지를 터치하여 크기 조절, 위치 이동을 할 수 있고, ⊗ 버튼을 눌러 전시를 중단할 수 있다.

동영상은 삽입된 미디어의 재생 버튼을 누르면 실제 라이브 송출 화면에서 재생된다. 산지직송 농산물의 경우 실제로 수확하는 영상을 미리 촬영해두고 라이브 중에 전시하면 시청자들에게 더욱 신뢰감을 줄 수 있다.

6 쇼핑라이브 앱 이펙트 기능 활용하기

2021년 4월 16일부터 쇼핑라이브 앱에 이펙트 기능이 오픈되었다.

'이펙트' 기능은 라이브 방송 화면에 재미있는 애니메이션 스티커(이펙트)를 삽입할 수 있는 기능으로, 방송 중에 다양한 스티커들을 노출하면서 시청자들과 더욱 친근하게 소통할 수 있다. 현재 이펙트는 인사(24개), 상품/혜택(53개), 감정(43개)으로 분류되어 있다.

1. 라이브 화면에서 **'필터'** 버튼을 터치한다. 필터 옆에 **이펙트** 메뉴를 터치하면 목록을 확인할 수 있다.

2. 현재 '인사', '상품/혜택', '감정' 등 주제별로 스티커가 분류되어 있다.

  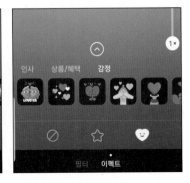

3. 원하는 이펙트를 터치하면 라이브 화면에 이펙트가 나타난다. 이렇게 원하는 시점에 라이브 화면에 적절한 이펙트를 노출하여 방송에 재미를 더하고 풍성하게 할 수 있다.

적용한 이펙트 중지   즐겨찾기   전체 이펙트

4. 자주 사용하는 이펙트는 즐겨찾기에 추가해놓고 사용할 수 있다. 원하는 이펙트를 길게 누르면 즐겨찾기에 추가된다. '편집'을 터치하여 즐겨찾기 이펙트를 편집할 수 있다.

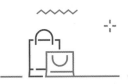

04 > 리허설 방송 진행하기

　　네이버 쇼핑라이브 방송을 처음 시작하는 사람은 어려움을 겪을 수 있다. 내가 준비한 방송이 시청자에게 잘 전달되는지를 한 번도 경험해보지 못했기 때문이다. 네이버 쇼핑라이브는 이런 판매자를 위해서 테스트 방송을 해볼 수 있는 '리허설' 기능이 있다.

　　방송에 대한 개괄적인 구성을 잡았다면, 직접 리허설을 해보고 보완할 점이나 돌발 상황 등을 운영진들이 모니터링하면서 점검하면 실제 라이브 방송에서는 보다 매끄러운 진행을 할 수 있다.

　　리허설 방송을 통해 화면 색감, 상품 색상과 모습, 음향 및 조명 상태, 채팅판, 라이브 스튜디오 소스 등 중요 사항을 체크하면 된다. 또 상품의 디테일한 모습을 보여줄 때는 카메라 앞 어느 정도까지 상품을 가져가야 최적의 화면이 구현되는지 등 방송의 디테일한 요소까지 테스트를 해볼 수 있다.

> 🔔Tip 리허설 방송
>
> - 리허설 기능을 통해 진행하는 라이브는 네이버 쇼핑라이브에 노출되지 않는다.
> - 타이틀, 대표 이미지, 소개할 상품 등록은 라이브와 같이 필수 사항이다.
> - '알림받기'한 고객에게 실제 알림이 발송되지는 않는다.
> - 리허설로 진행한 라이브는 '다시 보기' 저장을 할 수 없다.
> - 리허설 방송 중 생성되는 URL을 공유하여 리허설 중인 라이브를 다른 운영진과 모니터링할 수 있다.
> - 리허설 기능이 확인되지 않을 시 쇼핑라이브 앱을 최신 버전으로 업데이트한다.

1 쇼핑라이브 리허설 방송하기

1. 네이버 쇼핑라이브 앱에서 **라이브 시작하기**를 터치한다.

2. **리허설**을 선택하고 '타이틀', '대표 이미지', '라이브에 소개할 상품'을 추가하고 **시작** 버튼을 클릭한다.

3. '시작' 버튼을 누르면 '시작 알림을 보내겠느냐'는 팝업 화면이 뜬다. 리허설 모드는 알림이 발송되지 않는다고 나온다. **예**를 누른다. 그리고 '배경음악 사용 지양'에 관한 안내 화면이 뜨고 **확인**을 누르면 방송이 시작된다.

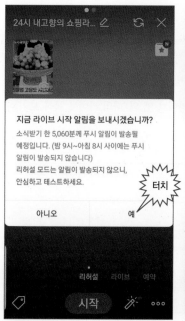

4. 리허설이 시작되면 오른쪽 하단에 있는 '더 보기'(⋯) 버튼을 클릭하여 '공유하기' 또는 'URL 복사'를 클릭하여 직원이나 모니터링할 사람에게 URL을 보내주어 리허설 방송을 시청하게 하면 된다.

5. 이렇게 방송이 시작되면 '네이버쇼핑 웹 관리툴' 화면에서도 라이브 상황을 확인할 수 있다. 상태에 'LIVE'가 표시되면서 방송 중임을 알려준다. 여기서도 'URL 복사'를 할 수 있다.

6. 리허설 방송을 종료하면 상태가 '종료'가 된다. 종료한 리허설 방송은 '삭제' 버튼을 클릭하여 삭제할 수 있다. 리허설 방송은 '다시 보기'에 저장할 수 없다.('쇼핑라이브 앱'의 '나의 라이브 목록 보기'에 나타나지 않는다.)

05 예약 라이브 진행하기

네이버 쇼핑라이브 방송은 '예약' 기능을 활용하여 라이브 방송을 예약할 수 있다. '예약' 기능을 활용하여 라이브 방송을 예약한 경우, 라이브 예약 시 생성된 링크를 공유하여 사전 홍보가 가능하다. 또 링크를 별도로 공유하지 않더라도 모바일 '스토어 홈'과 '상품 상세페이지'에 예약 배너가 자동으로 노출된다. 소비자는 해당 배너를 클릭하여 '소식받기' 알림을 직접 설정할 수도 있다.

라이브를 예약하면 라이브 '예고 페이지'를 등록(전시)할 수 있는데, 그러면 스토어 내에서 라이브 배너 클릭 시 라이브 예고 페이지로 이동하게 된다. 예고 페이지는 나의 라이브 방송에 흥미를 가지고 있는 소비자들을 위해 꼭 설정해 놓아야 할 기능이므로, 되도록 만들기를 권장한다.

라이브 예약은 최대 20개까지 생성할 수 있다. 라이브 예약 시 '타이틀', '대표 이미지', '상품 추가'와 더불어 '시작 시간 설정'을 필수로 설정해야 한다.

1 라이브 방송 예약하기

1) 방송 예약하기

1. **라이브 시작하기**를 누르고, 화면 하단 영역에서 방송 모드를 **예약**으로 설정한다.(촬영 시작 버튼 바로 위 '라이브' 글자를 왼쪽 방향으로 슬라이드하여 '예약' 글자에 맞추면 된다.)

2. 상단의 '타이틀'을 눌러 라이브 타이틀을 입력하고, '대표 이미지'를 눌러 대표 이미지를 설정한다.

3. 대표 이미지 하단에 있는 '시간 설정'을 눌러 라이브를 시작할 날짜와 시간을 설정해준다.

 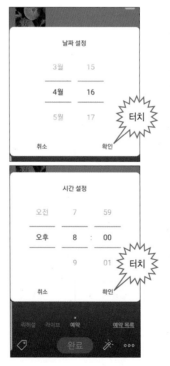 

4. 좌측 하단의 **상품 태그** 아이콘을 눌러 라이브에 소개(판매)할 상품을 선택해서 등록해준다. 이렇게 **'+ 추가'** 버튼을 눌러 최대 20개까지 상품을 추가할 수 있다.

5. **완료** 버튼을 누르면 라이브가 예약된다. **URL 복사** 버튼을 눌러 URL을 복사하여 주위에 방송을 홍보할 수 있다.

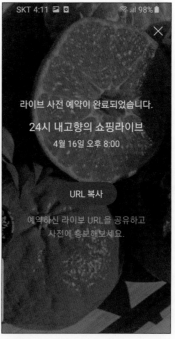

2) 예약 목록 확인하기

예약한 라이브 목록은 '**예약 목록**'을 눌러 확인할 수 있다. 여기서도 'URL 복사' 버튼을 눌러 라이브 URL을 복사하여 주위에 홍보할 수 있다.

예약 라이브 시작은 예약한 시간에 맞춰 '**라이브 시작**' 버튼을 눌러 라이브 방송을 진행하면 된다.

예약 시간이 빨간색으로 표시될 때는 아직 방송 시작 시간이 남아 있을 때이고, 회색으로 표시될 때는 라이브 시작 시간이 지났을 경우이다. 이때도 라이브를 시작할 수는 있지만, 예고한 날짜와 시간에 진행하지 않으면, 시청자와 약속을 어기는 것이니 예약한 시간에 라이브를 진행하도록 한다.

  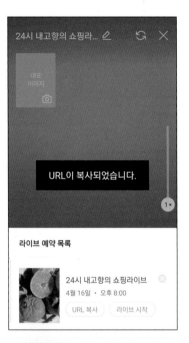

예약 라이브를 삭제하려면 닫기 버튼(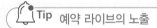)을 클릭하면 된다.

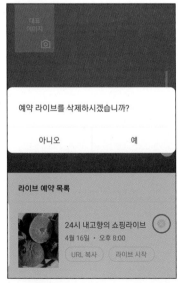

> 🔔 **Tip** 예약 라이브의 노출
>
> 예약 라이브를 설정해도 판매자가 직접 진행하는 라이브는 '네이버 쇼핑라이브' 메인의 '라이브 예고'나 '캘린더 일정' 영역에 노출되지 않는다. 이 영역에는 기획 라이브, 즉 기획전 라이브나 제휴제안 라이브을 통해 담당 부서가 선정한 라이브만 노출된다.

2 예약 라이브 수정하기

예약된 라이브의 정보 수정은 현재 앱에서는 할 수 없고, 웹 관리툴에서만 가능하다.(라이브를 시작한 후에는 앱에서도 수정할 수 있다.) 웹 관리툴에서 '대기' 상태의 라이브를 확인하고 예약한 라이브를 수정하면 된다. 참고로 종료된 라이브는 수정할 수 없다.

1. 웹 관리툴에서 **수정** 버튼을 클릭한다.

2. 수정할 내용을 입력하고 **등록** 버튼을 클릭하면 된다. 쇼핑라이브 앱에서 등록한 예약 라이브를 웹 관리툴에서 수정 버튼을 클릭해 열면, 앱에서는 설정하지 못했던 '노출 카테고리', '라이브 한줄 요약', '라이브 혜택' 등을 설정할 수 있다.

06 예고 페이지 만들기와 활용하기

쇼핑라이브 '예고 페이지'는 라이브 방송에 관한 전반적인 내용이 담겨 있는 페이지로, 라이브 '알림받기'와 라이브 사전 이벤트 및 라이브에서 제공되는 다양한 혜택 안내를 담을 수 있다. 예고 페이지는 '쇼핑라이브 웹 관리툴', '스마트스토어센터 앱'과 웹에서도 만들 수 있다.

'쇼핑라이브 웹 관리툴'에서는 '대기(예약)', '종료', '라이브' 중인 방송을 확인할 수 있다. 예약 라이브는 상태가 '대기'로 되어 있고, '예고 페이지 등록' 버튼이 있는 것을 확인할 수 있다.

1️⃣ 예고 페이지 만들기

1. **라이브 관리** 탭에서 예약 방송의 **예고 페이지 등록** 버튼을 클릭한다. 또는 **예고 페이지 관리** 탭을 클릭한 후 **새 라이브 예고 페이지 등록** 버튼을 클릭한다.

라이브 관리 | **예고 페이지 관리**

라이브 예고 페이지 조회

| 검색어 | 전체 ∨ |
| 전시 상태 | 전체 ∨ |

새 라이브 예고 페이지 등록
클릭

초기화　**검색**

라이브 예고 페이지 목록 (총 12건)

100개씩 보기 ∨

선택삭제　전시 노출 여부가 '노출' 인 경우에만 서비스에 노출됩니다.

○	번호	수정	미리보기	라이브 ID	제목	URL	전시상태
○	1	수정	미리보기	52465	24시내고향 제주 흑돼지 목살 뼈삼겹...	https://shoppinglive.naver.com/livebridge/52465　복사	노출
○	2	수정	미리보기	50989	24시내고향 구수한 청국장과 새콤한...	https://shoppinglive.naver.com/livebridge/50989　복사	노출

🔔 **Tip** '스마트스토어센터' 앱과 웹에서 예고 페이지 관리

예고 페이지 관리는 '스마트스토어센터 앱'과 웹에서도 할 수 있다. 스마트스토어센터의 라이브 예고 페이지 관리와 웹 관리툴은 서로 연동된다.

- 스마트스토어센터 앱에서 우측 상단의 더 보기 버튼 → **스토어 전시관리** → **라이브 예고 페이지 관리**에서 예고 페이지를 조회하고 새로운 예고 페이지를 만들 수 있다.

- PC의 스마트스토어센터에서 '**스토어 전시관리**' → '라이브 예고 페이지 관리'를 클릭한 후 '**새 라이브 예고페이지 등록**' 버튼을 클릭하여 만들 수 있다.

2. '라이브 예고 페이지 등록' 화면이 나타난다. 라이브 ID, 제목, 상단 이미지, 라이브 소개 등 입력 사항을 작성하고 **등록**을 클릭한다.

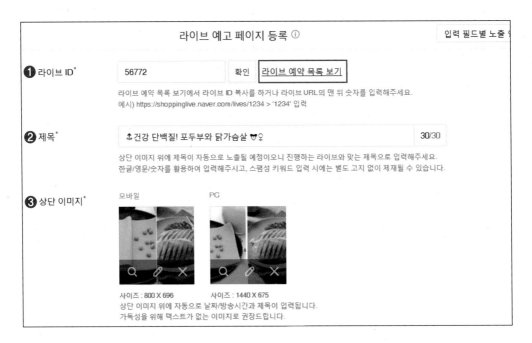

① **라이브 ID:** 라이브 ID는 직접 입력하거나 '라이브 예약 목록 보기'를 클릭하여 '라이브 ID 복사'를 클릭한 후 붙여넣기 하면 된다.('라이브 관리' 탭에서 '예고 페이지 등록' 버튼을 클릭해서 진행한 경우는 라이브 ID가 자동으로 입력되어 있다.)

② **제목:** 라이브 콘텐츠 타이틀로 노출되는 부분이니 라이브 방송을 잘 설명할 수 있는 것으로 신중하게 작성한다. 최대 30자까지 입력할 수 있다.

③ **상단 이미지:** 상단 이미지에는 자동으로 라이브 날짜/방송시

간과 제목이 입력된다. 텍스트가 없는 이미지를 사용하는 것이 가독성에 좋다.

🔔**Tip** 상단 이미지 작성 권장 사항

- PC와 모바일 동일 이미지를 사이즈를 달리하여 사용한다.(권장 사이즈: 모바일 800×696, PC: 1440×675px)
- 텍스트가 없는 이미지 사용을 권장한다.
- 브랜드 상호나 모델 얼굴이 텍스트 영역(좌측 하단)에 놓이지 않는 이미지를 권장한다.
- 대표 이미지와 같은 이미지로 사용 권장(같은 이미지가 어려울 경우 동일 제품임을 알아볼 수 있는 비슷한 이미지 사용)
- 상품 이미지 등록 시 jpg, jpeg, png 형식 권장, 용량은 20MB를 초과할 수 없다.

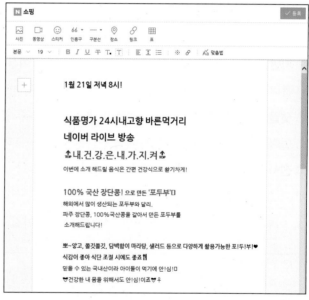

④ **라이브 소개:** 'SmartEdit ONE으로 작성'을 클릭하여 상품 상세설명을 만들 듯이 라이브 방송과 상품의 주요 포인트 위주로 내용을 입력한다. 권장 사이즈 가로 860px, 세로는 상관없다.

⑤ **자유 버튼:** 클릭했을 때 특정 페이지로 이동하는 링크를 걸 수 있는 기능이다. 내 스마트스토어나 주력 상품 페이지로 고객 유입 링크를 걸 수 있다. 설정하면 예고 페이지의 상단 이미지 아래에 나타난다. '사용함'을 선택하고 '버튼명'과 '버튼명 클릭 시 이동할 URL'을 입력한다. 외부 링크는 안 된다.

⑥ **스토어찜/소식 쿠폰:** 스마트스토어의 **고객혜택관리 → 혜택등록** 메뉴에서 '스토어찜'이나 '소식알림' 타기팅 대상으로 등록한 쿠폰을 노출할 것인지를 설정한다. 설정하면 예고 페이지에 쿠폰이 노출된다. 쿠폰이 있다면 '전시함'으로 하는 것이 좋다.

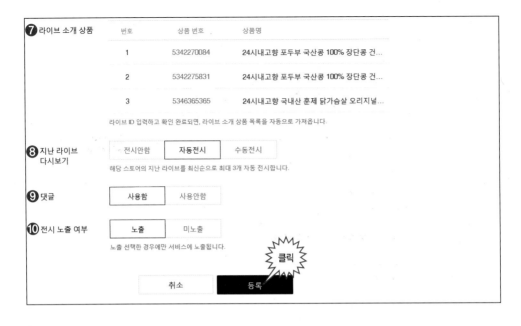

⑦ **라이브 소개 상품**: 라이브 등록 시 입력한 상품이 자동으로 나타난다. 상품을 추가 및 수정하려면 등록한 라이브 '예약 페이지'에서 수정하면 된다.

⑧ **지난 라이브 다시 보기**: 지난 라이브 방송의 전시 여부를 설정한다. '자동전시'는 최근 라이브 3개를 자동으로 전시하고, '수동전시'는 노출하고 싶은 라이브 아이디를 입력하여 전시할 수 있다.

⑨ **댓글**: '사용함'을 선택하면 고객들이 댓글을 남길 수 있게 된다. 이렇게 남겨진 댓글을 보고 고객들이 궁금해하는 점이나 방송에서 원하는 내용 등 고객 성향을 미리 파악할 수 있다.

⑩ **전시 노출 여부**: '노출'을 선택한다.

3. 이렇게 예고 페이지를 등록하면 '라이브 예고 페이지 목록'에서 확인할 수 있다.

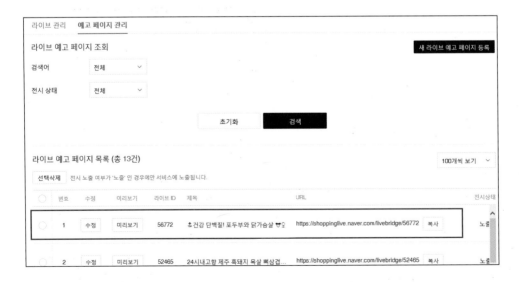

4. 예고 페이지의 **미리보기** 버튼을 클릭하여 예고 페이지를 확인할 수 있다.

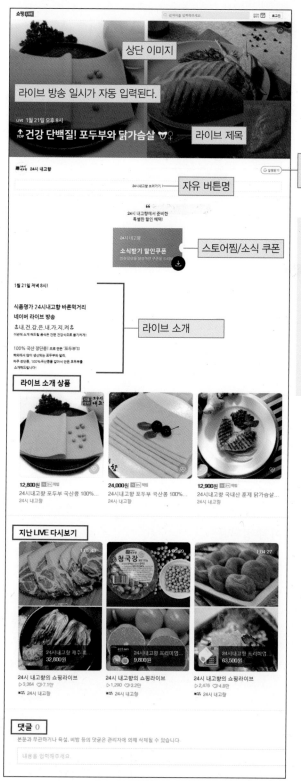

이렇게 예고 페이지를 만들면 나의 스마트스토어 '라이브' 탭에 예고 페이지가 게시된다. 그러면 내 스토어에 들어온 사람들이 라이브 방송 예고를 확인할 수 있게 된다.

고객은 '알림받기' 버튼을 클릭하여 라이브 방송 알림을 받을 수 있다.

> 🔔 Tip 예고 페이지에서 구매했을 때 수수료
>
> 라이브 시작 전이라도 고객이 예고 페이지에 접속해서 '라이브 소개 상품'을 클릭하여 구매하는 경우도 쇼핑라이브 방송을 통해 구매한 것과 같이 수수료가 적용된다. 즉 쇼핑라이브 연동 수수료 3%(캘린더에 노출된 기획라이브는 5%)와 네이버페이 결제수단별 수수료가 판매자에게 부과된다.

2 📡 예고 페이지 수정하기

예고 페이지를 만들었는데, 오타가 있거나 상품 변경 혹은 타이틀이나 대표 이미지를 변경해야 할 경우 수정할 수 있다. 삭제를 하면 다시 복구할 수 없다.

1. '예고 페이지 관리' 탭에서 수정할 예고 페이지의 **수정** 버튼을 클릭한다.('라이브 관리' 탭에서 **예고 페이지 수정**을 클릭해도 된다.)

2. 내용을 수정하고 **수정** 버튼을 클릭하면 내용이 수정된다.

3️⃣ 예고 페이지 홍보하기

1) 예고 페이지 노출하기

(1) 모바일 화면에서의 노출

예고 페이지를 등록하면 모바일 환경에서 내 스토어에 자동으로 배너가 노출된다. 배너를 클릭하면 예고 페이지가 나타난다. 상품 상세페이지에 들어가도 라이브 예고 배너가 노출된다.(예고 페이지에 소개되는 상품만이 아닌 다른 상품의 상세페이지에도 예고 배너가 노출된다.)

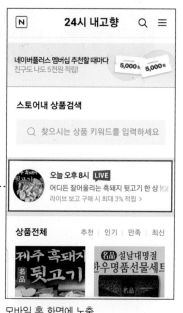

모바일 홈 화면에 노출

라이브 상품의 상세 페이지에 노출

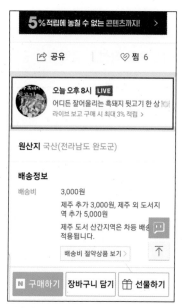

기타 다른 상품의 상세페이지에도 노출

(2) PC 화면 공지사항을 통해 노출하기

PC에서는 스마트스토어의 팝업 '공지사항'에 나타나게 할 수 있다.

1. 스마트스토어센터에서 **상품관리 → 공지사항 관리**를 클릭한 후 **새 공지사항 등록** 버튼을 클릭한다.

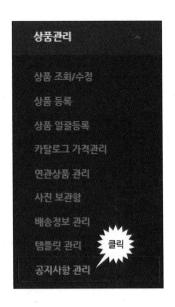

2. 공지사항 '제목'을 입력하고 '상품 공지사항 상세'의 SmartEditor ONE으로 작성을 클릭하여 공지사항을 작성한다.

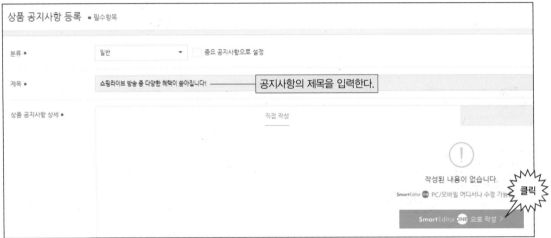

먼저 예고 페이지의 URL을 '복사'한 후, 상단의 **링크** 버튼을 클릭하여 붙여넣기를 한 후 **돋보기** 버튼을 클릭힌다. 나타나는 예고 페이지를 확인하고 **확인**을 클릭한다.

그리고 라이브 방송 안내 문구를 작성하고 **등록** 버튼을 클릭한다.

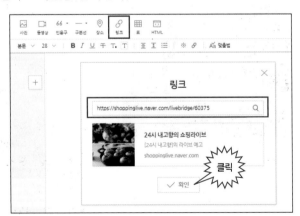

3. '전시 위치', '전시 기간'을 설정하고, '팝업사용'에서 '설정함'을 선택하고 팝업 게시 기간을 설정한다. 그리고 **상품 공지사항 등록** 버튼을 클릭한다.

4. 그러면 내 스토어에 공지사항이 팝업창으로 뜬다. 이렇게 공지사항 팝업창을 통해 스토어 고객들에게 라이브 방송을 알릴 수 있다.

(3) 상품 상세페이지에 예고 페이지 링크 걸기

스마트스토어의 상품 상세페이지에 예고 페이지 링크를 걸어 라이브 방송을 홍보할 수 있다. 상품 등록 시 또는 수정하기를 통해 'SmartEditor ONE 작성' 화면에서 링크를 넣어주면 된다.

1. 상품 등록 시 또는 수정하기를 통해 '상세 설명' 항목의 SmartEditor ONE으로 작성을 클릭한다.

2. '예고 페이지 보러 가기'라는 텍스트를 입력한 후 드래그하여 선택하고, 상단의 링크 입력 아이콘을 클릭한 후 예고 페이지 링크를 붙여넣고 체크를 클릭한다.

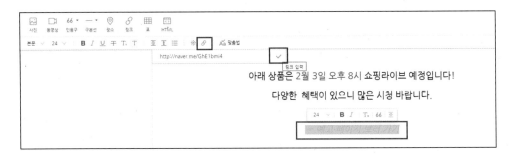

그러면 '예고 페이지 보러 가기'라는 글자에 밑줄이 그어지면서 링크가 입혀진다. **등록**을 클릭하여 상세설명 작성을 완료하고, 상품 등록 및 수정을 완료한다.

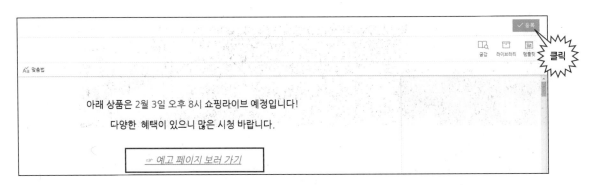

3. 상품 상세페이지에 있는 '예고 페이지 보러 가기' 글자 링크를 클릭하면 예고 페이지로 이동한다. 이렇게 상품 상세페이지에서 예고 페이지 링크를 걸어 라이브 방송을 홍보할 수 있다.

2) SNS에 공유하기

(1) 스마트스토어센터에서 예고 페이지 공유하기

스마트스토어센터 앱에서 예고 페이지를 SNS에 공유하면서 홍보할 수 있다.(PC의 스마트스토어센터에서도 동일하게 진행할 수 있다.)

1. 스마트스토어센터 앱에서 오른쪽 상단 **더 보기** 버튼 터치 → **스토어 전시관리** → **라이브 예고 페이지 관리**를 터치한다.

2. 스토어를 선택하고 '라이브 예고 페이지 목록'에서 해당 예고 페이지의 **미리보기**를 터치한다.

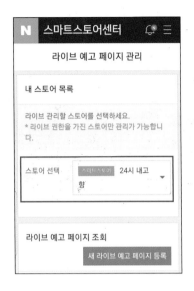
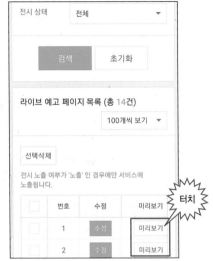

3. 예고 페이지가 나타난다. 화면에 있는 화살표 버튼을 터치하면 '공유하기' 팝업 화면이 뜬다. 여기서 예고 페이지를 홍보할 플랫폼을 선택한다.

4. 블로그, 카페, 페이스북 등 예고 페이지를 게시할 플랫폼을 선택하고 게시하면 된다. 만일 '인스타그램' 등 여기에 없는 플랫폼에 게시하고자 할 때는 'URL 복사'를 클릭한 후 인스타그램 게시글을 작성하면서 붙여넣기로 링크를 걸면 된다.

블로그에 공유하기   인스타그램에 공유하기

(2) 웹 관리툴에서 예고 페이지 공유하기

1. 웹 관리툴 **예고 페이지 관리** 탭에서 공유하고자 하는 라이브의 **미리보기** 버튼을 클릭한다.

2. 공유하기 화살표 아이콘을 클릭하면 '공유하기' 팝업 창이 나타난다. 플랫폼을 선택하여 예고 페이지를 공유할 수 있다.

07 라이브 방송 고객에게 알리기

1 네이버 쇼핑라이브, 누가 시청하는가?

라이브커머스는 TV 홈쇼핑과 비슷하지만, 좀 더 자유로운 방송 형식과 실시간 소통이 가능하다는 장점으로 인해 많은 시청자들이 찾고 있다.

라이브커머스를 대표하는 '네이버 쇼핑라이브'는 현재 패션, 뷰티, 푸드, 라이프, 라이브쇼, 키즈, 테크레저, 도전라이브 등의 카테고리에 다양한 시청자 영역이 있다. 네이버 쇼핑라이브에 유입되는 시청자는 다음과 같다.

① 내 스토어의 '소식받기'를 한 유저

스마트스토어에는 '찜하기'와 '소식받기'가 있다. '찜하기'는 내 스토어를 찜한 고객이지만 마케팅에 동의한 유저는 아니다. 이에 비해 '소식받기'까지 한 사람은 마케팅에 동의한 유저들로, 이들 고객에게는 톡톡 메시지를 통해 마케팅 활동을 할 수 있다.

내 스토어를 '찜하기' 버튼을 눌러 찜하기를 하고 '소식받기'를 눌러 소식받기까지를 한 유저들에게 '알림' 메시지를 보낼 수 있다.

라이브 방송을 시작할 때 '소식받기'를 동의한 고객에게는 방송을 알리는 푸시 '알림'을 내보낼 수 있다. 이렇게 '소식받기'를 한 단골 고객이 쇼핑라이브의 주 시청자들이다. 따라서 '소식받기' 동의 고객을 많이 모아야 한다. 쇼핑라이브 방송을 염두에 두고, 스마트스토어에서 고객 혜택 쿠폰을 발행할 때 '스토어찜'보다는 '소식알림' 받기 쿠폰을 발행하는 것이 좋다. 나를 팔로워 하는 사람들을 많이 모으고 끊임없이 소통하면서 신뢰를 쌓으면 쇼핑라이브 시청자를 많이 모을 수 있다.

② 현재 쇼핑라이브에 유입되어 있는 유저

방송을 시작하면 네이버 쇼핑라이브의 '도전 라이브', '지금 라이브 중'이나 각 '카테고리' 영역에 노출될 수 있다. 그러면 쇼핑라이브에 들어와 있는 사용자들이 볼 수 있게 된다. 쇼핑라이브에서는 고객들이 검색을 통해 방송을 시청하기도 한다.

쇼핑라이브 메인에 노출된 '24시 내고향' 라이브 방송

2 '소식받기' 고객에게 알림 보내기

라이브 진행 시 '소식받기'한 고객을 대상으로 라이브 소식을 알릴 수 있다. 라이브 시작 시 알림 발송 팝업창에서 '예'를 선택하면 소식받기 한 고객들에게 네이버 앱으로 알림이 발송된다.

소식알림 고객이 많으면 많을수록 쇼핑라이브 시청자가 늘어난다고 볼 수 있다. 따라서 스토어에서 '소식알림' 쿠폰을 상시로 발행하여 '소식알림' 고객을 많이 확보하는 것이 중요하다.

1) 소식알림 쿠폰 발행하기

스마트스토어에서 '소식알림' 쿠폰을 발행하여 혜택을 주면서 '소식알림' 고객의 수를 늘릴 수 있다.

> **🔔 Tip 소식받기 유저를 모으자**
>
> 스마트스토어에는 '스토어찜' 하기와 '소식받기'가 있는데, 쇼핑라이브를 진행하기 위해서는 '소식받기' 유저를 많이 모으는 게 좋다. 쇼핑라이브를 진행할 때 '소식받기'를 한 유저에게 푸시 알림으로 쇼핑라이브를 진행한다는 알림을 보낼 수 있으므로, 소식받기 고객이 많으면 시청자를 많이 모을 수 있다.

1. 스마트스토어센터에서 **고객혜택 관리** → **혜택 등록**을 클릭한 후 '혜택 이름', '마켓팅 대상', '혜택 정보' 등을 설정하고 **확인**을 클릭한다.

① **혜택 이름:** 쿠폰을 지급하는 행사 목적 + 대상 + 쿠폰 종류를 조합하여 입력하면 된다.

② **타겟팅 대상:** '소식알림'을 선택한다. 이것은 '스토어찜 + 소식알림' 동의 고객을 말한다. '스토어찜'을 대상으로 발행하면 쇼핑라이브 소식알림을 보낼 수 없다.

③ **타겟팅 목적:** '소식알림 고객 늘리기 + 유지하기(스토어 혜택 노출)'를 선택한다. 소식알림에 동의하지 않은 고객에게 요청 문구가 노출된다. '마케팅메시지 보내기'는 소식알림에 동의한 고객에게 혜택을 첨부하여 마케팅 메시지를 보내는 것으로, 스토어에 혜택 노출은 안 된다.

④ **혜택종류:** 쿠폰이 선택되어 있다.

⑤ **쿠폰종류:** '상품중복할인'은 한 상품에만 적용 가능한 쿠폰으로 즉시할인과 중복으로 사용할 수 있다. '스토어장바구니할인' 쿠폰은 총 주문금액 기준으로 적용하는 쿠폰으로 이것도 할인가와

중복으로 사용할 수 있다.

⑥ **할인설정:** 판매가에 대한 할인 퍼센트(%)와 할인 금액(원)으로 설정할 수 있다.

⑦ **최소주문금액:** 판매가를 기준으로 최소 금액 이상을 주문했을 때 쿠폰을 적용할 수 있다. 쇼핑라이브만을 위한 쿠폰이라면 설정하지 않거나 라이브 중 판매할 상품 가격보다 낮게 설정해야 고객이 쿠폰 할인을 받을 수 있다.

⑧ **혜택기간:** 쿠폰 혜택 기간을 설정한다.

⑨ **쿠폰 유효기간:** '기간으로 설정'은 '혜택기간'과 동일하게 설정되고, '발급일 기준'은 발급일을 기준으로 사용할 수 있는 기간을 설정할 수 있다.

⑩ **상품상세 노출:** '상품상세의 상세정보 상단에 쿠폰 전시하기'에 체크하면 상세페이지 상단에 쿠폰이 노출된다.

⑪ **혜택상품지정:** 스토어 상품 전체와 특정 카테고리, 특정 상품을 지정할 수 있다. 쇼핑라이브에서 소개하는 상품에만 쿠폰을 지정하고자 한다면 '상품 선택'을 선택하고 상품을 지정해주면 된다.

2. 설정 후 **확인**을 클릭한 후 팝업창에서 혜택을 확인하고 **저장**을 클릭한다. **혜택 조회**를 클릭한다.

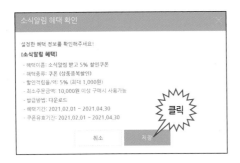

3. '혜택 조회/수정'에서 설정한 혜택을 확인할 수 있다.

4. 내 스토어 상단에 혜택 배너와 쿠폰이 노출된다. 고객이 소식받기를 클릭한 후 '설정하고 쿠폰받기'를 클릭하면 쿠폰을 다운로드할 수 있다. 그러면 내 스토어의 '소식받기' 고객이 된다.

5. 이렇게 소식알림 쿠폰을 발행하면 별도의 작업 없이 쇼핑라이브 화면에 '쿠폰받기'라는 배너가 노출된다. 고객은 이 배너를 클릭하여 쿠폰을 받을 수 있게 된다.

2) 소식받기 고객에게 쇼핑라이브 시작 알림 보내기

1. 쇼핑라이브 앱에서 **시작** 버튼('예약 목록'에서는 **라이브 시작** 버튼)
을 누르면 '지금 라이브 시작 알림을 보내시겠습니까?'라는 팝업
화면이 뜬다. **예**를 누른다.('아니오' 버튼을 누르면 스토어 소식받기를
한 고객에게 라이브 시작 알림이 발송되지 않는다.)

2. 그러면 소식받기를 한 고객들에게 네이버 알림 메시지가 간
다. 고객은 핸드폰의 팝업 알림이나 네이버 상단 '알림종'을 터
치하여 쇼핑라이브 '알림'을 확인할 수 있다. 알림은 아침 8시~
밤 9시까지 수신되며, 야간 알림 동의에 체크한 고객에게는 야
간(밤 9시~아침 8시)에도 알림이 가게 된다.

3. 이렇게 알림 메시지를 받은 고객은 알림 메시지를 눌러 방송을 시청하게 된다.

SNS를 통해 팔로워들에게 방송 알리기

쇼핑라이브를 알리기 위해서는 상품을 접할 수 있는 많은 곳에 정보를 노출시켜야 한다. 그러기 위해선 라이브 시작 전 '소식알림' 외에 다양한 SNS 매체에도 라이브 방송을 홍보하여 고객을 미리 확보해두는 것이 좋다. 고객이 정보를 받아보는 플랫폼은 다양하기 때문에 최대한 여러 곳의 SNS 채널에 정보를 공유하는 것을 추천한다.

(1) 방송 시작 전

라이브 방송 시작 전에는 등록한 쇼핑라이브 '예고 페이지'를 활용하여 SNS에 공유하여 라이브를 미리 홍보할 수 있다.

쇼핑라이브 웹 관리툴에서 '예고 페이지 관리' 탭을 클릭하면 예고 페이지 목록을 확인할 수 있다. 홍보하고자 하는 라이브의 URL 항목에 있는 **복사**를 클릭하면 URL이 복사된다. 그러면 이것을 본인이 가지고 있는 인스타그램이나 페이스북 등 SNS 채널, 톡톡 메시지, 스마트스토어 상세페이지 등에 붙여넣기 하여 고객에게 라이브 방송을 홍보하면 된다.

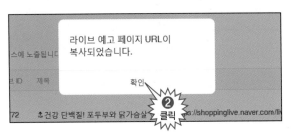

(2) 방송 중일 때

라이브 방송 중일 때에는 우측 하단 **더 보기**(∘∘∘) 버튼을 눌러 **공유하기**나 **URL 복사**를 터치하여 스마트스토어센터나 SNS 채널에 실시간으로 공유할 수 있다.

(3) 방송 종료 후

방송 종료 후에는 방송 저장 시 생성된 '다시보기 URL'을 스마트스토어 상품 상세페이지 본문 등에 첨부하면, 텍스트로 제공하는 데 한계가 있었던 정보들을 라이브를 통해 보다 상세한 추가 정보를 제공할 수 있다.

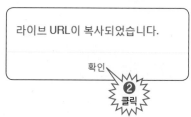

08 라이브 방송 진행의 구성 요소

라이브 방송을 진행함에 있어서 중요한 정보들을 놓치지 않고 설명하기 위해 또 다양한 상황에 대비하기 위해, 미리 방송을 어떻게 진행할지 구성해보는 것이 좋다. 보통 방송은 다음과 같은 내용을 담고 있으며 이를 바탕으로 큐시트를 구성하는 것이 좋다.

(1) 오프닝

오프닝은 방송의 첫 부분을 말한다. 오프닝은 우리가 어떤 스토어인지를 소개하고, 라이브 중 어떤 제품을 판매하는지를 시청자들에게 각인시킴과 동시에 그날 방송의 분위기를 결정하는 요소라고 할 수 있다. 따라서 스토어와 상품의 성격에 맞는 오프닝 멘트를 준비하면 된다. 노래를 개사하여 육성으로 스토어만의 징글(jingle)을 만들거나 브랜드를 소개하는 짧은 캐치프라이즈도 좋으며, 그날 방송하는 제품에 대한 안내 멘트나 노래여도 좋다.

(2) 상품 소개

상품 소개는 판매할 상품의 정보를 말하며, 방송에서 소비자들에게 상품에 대한 이해를 돕는 역할을 한다. 판매할 제품의 상품군마다 소개하는 내용이 조금 달라질 수 있는데, 다음과 같은 기본적인 내용을 참고하여 구성한다.

　① 상품의 용도, 기능 및 기본 특징
　② 가격과 옵션별 상품 구성
　③ 사용 방법 및 응용 방법: 식품일 경우 조리 방법, 의류일 경우 연출 방법 등
　④ 공산품 혹은 같은 상품군과의 크기 비교: 화면과 비교하여 실제 받아 봤을 때의 크기를 가늠할 수 있도록 안내
　⑤ 생산 과정
　⑥ 각종 제품 인증 및 시설 인증
　⑦ 제품 포장 방법
　⑧ 배송 절차

⑨ 배송 일정

⑩ 보관 방법

⑪ 주의 사항

⑫ FAQ

(3) 셀링 포인트

상품에 대한 기본적인 정보가 '상품 소개'라면 셀링 포인트(selling point)는 그중에서도 다른 상품군과 구별되는 우리 제품만의 '차별점', '특징'을 말한다.

① 제품의 품질

② 생산 과정의 특별한 점

③ 소재의 특별한 점

④ 저렴한 가격

⑤ 매력적인 구성(서비스 또는 1+1 등)

⑥ '한정'된-시간, 특가, 이벤트 등

이 외에도 판매자가 기획한 상품에 따라 차별화 요소는 다양할 것이다. 그 상품이 가진 특장점은 매출로 이어지는 데 큰 역할을 하므로, 매력적인 셀링 포인트를 찾아 방송 중 틈틈이 소개하면서 구매를 유도해야 한다.

(4) 콜 사인

방송을 혼자 진행하기 힘든 경우에는 미리 도와주는 스태프와 어떻게 방송을 진행할지에 대해 의논을 해두는 것이 좋다, 매끄러운 방송을 만들기 위하여 전달의 타이밍, 혹은 새로운 게스트를 소개하는 타이밍 등을 미리 연습해보고 수신호 등으로 콜 사인을 맞추어 두는 것이 좋다.

09 라이브 방송 중
실시간 소통하기

1 문의 확인과 답변하기

　라이브 방송은 셀러가 일방적으로 상품을 설명하는 것이 아닌, 고객과 대화한다는 느낌으로 댓글 창을 보며 소통할 수 있다는 점에서 매력적인 플랫폼이다. 쌍방향 소통을 통해 고객의 궁금증을 해소해주면 판매자와 구매자 간 유대감과 신뢰감이 형성되고, 이는 매출과 스토어 이미지에 좋은 영향을 준다. 따라서 방송 중에 진행자와 채팅관리자는 고객과의 소통에 신경을 써야 한다.

　스마트폰으로 댓글이 잘 안 보인다면 노트북이나 모니터를 두고 라이브 댓글창 영역을 확대해서 띄워놓으면 더 쉽게 방송을 진행할 수 있다.

　옷을 갈아입거나 음식을 먹는 동안에도 오디오는 비지 않게 계속 말하는 게 좋다.(ex. 지금 옷을 갈아입는 중이에요. 소재가 부드럽네요. 음~~! 바삭바삭하네요 등.)

　특히 구매와 이어지는 질문에 대한 정보는 사전에 준비해야 한다. 기존 스토어에서 판매해오던 제품일 경우, 자주 받았던 질문이나 예상 가능한 질문 리스트를 미리 FAQ의 형태로 만들어놓는 깃을 추천한다. 공통적으로 배송 일자나 제품 특징, 각 카테고리별 질문(의류일 경우 소재의 혼용률, 세탁 방법, 사이즈 팁 등) 등에 대한 답변을 미리 준비해둔다.

　댓글은 라이브 화면의 '채팅' 아이콘을 터치하여 입력하면 된다. PC에서는 웹 관리툴의 '라이브 보드'에 들어가서 댓글과 시청뷰를 보면서 키보드로 쉽게 댓글을 달 수 있다.

　진행자는 라이브 방송을 하면서 채팅 영역에서 고객 문의를 확인하고 바로 답변을 하면 된다. 또 시청자들이 실시간으로 보내주는 '좋아요'로 고객의 반응을 살필 수 있다. 진행자는 방송에서 고객의 이름을 불러주고 응대해주면서 친근감을 쌓고 소통하면 된다.

　진행자가 놓치는 문의 댓글이나 주요 공지사항은 채팅관리자가 댓글을 달면 된다.

2️⃣ 라이브 중 공지 댓글 등록하기

라이브 방송 중 상품 문의에 대한 댓글은 진행자가 멘트로 답변을 해줄 수도 있지만, 이것은 그 순간에 접속해 있는 고객들만 확인할 수 있다. 따라서 상품에 관한 중요한 알림은 공지 댓글을 달아 고객이 언제든 확인할 수 있도록 하면 좋다.

1. 채팅관리자로 등록된 아이디로 로그인하여 라이브 방송에 들어간다.

2. 채팅 아이콘을 눌러 댓글을 작성한다. 채팅관리자로 등록된 아이디의 사용자가 작성하는 모든 댓글은 일반 시청자의 댓글과는 다른 색으로 표시된다.

위 화면에서 일반 시청자들의 댓글은 흰색, 채팅관리자의 댓글은 초록색과 노란색이다. 이 중에서 노란색 댓글은 고정형 댓글로 설정한 것으로, 화면 하단에 고정되어 나타난다.

댓글 작성 시 화면 하단에 댓글을 고정하려면(고정형) 고정핀을 터치하여 활성화하면 된다. 고정형 댓글은 한 번에 한 개의 댓글만 고정할 수 있다. 다음 고정형 댓글을 작성할 경우 기존에 고정되어 있던 댓글은 사라진다.

고정형 댓글이 아닌 댓글은 일반 시청자들의 댓글과 마찬

가지로 댓글이 쌓이게 되면 위로 올라가면서 사라진다. 일반 댓글은 고정핀을 비활성화 상태로 하고 입력하면 된다.

3. 채팅관리자가 작성한 모든 댓글은 '라이브 공지 확인하러 가기'를 누르면 확인할 수 있다. 이렇게 판매자가 전하는 주요 내용이나 상품 정보를 공지 댓글로 작성해 놓으면 방송 중간에 들어오는 사람들도 이 공지 댓글을 확인할 수 있다.

  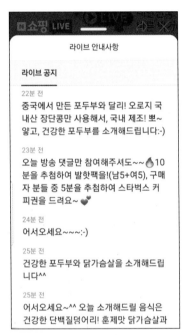

'라이브 공지 확인하러 가기'를 클릭하여 채팅관리자가 올린 댓글을 확인할 수 있다. 라이브가 끝난 후 '다시 보기' 화면에서는 '라이브 공지 확인하러 가기'를 볼 수 없다.

스마트스토어 계정 관리자는 PC의 웹 관리툴에서 '라이브 보드'에 들어가서 큰 화면에서 편리하게 댓글을 확인하고 등록할 수 있다.

10 라이브 방송 확인하기

1 라이브 방송 배너 노출은 어디서 되는가?

현재 네이버는 이커머스의 대세인 라이브커머스를 알리기 위해 네이버 플랫폼의 곳곳에서 '쇼핑라이브'를 알리는 배너를 노출하고 있다.

① 쇼핑라이브판

② 네이버 메인화면

③ 쇼핑라이브 서비스 홈

④ 네이버쇼핑

⑤ 통합검색 화면

⑥ 스마트스토어 홈

■ 나의 쇼핑라이브 배너는 어디에 노출되는가?

라이브를 예약하면 모바일 '스토어 홈'과 상품 상세페이지에 시청을 유도하는 배너가 노출된다.

① 라이브 예고 배너

예고 배너를 터치하면 라이브 예고 페이지로 간다.

② 라이브 진행 중 배너: 라이브가 진행 중이면 LIVE 아이콘이 깜박인다.

스토어 홈

상품 상세페이지

Tip 쇼핑라이브 예약 후 예고 배너가 스마트스토어에 보이지 않아요

로그인 시 선택한 채널을 확인한다. 윈도를 선택한 후 라이브를 예약한 경우 스마트스토어에 라이브 예고 배너가 나타나지 않는다. 스마트스토어로 채널을 선택하여 로그인 후 라이브를 예약해야 한다.

2️⃣ 내 라이브 방송 확인하기

내 라이브 방송을 확인하는 방법은 다음과 같다.

① 쇼핑라이브에서 확인하기

진행한 방송의 좌측 상단 섬네일을 클릭하면 지금까지 진행한 방송과 예약한 방송을 확인할 수 있다.

② 내 스마트스토어에서 확인하기

나의 스마트스토어 '라이브' 탭에서 나의 라이브 방송을 확인할 수 있다. 다만 시청은 모바일 화면에서만 할 수 있고, 웹에서는 라이브를 진행한 상품만 보여준다.

웹에서는 '라이브' 탭에 있는 상품을 클릭하면 상품페이지로 연결된다.

지금 라이브 방송을 진행 중이라면

① 모바일에서 내 스마트스토어의 '라이브' 탭에서 방송을 확인할 수 있다.

② 쇼핑라이브의 '상품 카테고리'나 '도전라이브' 탭에서 볼 수 있다.

③ 쇼핑라이브의 '지금 라이브 중' 영역은 실시간 방송 중인 라이브를 모아놓은 곳으로, 일정 요소가 충족되면 노출된다.

쇼핑라이브 종료하기와 '다시 보기' 영상 활용하기

1 방송 종료하기

준비한 라이브 방송이 끝나면 방송을 종료한다. 종료는 하단의 '종료' 버튼을 클릭하거나 상단의 '×' 버튼을 눌러 종료할 수 있다.

방송 종료 시에는 방송 종료 5분에서 10분 전부터 방송 종료에 대한 안내를 언급하는 것을 권장한다. 만일 종료 멘트도 없이 방송이 갑자기 꺼져버리면 시청자들이 당혹스러워 할 것이다. 그러니 시간을 잘 체크하여 종료 인사를 하고 마무리를 한다. 저자는 보통 60분으로 방송 시간을 정해놓고 한다. 그리고 정해진 시간이 되면 종료 인사를 하고 마무리를 한다.

네이버 쇼핑라이브 방송은 최대 120분까지 할 수 있는데, 최대 방송 시간이 되기 10분, 5분 전에 네이버에서 노티가 온다.

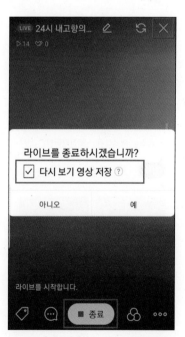

> 🔔 **Tip** 종료 인사 후 10초 후 '종료' 버튼을 눌러주세요!
>
> 종료 인사를 하고 약 '10초' 정도 지난 후에 방송용 쇼핑라이브 앱의 '종료' 버튼을 눌러야 한다. 실제 라이브와 송출 화면이 10초 정도 차이가 있기 때문에, 실제 방송과 시청자들의 화면은 차이가 있다. 종료 인사를 하자마자 '종료' 버튼을 누르면 시청자에게는 중간에 화면이 끊기면서 종료 인사가 송출되지 않을 수 있다.

'종료' 버튼을 누르면 **다시 보기 영상 저장**에 체크가 되어 있는 팝업 화면이 뜬다. '예'를 눌러 저장을 하면 진행한 방송은 네이버 쇼핑라이브의 '다시 보기'에 저장된다. '다시 보기' 영상이 생성되어 확인되기까지는 라이브 분량에 따라 몇 분에서 몇 시간 정도가 소요되기도 한다. 이렇게 저장한 라이브는 상품페이지나 '다시 보기'를 통해 노출하여 홍보할 수 있고, 고객들의 구매를 유도할 수 있다.

만일 '다시 보기 영상 저장'의 체크를 풀고 저장하면 진행한 라이브는 삭제되고, 다시 복구할 수도 없게 된다. 그러니 특별한 경우가 아니라면 '다시 보기'에 저장하여 고객들이 지난 방송을 보고도 구매를 할 수 있도록 한다.

라이브 방송 종료 후에는 진행한 방송에 대한 '통계'도 확인할 수 있다. 통계를 통해 방송에 시청자들이 얼마만큼 유입되었는지 알 수 있다.

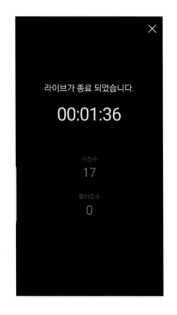

2 🛍 쇼핑라이브 영상 '다시 보기'

1) 쇼핑라이브 서비스에서 다시 보기

고객은 라이브가 종료된 내 방송을 어떻게 볼 수 있을까?

종료 시 '다시 보기' 저장을 한 라이브는 네이버 쇼핑라이브 서비스의 '도전 라이브' 탭에 저장된다. 이렇게 '다시 보기'에 저장된 방송은 라이브가 끝난 후에도 다시 시청할 수 있다.

고객은 네이버 쇼핑라이브에 접속하여 스토어명이나 상품으로 검색하여 지난 방송을 볼 수 있고, 구매를 할 수도 있다.

만일 라이브 방송 종료를 할 때 '다시 보기' 저장을 하지 않았다면 노출되지 않는다. 또 라이브 방송의 대표 이미지에 텍스트가 많이 포함된 경우 스토어 홈 '라이브' 영역에서는 영상을 다시 볼 수 있지만, 쇼핑라이브 영역에는 미노출 될 수 있다. 또 배경음악 저작권 위반, 대표 이미지 초상권 위반 등 라이브 운영 규정을 위반한 영상도 라이브 중단 및 삭제될 수 있다.

2) 다시 보기와 통계 리포트 확인하기

'다시 보기'와 '통계 리포트'는 '쇼핑라이브 앱'이나 '쇼핑라이브 웹 관리툴'에서 확인할 수 있고, '스마트스토어 앱'에서는 다시 보기를 할 수 없다.

■ 쇼핑라이브 앱

쇼핑라이브 앱에서 **'나의 라이브 목록 보기'**를 눌러 '다시 보기'에 저장된 영상을 시청할 수 있다.

'**통계 리포트**' 버튼을 누르면 스토어의 전체 라이브 통계가 나오고 그 아래에 해당 라이브 방송의 통계가 나온다. 결제 통계, 시청/알림 통계, 시청자 성별 및 연령, 라이브 유입 비중, 라이브 온에어 데이터 등 방송에 관한 데이터 정보를 확인할 수 있다.

각 탭 옆에 있는 ⓘ 아이콘에 마우스를 대면 기준값에 대한 내용을 확인할 수 있다.

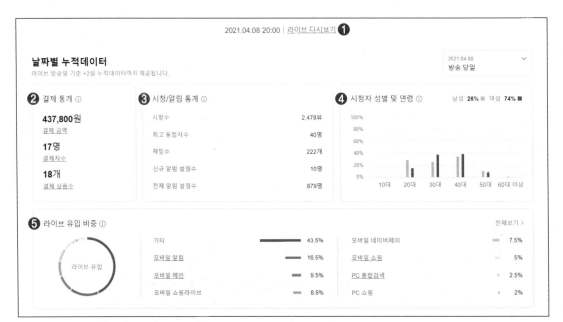

① **라이브 다시보기**: 종료된 방송을 다시 돌려볼 수 있다.

② **결제 통계**: 결제 금액, 결제자수, 결제 상품수에 대한 통계를 제공한다. 결제 통계는 방송일 최대 2일 누적 데이터로 제공된다.

- 결제 금액: 선택한 날짜 기준으로 라이브 방송 상품의 누적 결제금액 합계
- 결제자수: 선택한 날짜 기준으로 라이브 방송 상품의 누적 결제자수
- 결제 상품수: 선택한 날짜 기준으로 라이브 방송 상품의 누적 결제 상품수

③ **시청/알림 통계:** 해당 방송의 '시청수', '최고 동접자수', '채팅수', '신규 알림 설정수', '전체 알림 설정수'와 같은 데이터 통계를 제공한다.

- 시청수: 선택한 날짜 기준으로 라이브 방송의 누적 시청자수 합계
- 최고 동접자수: 온에어 라이브 기준으로 제공되는 라이브 최고의 동시 접속자수
- 채팅수: 온에어 라이브 기준으로 제공되는 라이브 채팅수
- 신규 알림 설정수: 선택한 날짜 기준으로 신규 설정된 라이브 누적 알림수
- 전체 알림 설정수: 선택한 날짜 기준으로 채널 전체 라이브 알림수

④ **시청자 성별 및 연령:** 네이버 로그인 ID 기준으로 해당 라이브 누적 성별, 연령 정보를 확인할 수 있다.

⑤ **라이브 유입 비중:** 네이버 외부와 내부서비스에서 라이브 뷰어로 진입한 비중 통계 자료를 확인할 수 있다. 유입은 결제 통계와 같이 방송일 최대 2일 누적 데이터로 제공된다.

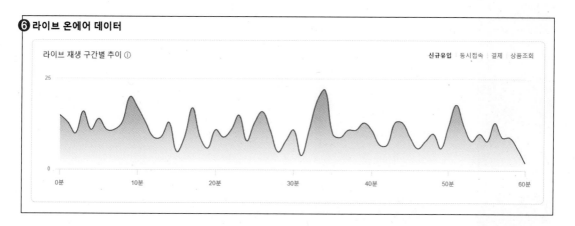

❻ 라이브 온에어 데이터에서는 라이브 방송 재생 구간별 '신규유입', '동시접속', '결제', '상품조회' 추이를 그래프로 보여주고 있다.

- 신규유입: 온에어 라이브 방송 기준 1분 단위의 라이브 시청수
- 동시접속: 온에어 라이브 방송 기준 1분 단위의 라이브 동시접속자수
- 결제: 온에어 라이브 방송 기준 라이브에 첨부된 상품의 1분 단위 결제수
- 상품조회: 온에어 라이브 방송 기준 라이브에 첨부된 상품의 1분 단위 클릭수

3 '다시 보기' 영상 홍보하기

1) 공유하기와 URL 복사하기

라이브 방송이 종료된 후 생성된 URL은 복사하기를 통해 여러 채널로 공유하기가 가능하며, 나의 스토어 '소식받기'를 동의한 유저들에게 톡톡파트너센터를 통해 '단체 메시지'를 공유하여 쇼핑라이브 채널을 홍보할 수 있다.

(1) 톡톡 파트너센터를 통한 다시 보기 URL 공유하기

1. **톡톡 파트너센터**에서 **마케팅관리 → 단체메시지**를 클릭한다.

2. '받을 사람', '이미지', '제목', '단체 메시지'를 입력한다.

3. '링크' 항목에서 **첨부설정** 버튼을 클릭한 후 오른쪽 창에서 라이브 방송을 안내하는 '링크명'을 입력하고, 복사한 URL을 붙여넣는다. **확인**을 클릭하면 라이브 방송을 확인할 수 있다.

4. **전송하기** 버튼을 클릭하면 고객들에게 '다시 보기' 링크가 첨부된 메시지가 전송된다.

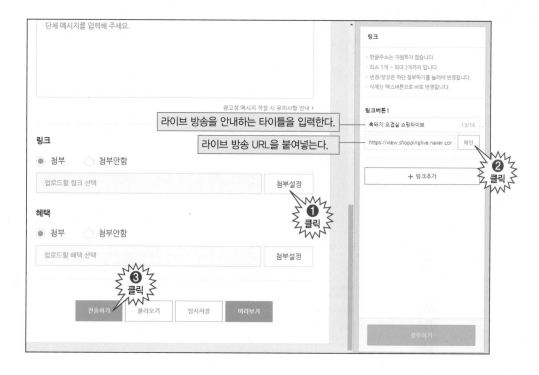

(2) 쇼핑라이브 앱을 통한 다시 보기 URL 공유하기

'다시 보기' 영상 화면 상단에 있는 공유 아이콘을 터치한 후, 공유할 매체를 선택하여 영상을 공유할 수 있다. 또 'URL 복사' 버튼을 클릭하여 SNS 등에 붙여넣기 하여 영상을 홍보할 수 있다.

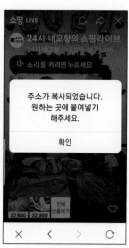

2) 스마트스토어 상세페이지에 다시 보기 영상 게시하기

'다시 보기'로 저장된 방송은 URL을 복사하여 상세페이지에 첨부할 수 있다. 첨부된 방송을 통해 구매자들은 이미지와 텍스트로만 알 수 있었던 상품 정보를 동영상을 통해 보다 더 효과적으로 알 수 있게 된다. 쇼핑라이브 영상은 고객의 구매 결심에 도움을 주므로 상세페이지에 게시하는 것을 추천한다. 또한 해당 제품 영상만이 아닌 다른 제품의 다시 보기 영상까지 함께 상세페이지에 게시할 수 있어 다른 상품까지도 구매자에게 어필할 수 있다.

1. 쇼핑라이브 웹 관리툴에서 해당 라이브의 **URL 복사** 버튼을 클릭하여 URL을 복사한다.

2. 스마트스토어센터에서 **상품관리 → 상품 조회/수정**(또는 상품등록)을 클릭하여 해당 상품의 **수정** 버튼을 클릭한다. 그리고 '상세설명' 항목에서 SmartEditor ONE으로 **작성**을 클릭한다.

3. 상단의 '**링크**' 아이콘을 클릭한 후 링크를 붙여넣고, **등록**을 클릭하여 상세설명을 완성한다.

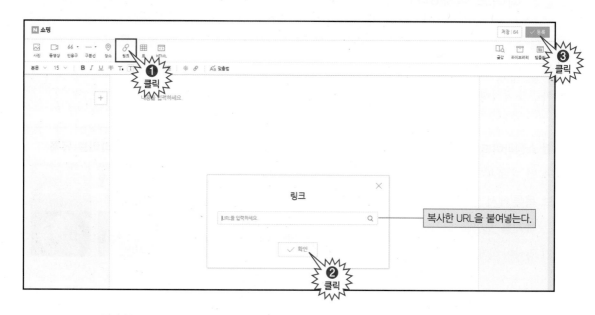

4. 그러면 해당 상품의 상세페이지에 쇼핑라이브 배너 링크가 생기게 된다. 고객은 이것을 클릭하여 다시 보기 영상을 시청할 수 있게 된다.

4️⃣ 라이브 삭제하기

다시 보기에 저장된 영상은 '쇼핑라이브 앱'에서 삭제할 수도 있고, PC에서 '쇼핑라이브 웹 관리 툴'에서 삭제할 수도 있다. 삭제하면 쇼핑라이브에 노출되어 있던 영상도 삭제되며, 삭제된 영상은 복구가 불가하니 신중하게 진행해야 한다.

■ 쇼핑라이브 앱

[방법 1] 쇼핑라이브 앱의 '나의 라이브 목록'에서 영상의 좌측 상단에 있는 **휴지통** 모양을 터치하면 다시 보기 영상이 삭제된다.

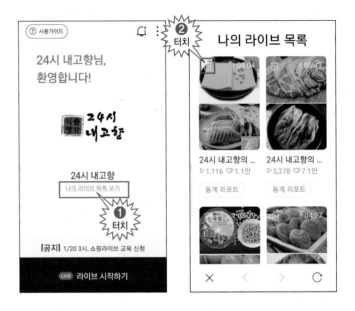

[방법 2] 시청뷰 화면에서 화면 중간을 터치한다. → 오른쪽 상단에 나타나는 **'더보기'**(세로 점 3개) 버튼 터치→ **삭제**를 클릭하면 된다.

■ 쇼핑라이브 웹 관리툴

'쇼핑라이브 웹 관리툴'에서 삭제할 라이브의 **'삭제'** 버튼을 클릭하여 삭제할 수 있다.

Tip 삭제할 수 없는 라이브

다음의 경우는 라이브를 삭제할 수 없다.

- 현재 진행 중인 라이브는 삭제할 수 없다.
- 네이버 쇼핑라이브 내부 운영 툴에서 등록한 라이브는 웹 관리툴에서 삭제할 수 없다.

12 방송 후 해야 할 일

라이브 방송이 끝나고 나면 들어온 주문을 확인하고 상품을 배송해야 한다. 그리고 반품이나 교환 등 CS 사항을 확인하고 처리해야 한다. 네이버 쇼핑라이브를 진행하는 파워 등급 이상의 셀러에게 이 같은 일은 늘 하는 일상적인 업무일 테지만, 초보자를 위해서 여기서는 꼭 해야 할 일들을 중심으로 간략하게 설명하기로 한다.

1️⃣ 주문 확인 및 상품 배송

라이브 방송에서 주문이 들어오면 스마트스토어 판매자센터(https://sell.smartstore.naver.com/)에서 다음과 같은 과정으로 주문을 확인하고 발송처리를 진행하면 된다.

1) 주문 확인 및 배송 처리하기

스마트스토어 판매사센터에서 수문 확인은 두 가지 방법으로 할 수 있다.

▶ **스마트스토어 판매자센터 홈 화면 → 주문/배송**에서 주문현황을 확인할 수 있다. 각 주문 건을 클릭하면 해당 주문 건을 확인할 수 있는 화면으로 넘어간다.

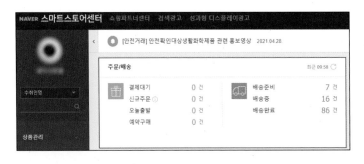

▶ **스마트스토어 판매자센터 → 판매관리 → 발주(주문)확인/발송관리**에서 주문현황을 확인할 수 있다.

1. 신규주문이 들어오면 **발주(주문)확인/발송관리**에서 확인할 수 있다. 신규주문 중 라이브 방송 주문 건의 경우 '유입경로' 부분에 '셀렉티브'라고 나온다.

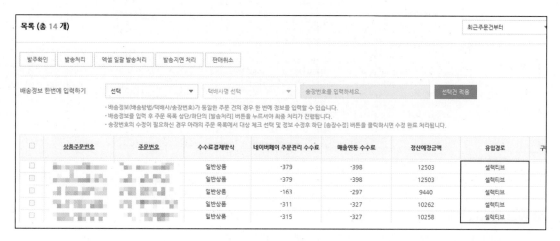

2. 신규주문 확인을 했다면, 해당 주문 건 선택하고 **발주확인** 버튼을 눌러줘야 배송정보를 입력하고 발송처리할 수 있는 화면으로 넘어간다. 이때 '발주확인' 처리를 하면 자동으로 '발주확인 완료' 상태로 변경된다.

3. '발주확인' 처리가 완료되면, 해당 주문 건의 배송정보 입력 및 '발송처리' 화면으로 넘어간다. 발송처리를 진행할 상품 주문 건을 선택한 후 배송정보(배송방법/택배사/송장번호)를 입력하여 적용한 뒤 주문목록 상단/하단의 **발송처리** 버튼을 눌러줘야 최종 발송처리가 완료된다. 이때 '발송처리'를 완료하면 자동적으로 '배송중' 상태로 넘어간다.

대량으로 발송처리를 진행해야 할 경우, 주문목록 상단 '엑셀 일괄 발송처리' 버튼을 이용하여 진행하면 된다.

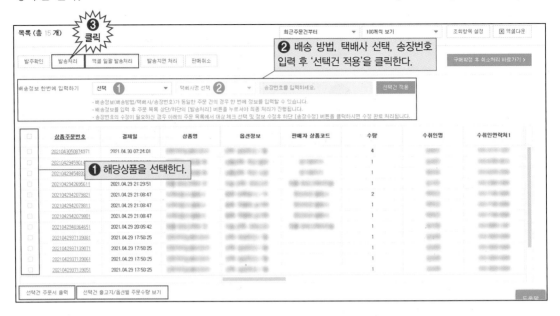

❶ **배송 방법:** 택배, 등기, 소포 / 퀵서비스 / 방문수령 / 직접전달

일반적인 상품의 경우, '택배, 등기, 소포' 배송 방법을 이용하며 강의, 꽃 배달 등과 같이 직접전달 혹은 방문수령이 필요한 상품의 경우 해당 배송 방법을 선택하면 된다.

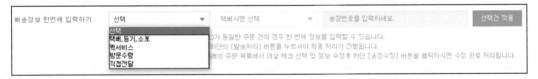

❷ **택배사 선택:** 여러 택배사가 있으며 대표적인 택배사로는 CJ대한통운/우체국/한진/로젠/롯데가 있다. 계약된 택배사가 있는 경우 해당 택배사를 선택하여 송장번호를 입력해주면 된다. 계약된 택배사가 없는 경우 택배 접수를 한 택배사를 선택하고 송장번호를 입력하면 된다.

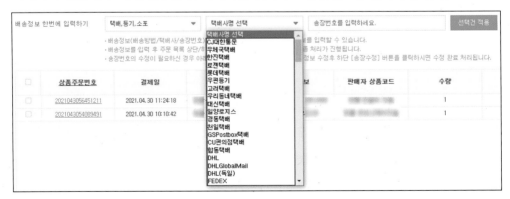

2) 배송 지연 처리하기

상품 발송이 지연되는 주문 건의 경우 스마트스토어 판매자센터(https://sell.smartstore.naver.com/)의 '상품관리'에서 확인할 수 있다. 발송지연 주문 건이 발생할 경우, 스마트스토어 페널티가 부과되는데 페널티로 인해 스토어의 지수가 낮아져 노출에 문제가 생길 수 있으니 반드시 유의해야 한다.

스마트스토어 판매관리 페널티는 https://ips.smartstore.naver.com/main/rules/safety/credit에서 확인할 수 있다.

항목	상세 기준	페널티 부여일	점수
발송처리 지연	발송유형별 발송처리기한까지 미발송 (발송지연 안내 처리된 건 제외)	발송처리기한 다음 영업일에 부여	1점
	발송유형별 발송처리기한으로부터 4영업일 경과후에도 계속 미발송 (발송지연 안내 처리된 건 제외)	발송처리기한 +5영업일에 부여	3점
	발송지연 안내 처리 후 입력된 발송예정일로부터 1영업일 이내 미발송	발송예정일 다음 영업일에 부여	2점
품절취소	취소 사유가 품절	품절 처리 다음 영업일에 부여	2점
반품 처리지연	수거 완료일로부터 3영업일 이상 경과	수거완료일 +4영업일에 부여	1점
교환 처리지연	수거 완료일로부터 3영업일 이상 경과	수거완료일 +4영업일에 부여	1점

스마트스토어 페널티 부과 기준

(1) 오늘출발 지연

'오늘출발' 상품은 설정한 해당 상품별 기준 시간까지 결제된 주문 건을 오늘 발송하여 구매자가 빨리 받아볼 수 있도록 하는 당일발송 상품을 말한다. 오늘출발 기능은 '스마트스토어 판매자센터 → 상품관리 → 상품등록을 진행할 시 '배송' 항목의 '배송속성'에서 설정할 수 있다.

스마트스토어 판매자센터 → 판매관리 → 발주(주문)확인/발송관리 → 오늘출발 지연에서 오늘출발 지연 주문 건을 확인할 수 있다. 설정한 기준 시간까지 결제된 주문 건의 발송이 지연되었을 경우, 구매자가 취소요청 시 판매자 승인 절차 없이 즉시 환불 처리되니 주의하자.

(2) 예약구매 지연

예약구매 상품은 출시 전 상품을 선주문받거나, 제품의 발송 전 주문량 확보가 필요한 경우 등에 이용할 수 있는 기능으로 일정 기간 주문을 사전 모집하여 해당 예약 주문 기간 종료 후 특정일에 발송하는 형태의 주문이다. 예약구매 기능은 '스마트스토어 판매자센터 → 상품관리 → 상품등록'을 진행할 시, 카테고리 하단 '예약구매'란에서 설정할 수 있다.

스마트스토어 판매자센터 → 판매관리 → 발주(주문)확인/발송관리 → 예약구매 지연에서 예약구매 발송예정일이 경과한 주문 건을 확인할 수 있다. 이때 설정한 발송예정일보다 발송일이 지연되었을 경우, 구매자가 취소요청 시 판매자 승인 절차 없이 즉시 환불 처리되니 주의하자.

(3) 신규주문 지연

　신규주문 지연 건은 **스마트스토어 판매자센터 → 판매관리 → 발주(주문)확인/발송관리 → 신규주문 지연**에서 해당 주문 건을 확인할 수 있다. 신규주문 지연 건은 신규주문 건의 '발주확인' 처리를 하지 않은 상태에서 3영업일 발송 기한이 경과된 주문 건으로, 오늘출발과 예약구매 주문 건이 포함되어 집계된다.

　이때 발송기한이 지난 신규주문 지연 건의 경우, 구매자가 취소요청 시 판매자 승인 절차 없이 즉시 환불 처리되니 주의하자.

　단, 발송기한이 지나기 전 '발송지연 안내'를 처리한 주문 건은 집계 대상에서 제외된다.

　발송지연 안내 처리는 **스마트스토어 판매자센터 → 판매관리 → 발주(주문)확인/발송관리 → 발송지연 처리**에서 해당 주문 건을 선택하여 진행할 수 있다.

목록 (총 0 개)	최근주문건부터 ▾	100개씩 보기 ▾	조회항목 설정	☒ 엑셀다운
발주확인　발송처리　엑셀 일괄 발송처리　**발송지연 처리**　판매취소				구매확정 후 취소처리 바로가기 >

　발송지연 안내 처리는 1회만 가능하며 기한, 사유 수정이 불가능하니 주의하여 작성해야 한다. 부득이하게 명절/공휴일/휴가철 등으로 발송지연 안내 처리를 진행해야 할 경우, 발송지연 상세사유를 구체적으로 작성하는 것이 좋다.

　작성한 상세사유는 구매자의 SMS, 이메일로 안내된다. 또한, 발송지연 안내 처리 때 입력한 발송 기한보다 발송이 또다시 지연되면 페널티를 받게 되니 추후 발송할 발송기한을 넉넉하게 설정하는 것을 권장한다.

(4) 배송준비 지연

배송준비 지연 건은 **스마트스토어 판매자센터 → 판매관리 → 발주(주문)확인/발송관리 → 배송준비 지연**에서 해당 주문 건을 확인할 수 있다. 이때 배송준비 지연 건은 '발주확인' 후 발송기한 내에 발송처리가 되지 않은 주문 건이 집계된다. 발송기한이 지난 배송준비 지연의 경우, 구매자가 취소 요청 시 판매자 승인 절차 없이 즉시 환불 처리되니 주의하자.

단, 발송기한이 지나기 전 '발송지연 안내'를 처리한 주문 건은 집계 대상에서 제외된다. 발송지연 안내 처리 진행 방법은 위에서 설명한 방법과 동일하다.

3) 주문 취소 처리하기

구매자가 요청한 취소 주문 건은 **스마트스토어 판매자센터 → 판매관리 → 취소관리**에서 확인할 수 있다. 판매자는 구매자의 주문 취소 요청 건에 대하여 완료 및 거부처리를 진행할 수 있다.

'발주확인' 진행한 주문 건에 대해서만 취소 완료 및 거부 처리를 할 수 있고, 발주확인을 진행하지 않은 주문 건 혹은 발송기한이 지난 주문 건의 경우 구매자가 취소요청 시 별도의 승인 절차 없이 자동 취소 처리가 된다.

'취소요청'의 경우 '발주확인' 후 취소 요청이 들어온 주문 건으로, 상품의 발송 여부에 따라 '취소 완료'와 '취소 거부처리'를 진행할 수 있다.

(1) 취소 완료처리

구매자로부터 취소요청이 들어온 상품 중 아직 발송되지 않은 주문 건에 대해서는 '취소 완료처리'를 진행하면 된다. 취소요청 목록 중 환불 처리할 취소 주문 건을 선택한 후, **'취소 완료처리'** 버튼을 클릭하면 취소 승인 및 환불처리가 진행된다.

(2) 취소 거부처리

구매자로부터 취소요청이 들어온 상품 중 이미 상품 발송이 진행된 건은 '취소 거부처리'를 할 수 있다. 취소요청 목록에서 해당 주문 건을 선택한 후, 목록 상단/하단에 위치한 **'취소 거부처리'**를 클릭하면 '취소건 발송처리' 팝업창이 뜬다. 해당 팝업창에서 이미 발송된 상품의 송장번호를 정상 등록하면 취소요청이 거부되고, 주문 상태는 '배송중'으로 처리된다.

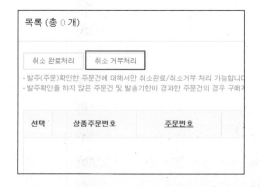

(3) 구매확정 후 취소처리

이미 물건 배송이 정상적으로 완료되고 구매확정이 완료된 주문 건을 취소하고자 한다면, **스마트스토어 판매자센터 → 판매관리 → 취소관리 → 구매확정 후 취소 처리 바로가기**를 통해 처리할 수 있다.

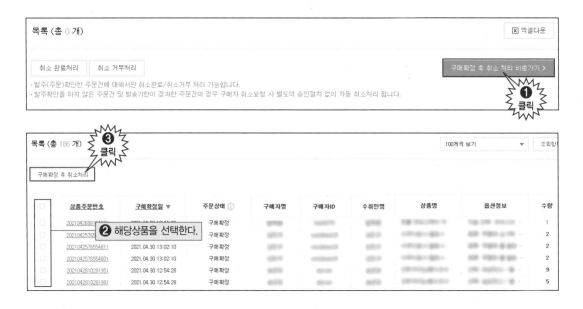

(4) 발주확인 전 취소처리

'발주확인' 처리 전 판매하는 상품이 품절 상태이거나 고객문의 등의 사유로 판매취소를 진행해야 할 경우, **스마트스토어 판매자센터 → 판매관리 → 발주(주문)확인/발송관리 → 판매취소**를 통해 판매취소를 진행할 수 있다.

4) 반품 처리하기

구매자가 요청한 반품 주문 건은 **스마트스토어 판매자센터 → 판매관리 → 반품관리**에서 확인할 수 있다. 판매자는 구매자의 반품 주문 건에 대하여 완료 및 거부처리를 진행할 수 있다.

'반품관리'에서 반품 현황(반품요청/반품수거중/반품수거완료/반품완료)을 확인할 수 있다.

반품 수거완료일로부터 1영업일 이상 또는 반품 요청일로부터 7영업일 이상 지난 후에도 반품 환불이 진행되지 않은 주문 건은 반품지연 건으로 집계된다.

(1) 수거 완료처리

반품상품 수령 시 바로 반품요청 목록 하단의 **'수거 완료처리'** 버튼을 눌러줘야 한다.

만약 반품 상품을 수령하였으나 반품배송비, 상품확인 등의 사유로 환불처리가 바로 불가한 경우 '환불보류'를 설정하고 '수거완료' 처리를 진행하면 된다.

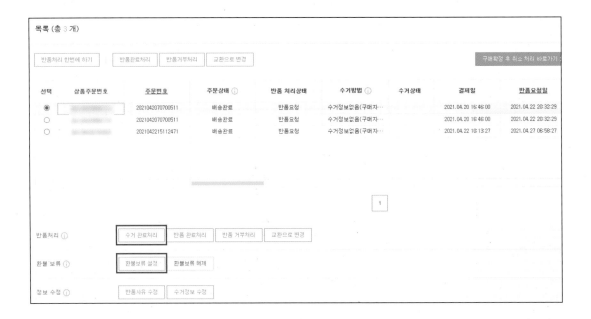

(2) 반품 완료처리

반품 상품을 수령한 후 별도의 환불 불가사유가 없으면 반품요청 목록 상단/하단의 **'반품완료처리'** 버튼을 클릭하여 반품승인과 환불처리를 동시에 진행할 수 있다. 단, 본 상품과 추가 구성품을 함께 주문한 주문 건의 경우 추가 구성품만 따로 환불은 가능하나 본 상품만 따로 환불은 불가하다. 또한 수량 단위 반품환불은 불가하며 상품주문번호 단위별 취소처리만 가능하다.

이때 반품요청 상품의 '수거완료' 후 3영업일 이내 '반품 완료처리'를 진행하지 않으면 페널티가 부과되니 주의하도록 한다.

판매자가 직접 반품접수를 진행하고 싶을 경우, 반품요청 목록 우측 상단의 **'판매자 직접 반품 접수 바로가기'** 버튼을 통해 반품처리를 진행할 수 있다.

(3) 반품 거부처리

반품 불가사유가 있는 경우, 판매자는 반품요청 주문 건의 반품을 거부할 수 있다. 단, 거부 전 반드시 구매자와 협의를 진행해야 한다는 점을 유의하자. **'반품거부처리'** 버튼을 클릭한 후 입력한 반품거부 사유는 구매자에게 별도로 안내되므로, 상세히 입력하는 것이 좋다.

5) 교환 처리하기

구매자가 요청한 교환 주문 건은 **스마트스토어 판매자센터 → 판매관리 → 교환 관리**에서 확인할 수 있다. 판매자는 구매자의 교환 주문 건에 대하여 완료 및 거부처리를 진행할 수 있다.

교환 관리에서 교환 현황(교환요청/교환수거중/교환 수거완료/교환완료)을 확인할 수 있다.

교환 수거완료일로부터 1영업일 이상 또는 교환 요청일로부터 10영업일 이상 지난 후에도 재배송이 처리되지 않은 수문 건은 교환지연 건으로 집계된다. 교환 재배송 처리가 지연되면 페널티가 부여되니 주의해야 한다.

(1) 수거 완료처리

교환상품 수령 시 바로 교환요청 목록 하단의 **'수거 완료처리'** 버튼을 눌러줘야 한다.

만약 교환상품을 수령했으나 교환배송비, 상품확인 등의 사유로 교환처리가 바로 불가한 경우 '교환보류'를 설정하고 '수거 완료처리'를 진행하면 된다.

판매자가 직접 교환접수를 진행하고 싶을 경우, 교환요청 목록 우측 상단의 '**판매자 직접 교환 접수 바로가기**' 버튼을 통해 교환처리를 진행할 수 있다.

(2) 교환 재배송처리

교환 상품을 수령한 후 별도의 교환 불가사유가 없으면 빠른 시일 내 교환요청 목록 상단/하단의 '**교환 재배송처리**' 버튼을 클릭하여 재배송 송장 정보를 등록해야 한다.

(3) 교환 거부처리

교환 불가사유가 있는 경우 판매자는 교환요청 주문 건의 교환을 거부할 수 있다. 단, 거부 전 반드시 구매자와 협의를 진행해야 한다는 점을 유의하자. 교환요청 목록의 상단/하단의 **'교환 거부처리'** 버튼을 클릭한 후 입력한 '교환 거부 사유'는 구매자에게 별도로 안내되므로, 상세히 입력하는 것이 좋다.

2 C/S 관리하기

C/S 문의가 들어오는 유형으로는 크게 '상품문의', '고객문의', '톡톡문의'가 있다.

스마트스토어센터 홈 화면에서 보이는 '미답변 문의' 탭에서는 판매자가 답변을 등록하지 않은 문

의 건을 확인할 수 있으며, 미답변 문의 건이 확인되면
가능한 신속하게 답변을 등록해주는 것이 좋다. 문의 건
에 대한 답변처리가 늦어지지 않도록 매일 미답변 문의
건이 있는지 확인하는 자세가 필요하다.

(1) 문의관리

'문의관리'에서 보여지는 문의는 고객이 상품 상세
페이지에 있는 상품 'Q&A'에 등록한 '상품문의'이다.

스마트스토어센터 → 문의/리뷰관리 → 문의관리에서 상품문의 건을 확인할 수 있으며, 미답변 처리
된 문의 건의 경우에는 스마트스토어센터 메인화면 '미답변 문의'의 '상품문의' 영역에서도 확인이
가능하다. '문의관리'를 클릭하면 문의관리 페이지로 이동하여 상품 Q&A 문의 목록이 보여지고, 해
당 문의 건에 대해 바로 답글을 작성할 수 있다. 답글 입력 영역에서 내용은 최소 1자 ~ 최대 1,000
자까지 입력 가능하며 '등록' 버튼을 누르면 답글이 등록된다. 이때 고객이 비밀글로 문의하면 답글
도 자동으로 비밀글로 처리된다.

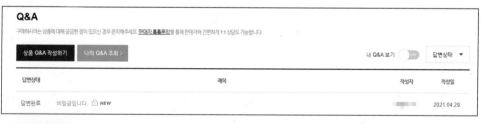

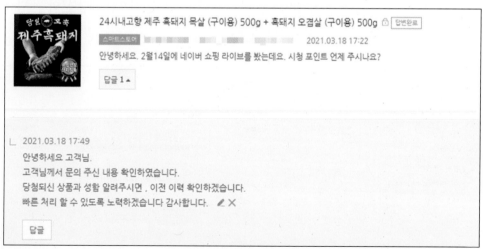

(2) 고객문의

'고객문의'는 구매자가 주문한 이후 '문의하기'를 통해 접수한 내역을 보여준다.

이때 구매자는 상품, 배송, 반품, 교환, 환불, 기타유형으로 문의를 접수할 수 있다. 구매자가 '문의하기'를 통해 들어온 문의 건에 대해서는 **스마트스토어센터 → 문의/리뷰관리 → 고객문의관리**에서 확인할 수 있으며, 미답변 처리된 문의 건은 스마트스토어센터 메인화면 '미답변 문의'의 '고객문의' 영역에서도 확인이 가능하다.

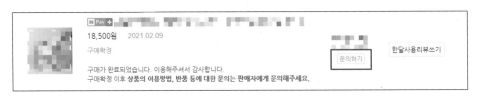

'문의 접수일', '처리상태', '문의유형', '만족도' 등 조건값을 설정하여 검색할 수 있다. 이때 처리상태를 '미답변'을 지정한 뒤 검색해주면 미답변 처리된 문의 건을 빠르게 확인할 수 있다.

해당 문의 건을 클릭하면 아래에 고객문의 내용에 대한 상세 정보를 확인할 수 있고 판매자가 답변을 입력할 수 있도록 되어 있다. 하단 우측의 '판매자 답변처리' 영역에서 답변 내용을 입력 후 '답변하기'를 클릭하면 해당 문의 건에 대한 답변이 등록된다. 답변을 등록하면 해당 문의 건에 대한 처리상태는 자동으로 '답변완료'로 변경된다. 만약 등록한 답변을 수정하고 싶으면 해당 문의 건 답글 입력 영역에 새롭게 입력 후 '답변수정'을 클릭하면 된다.

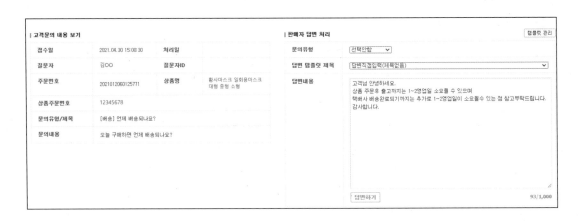

(3) 톡톡문의

'톡톡문의'는 구매자가 상품 상세에 나와 있는 톡톡문의를 통해 문의 접수한 건이다.

문의한 톡톡 내용은 **스마트스토어센터 → 톡톡상담관리 → 톡톡 상담하기** 부분에서 확인 가능하며 미답변 처리된 톡톡 문의는 스마트스토어센터 메인화면 '미답변 문의'의 '톡톡문의' 영역에서도 확인할 수 있다.

톡톡상담관리 → 톡톡상담하기에 들어가면 답변처리 안 된 톡톡문의 건은 '대기' 상태에 보여진다. 대기 상태에 있는 톡톡문의를 클릭하면 우측에 채팅 화면이 보여지며, 아래 답글 입력 영역에 답변을 입력 후 '전송' 버튼을 클릭하면 문의에 대한 답변이 처리된다.

답변 메시지를 전송하면 '대기' 상태에 있던 문의 건은 자동으로 '진행중' 상태로 넘어가며 모든 상담이 완료되었을 경우, 채팅 화면 우측 상단의 '상담완료' 버튼을 누르면 상담이 종료되면서 '완료' 상태로 변경된다.

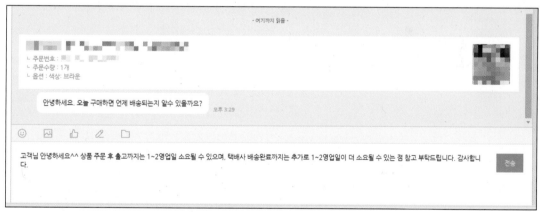

둘째
마당

라이브커머스,
잘 팔리는 공식

▶ LIVE 대한민국
바른 먹거리 지침서

식품
명가 **24시내고향**

검색창에 24시내고향 ...하세요!

🔔 **24시 내고향 네이버 쇼핑라이브 방송**
제주 자숙문어 산지직송 명품 한라봉
쇼호스트 김시우 하지혜

6장

라이브 쇼호스트 성공 비법

01 매력적인 쇼호스트 되기

1 이미지 관리하기

라이브커머스에서 상품 및 시연을 통해 시청자와 소통하며 상품을 소개하고 전달하는 사람, 시청자의 구매 결심에 결정적인 역할을 하는 사람이 바로 쇼호스트이다. 화면을 켰을 때 마주하는 쇼호스트의 모습은 구매를 떠나서 먼저 시청자들을 끌어들이고 방송에 머무르게 하는 역할을 한다. 따라서 쇼호스트는 1차적으로 시청자에게 매력 있어 보여야 한다.

그렇다면 매력적인 쇼호스트는 어떻게 만들어지는 것일까? 라이브커머스를 준비하는 셀러라면 자신의 이미지가 시청자에게 매력적으로 어필될 수 있도록 이미지 메이킹을 해보자.

누구나가 그렇듯이 연예인이나 전문 방송인이 아닌 이상 화면에 보이는 자신의 모습이 어색하기도 하고, 무슨 말을 어떻게 해야 할지도 모를 것이다. 그렇지만 하나하나 노력하면서 방송을 거듭하다 보면 여러분도 전문가 못지않게 라이브 방송을 진행할 수 있을 것이다.

1) 표정

'웃는 얼굴에 침 못 뱉는다'는 말이 있다. 자연스러운 미소는 사람을 끌어당기는 힘이 있고 보는 이로 하여금 신뢰감을 갖게 한다. 쇼호스트의 웃는 표정은 시청자의 호감을 이끌고, 그 관심은 해당 쇼호스트가 소개하는 상품으로 연결된다. 상품의 첫인상을 상당 부분 쇼호스트의 표정과 이미지가 결정한다고 볼 수 있다. 진행하는 쇼호스트의 표정이 어둡거나 태도가 불안하다면 고객들 또한 해당 상품에 신뢰감을 갖지 못하고 불안해서 방송을 보지 못한다. 이에 쇼호스트는 항상 자신에 찬 자세와 웃는 얼굴로 이야기를 주도해야 한다.

대면의 경우에는 사람의 눈을 보고 이야기를 나누겠지만 라이브커머스는 카메라의 렌즈가 고객의 눈이기 때문에 렌즈를 바라보고 웃으면서 아이 콘택트 하는 게 중요하다.

오프닝 인사를 나눌 때와 실시간 댓글 소통을 할 때는 제일 친한 친구와 대화하듯 편안한 표정과 미소로 하고, 상품의 정보를 전달할 땐 세상에서 이 제품을 가장 잘 아는 전문가처럼 자신감을 갖고 진지한 자세로 설득력 있게 표현하는 것이 중요하다.

예상과 다른 라이브 방송 환경에 놀라서, 혹은 진행 중 상품 소개 내용을 깜빡했다고 천장이나 바닥을 쳐다보며 카메라 렌즈를 피하면 그 게임은 이미 진 것이나 다름없다. 항상 여유 있고 상냥한 표정으로 렌즈를 바라보는 연습을 해보자.

2) 음성과 억양

유능한 쇼호스트는 전달하고자 하는 상품을 명확하게 이해하고 내용에 대한 확신을 가져야 하며, 어떠한 상황에서도 대처가 가능하도록 철저한 준비가 되어 있어야 한다. 하지만 이렇게 완벽하게 준비가 됐다고 하더라도 전달력이 부족하면 시청자는 쇼호스트가 하고자 하는 이야기를 제대로 이해할 수 없게 된다. 전달력을 높일 수 있도록 음성과 억양을 훈련해보자.

내가 가장 말하기 편안한 목소리는 다른 사람에게 어떻게 들릴까? 먼저 녹화나 녹음을 통해 내 목소리를 객관적으로 들어보자. 그리고 스스로 몇 가지 질문을 해보자.

① 목소리의 높낮이는 편안한가?
② 목소리가 어색하거나 자신감이 없지는 않은가?
③ 전달하는 내용이 귀에 잘 들어오는가?
④ 이해하기 쉬운 언어를 적절히 사용했는가?

듣기 좋은 목소리는 소리에 알맹이가 있으면서도 말하거나 듣기에 편안한 목소리이다. 그렇다고 뉴스에 나오는 앵커처럼 장음과 단음을 지키면서 일방적 전달을 목적으로 연습해서는 안 된다. 자신이 낼 수 있는 소리 중 최대한 편안하면서 깨끗한 음성을 찾아 일정한 톤을 중심으로 방송을 이끌어가는 게 중요하다. 다만 상황에 따라 억양이나 템포를 조절해 주의를 끄는 화법을 사용하면 좋다. 예를 들어 상품 설명 시에는 사실 기반의 내용이 설득력을 가지도록 진지하게 일관된 목소리로 이야기하고, 경험담 등으로 시청자의 감성을 공략할 땐 좀 더 호소력 있게 '말하듯이' 이야기하는 것이다. 강조하고 싶은 부분에서는 목소리에 좀 더 힘을 주고 템포를 의도적으로 느리게 해 시청자가 중요도를 인지하고 집중할 수 있게 한다.

방송 중에 지나치게 흥분해 음성과 억양의 균형이 깨지지 않도록 주의하는 것 또한 초심자에게는 꼭 필요하다. 라이브커머스는 1시간 동안 자연스러운 대화를 끌어가야 하기에 일상생활 시 상냥함을 유지하며 대화하듯 말하는 연습을 하면 도움이 된다.

3) 제스처

쇼호스트가 상품을 소개할 때 사용하는 적절한 제스처는 시청자의 호감을 일으키고, 시청의 지루함을 달랠 수 있어 꼭 필요하다. 권유하거나 추천할 때 손동작을 곁들이면 쇼호스트의 언어만으로 표현되지 못한 의미가 효과적으로 전달되고, 시각적 유희도 느낄 수 있다. 다만 너무 산만하거나 화려한 제스처는 시청자가 상품에 집중하는 것을 오히려 방해하기에 시청자의 집중력을 향상시킬 수 있는 선에서 과하지 않고 적절하게 제스처를 활용할 줄 알아야 한다.

쇼호스트가 활용하는 제스처 중 가장 많이 사용하는 신체 부위는 손이다. 깨끗하고 청결한 손과 손톱은 쇼호스트의 인상뿐 아니라 상품을 돋보이게 하는 필수조건이다. 식품 방송에서는 위생과 직결되므로 더욱 그렇다. 쇼호스트는 필히 손을 소중하고 깨끗하게 관리하고, 손동작을 할 때는 시청자에 대한 공손한 자세가 드러나도록, 유연하면서도 안정감 있게 천천히 움직이는 것이 좋다.

4) 핸들링

상품을 어떻게 사용하는 것이 가장 효과적인지 직접 시연을 통해 보여주는 단계에서, 쇼호스트가 상품을 만지면서 설명하는 부분을 '핸들링'이라고 한다. 핸들링을 할 때는 시청자 시각에서 상품이 꼼꼼히 보일 수 있도록 모니터 화면을 자주 체크하면서 진행하는 게 가장 중요하다. 구체적으로 주의할 규칙은 다음과 같다.

① 제품이 화면 중앙에 위치하도록 하고, 카메라 건너편에 있는 시청자 시각에서 제품이 잘 보이도록 각도를 조정한다.
② 제품이 입체적으로 보이도록 다양한 각도로 움직일 땐 시청자가 어지럽지 않도록 천천히 움직이고, 화면에 충분히 잘 담기도록 여유를 준다.
③ 방송의 주인공인 상품이 잘 보일 수 있도록 불필요한 손동작은 자제하고 최대한 상품을 손으로 가리지 않도록 주의한다.

구매를 망설이는 시청자가 제품을 디테일하게 보고 구매를 결심하는 단계일 수 있으므로 방송 중 핸들링은 판매에 큰 역할을 한다. 따라서 쇼호스트는 방송 시작 전 카메라 감독과 핸들링에 관한 리허설을 통해 동선을 충분히 맞춰보고, 핸들링이 최대한 자연스러우면서 상품이 잘 드러날 수 있도록 연구해야 한다.

5) 이미지 메이킹

쇼호스트는 방송 상품의 콘셉트나 주 타깃층에 맞게 옷이나 헤어스타일, 메이크업 등을 신경 써서 점검하고 방송에 들어가야 한다. 옷은 셀러 자신보다는 상품이 돋보이게 입어야 한다. 셀러의 옷 색상이 상품의 색상과 비슷하면 구분이 잘 되지 않기에 주의하자.

식품의 경우 식욕을 자극하는 색상의 옷을 입으면 좋다. 식욕을 돋우는 색상은 빨강, 노랑, 주황 등 주로 따뜻한 계열의 색이다. 반면 파랑, 초록, 검정 등 차가운 계열의 색상은 식욕을 떨어뜨리는 색이므로 식품 방송에서는 피하는 게 좋다.

어떻게 스타일링 해야 할지 고민스럽다면, 자신이 선호하는 연예인의 스타일링을 참고하는 것도 쉽고 좋은 방법이다. 옷이나 헤어스타일, 메이크업, 표정 등을 비슷하게 연출해보고, 자신에게 가장 어울리는 콘셉트를 찾아보자.

'이미지 메이킹'은 타인이 어떤 대상을 보거나 떠올릴 때 갖게 되는 인상을 '의도적으로' 만들어 내는 것이다. 보여지는 스타일링이 전부일 것 같지만, 의외로 그렇지 않다. 쇼호스트의 면면이 복합적으로 작용하며 이미지와 기품을 형성한다. 쇼호스트로 자리매김하기 위해 이미지 메이킹에 있어 간과해서는 안 될 점들을 한 번 더 짚어보자.

① 좋은 인상을 심어줘야 한다.

만나면 늘 기분이 좋아지는 사람이 있다. 그런 사람은 늘 얼굴에 미소가 있고, 말씨도 생기가 있으며, 긍정적인 마인드를 가지고 있다. 그로 인해 상대방은 자신도 모르게 기분이 좋아진다. 쇼호스트는 시청자들에게 그런 사람이 되어야 한다.

② 신뢰감을 심어줘야 한다.

셀러에게 있어 신뢰감은 절대적이다. 셀러의 신뢰는 상품으로 말한다. 신뢰를 얻는 가장 기본 조건은 좋은 상품과 정직이다. 상품에 대해서 정확하게 설명해야 한다. 판매에 눈이 멀어 과장된 문구나 허위 사실을 이야기하면 안 된다. 이번 방송에서만 팔고 말겠다는 생각은 버리자.

상품 판매가 목적인 라이브커머스의 생명은 신뢰이다. 좋은 제품으로 정직하게 꾸준히 방송하면 고객들의 신뢰가 쌓이게 된다.

③ 교양이 있어야 한다.

라이브커머스 진행자는 자신의 생각을 자유롭게 말할 수 있다. 그렇다고 내 맘대로 아무렇거나 말할 수 있다는 것은 아니다. 라이브커머스는 내 상품을 방송을 통해 시청자들에게 판매하는 것이다. 즉 고객에게 내 상품을 사달라고 이야기하는 사람이다. 자신의 시간을 내어 내 상품을 보러 온 귀한 사람들이 불쾌함을 느끼지 않도록 시청자들에게 예의를 갖추고 교양 있게 행동해야 한다.

타인에 대한 비방이나 불쾌감을 줄 수 있는 언행은 삼가고, 평소 무심코 쓰는 비속어나 욕설 등이 튀어나오지 않도록 조심해야 한다.

방송을 잘 진행하다가도 비아냥거리거나 심기를 건드리는 댓글이 반복적으로 올라오면 참지 못하고 폭발하는 쇼호스트가 있는데, 이러한 행동은 절대 금물이다. 잘잘못을 따지기 전에, 고객과 언쟁을 벌이는 순간 그 방송은 실패하고 만다. 아무리 댓글이 무례하고 억지스럽더라도 그에 반응하여 언쟁을 벌여서는 안 된다. 고객에게 셀러의 생각을 강요해서는 안 되며, 대응하더라도 객관적인 사실을 이야기해주는 정도에서 그쳐야 한다. 사람마다 다 다를 수 있으니까 '그럴 수도 있지'라는 생각으로 이런 상황을 슬기롭게 대처해야 한다.

또 고객과의 친근함을 갖기 위해 얼렁뚱땅 반말을 하는 셀러도 있는데, 이런 행동은 삼가야 한다. '손님은 왕이다'라는 말이 있듯이 셀러는 언제나 예의를 갖춰 시청자를 대해야 한다.

쇼호스트의 인성과 교양은 방송을 통해 고스란히 나타난다. 쇼호스트에 매료된 시청자는 상품 또한 신뢰하게 되고 구매로 이어진다. 그러한 방송들이 쌓여 내 라이브의 팔로워가 늘어나게 되고, 완판을 부르는 라이브가 된다.

④ 잘난 체를 하지 마라.

커머스 방송은 쇼호스트의 지식을 뽐내는 곳이 아니라 상품을 뽐내는 곳이다. 설사 자신이 그 분야에 대해 잘 알고 있다 하더라도 잘난 체를 하면 안 된다. 전문가적인 설명과 잘난 체는 다른 것이다. 세상 사람들이 제일 싫어하는 것이 잘난 체이다.

시청자 중에는 당신보다 훨씬 전문가이고 똑똑한 사람이 많다는 것을 명심하고, 은연중에 시청자를 무시하는 말이 나오지 않도록 경계해야 한다.

이미지 메이킹은 곧 자신이 브랜드가 되는 것임을 명심하자. 자신이 추구하고 표현하고 드러내는 모든 것이 곧 '나'라는 브랜드의 가치가 됨을 기억하자. 보여지는 부분뿐 아니라 보여지지 않는 마인드와 자세까지 점검하는 진정성을 가지자.

02 라이브커머스 방송 진행의 기술

1 상품과 사랑에 빠져라

큐시트는 있지만, 대부분의 방송 시간을 능동적인 애드리브로 진행하며 정해진 시간 내에 상품을 판매해야 하는 쇼호스트는 누구보다 상품에 대한 다양한 정보와 지식을 갖추고, 이를 쉽게 풀어낼 줄 알아야 한다.

라이브커머스는 TV 홈쇼핑처럼 중간에 제품 화면만 나가는 시간이 있는 것도 아니고, 순간순간 소비자들의 질의와 댓글에 답변하고 반응하면서 보통 1시간여의 시간을 통째로 채워야 한다. 따라서 상품에 대한 완벽한 사전 준비가 없다면 그 결과는 보지 않아도 끔찍할 것이다.

상품을 눈앞에서 실물로 보고 구매하는 것이 아니라 모니터와 쇼호스트의 설명에 기대어 구매가 이루어지는 라이브커머스의 특성상 쇼호스트는 소비자가 궁금해할 만한 요소, 즉 상품의 크기, 무게, 사용법, 촉감, 맛, 장점과 특이점 등을 최대한 구체적으로 명확하게 알려주어야 한다. 이때 멘트로만 모든 것을 설명한다면 시청자들은 방송을 다 보기도 전에 지쳐 이탈할 확률이 높다. 쇼호스트는 상품에 대한 정확한 정보를 전달하는 것뿐만 아니라 오감을 활용한 다양한 시연과 스토리텔링을 곁들여 방송을 흥미롭게 해야 한다. 그러면서 상품을 최대한 매력적으로 보이도록 표현해주어야 한다. 그러기 위해 쇼호스트는 무엇을 어떻게 준비해야 될까?

먼저, 팔고자 하는 상품과 사랑에 빠지라고 말하고 싶다. 쇼호스트 본인이 상품의 특성과 강점, 다양한 면모를 충분히 알고 직접 경험해보면서 상품의 '팬'이 되어야 한다. 쇼호스트 자신이 경험해봤는데 스스로 팬이 되지 못하는 상품은 판매 실적도 저조하기 마련이다. 판매자가 자신 없어 하는 상품은 소비자도 금세 다 알아차리기 때문이다.

하지만 본인의 취향과는 달라도 대중의 취향과 부합하고 선호도가 높아 상품성이 있다고 판단되면, 방송을 위해서라도 의식적으로 상품을 이해하고 사랑하려는 노력이 필요하다. 여기서 한 가지 포인트는 이 상품을 구입할 잠재 소비자의 욕구와 특성, 취향과 선호도를 꼼꼼히 읽어낼 줄 아는 안목이 있어야 한다는 것이다. 이를 바탕으로 상품이 가진 디테일한 매력과 소비자의 취향을 연결해 상품의 가치를 최대한 끌어내어야 한다. 쇼호스트가 상품과 소비자의 접점을 깊이 이해하고 공감할 때는 멘트나 표정, 리액션 등에서 진실성이 드러나고, 판매자가 진심으로 강력 추천하는 상품은 그 마음이 소비자에게도 전달되어 구매로 연결된다.

상품의 매력에 충분히 동화되었는가? 그렇다면 이제 상품에 대해 최고의 전문가가 될 차례이다. 라이브커머스는 수시로 댓글창을 보고 쌍방향 커뮤니케이션을 하며 갑작스런 질의에도 정확한 답변을 해야 한다. 그렇기에 고객의 질문에 막힘 없이 답을 제시할 수 있는 최고의 전문가가 되어야 한다. 상품에 대한 전반적인 배경지식을 쌓는 것은 물론이고, 비교할 만한 타사 제품과의 차이점, 소비자가 구매를 결정할 수밖에 없는 결정적 요인 등을 잘 파악해야 한다.

이제 막 라이브커머스를 진행하는 초보 입문자에게 저자가 추천하는 방법은, 판매 상품에 대해 떠오르는 이미지나 질문을 1부터 100까지 적어가며 정리해보는 것이다.

① 상품에 대한 사전적 정의나 지식

② 화제성 있는 스토리

③ 어떤 소비자에게 적합한지

④ 상품의 효능이나 기능은 무엇인지

⑤ 비교할 만한 타사 제품은 무엇이고 구별되는 특장점은 무엇인지(세부 항목에 따라)

…

이렇게 질문을 적고 그 답을 찾아가다 보면 그 상품의 전문가가 되는 것은 물론, 상품의 셀링 포인트를 발견하고 판매 전략까지 자연스럽게 준비할 수 있을 것이다. 방송 시간 동안 공백 없이 매끄럽게 소통하며 진행할 수 있는 소재가 충분하다는 것은 그만큼 총알이 두둑이 준비됐다는 뜻이기에, 방송 중 어떤 소비자의 어떤 니즈도 쉽고 재밌게 풀어나갈 수 있을 것이다.

2 온택트로 '맛'나는 고향의 맛

이커머스 시장에서 최근 괄목할 만한 성장을 하고 있는 키워드 중 하나는 바로 '신선식품 배송'이다. 직접 눈으로 보지 않고 온라인으로 구매해도 괜찮다는 신뢰성 확보와 신용카드나 휴대폰으로 간편하게 결제할 수 있는 결제시스템, 구매부터 배송까지 하루 안으로 들어온 초스피드 배송, 거기다 2020년 전 세계를 강타한 바이러스 팬데믹은 온라인 신선식품 시장의 전성기를 한층 앞당기고 있다. 다양한 기업과 플랫폼 시장에서 신선식품 초스피드 배송에 뛰어들었고, 현재 그 시장은 라이브커머스라는 새로운 시장으로 확장해나가고 있다.

식품은 TV나 모바일 쇼핑에서 구매할 생각이 없던 사람이 필요성을 느끼고 구매로 전환할 수 있는 대표적인 상품군으로, 현재 라이브커머스에서도 매출이 가장 많은 카테고리 중 하나이다. 다른 상품군에 비해 구매자들의 경험적 지식이 보편화되어 있어 쇼호스트가 그 맛과 유익함을 잘 보여준다면 공감과 구매로 이어질 확률이 현저히 높다.

모바일 신선식품 시장이 활성화되기 전엔 먹고 싶은 제철 음식을 구매하려면 그 지역에 직접 가거나 현지 지인의 도움을 받는 방법, 혹은 대형 유통업체에 값을 더 지불하고 상품을 구매하는 방법이 다였다. 벌교 꼬막이 그리울 때면 차를 타고 벌교에 직접 가서 구매해 먹거나 벌교에 사는 친인척 지인을 동원해 택배로 받는 방법 등이었다. 하지만 모바일 신선식품 시장이 정착한 지금은 상황이 완전히 달라졌다. 내가 먹고 싶은 제철 음식이 있다면 집 안에서 모바일 검색만으로도 그 지역을 대표하는 수십 수백 가지의 상품들을 살펴보고 구매할 수 있고, 심지어 가격도 유통 거품을 걷어낸 경쟁력 있는 가격대로 구매할 수 있게 되었다. 새벽배송을 하는 업체를 통해서는 다소 값을 더 지불하더라도 몇 시간 내에 신선식품을 바로 배송받을 수도 있다. 생활의 편의성과 신속성, 경제성까지 갖춘 모바일 신선식품 시장이 코로나19 이후 재평가받으며 지속적으로 성장해나갈 수밖에 없는 이유이다.

하지만 온라인 시장에도 아쉬운 부분은 있다. 온라인 스토어에 게시된 신선식품의 사진과 실제 배송 상품의 질이 차이가 나거나 균일하지 않은 점, 사진만으로는 구매자가 상품을 온전히 파악하거나 인지할 수 없다는 점이 구매 만족도를 떨어뜨리고 재구매를 망설이게 한다는 것이다.

그런데 이 부분을 커버해줄 수 있는 플랫폼인 라이브커머스가 등장했다. 구매자는 그동안 오픈마켓이나 온라인 쇼핑몰에서 판매자가 제공하는 상품 정보에만 의지한 채 구매를 결심하던 것이 이제는 쇼호스트의 설명과 쌍방향 소통을 통해 상품에 대해 좀 더 자세히 알아보고 구매할 수 있게 되었다. 판매자는 즉각적인 소통을 통해 구매자의 궁금증을 해소해주고, 상품의 크기나 중량, 맛의 정

도, 손질 방법, 활용 조리법 등을 방송 시간에 구체적으로 충분히 소개할 수 있게 되었다. 구매자는 이렇게 쇼호스트를 통해 한 번 더 검증된 상품을 믿고 구매할 수 있게 되면서 그만큼 구매 매력도가 높아졌다.

라이브커머스의 방송 장소는 모바일이 있는 어느 곳이나 가능하다. 홈쇼핑처럼 꼭 TV가 있어야 하는 것도 아니며, 방구석, 침대 위, 소파 위, 차나 지하철 등 어디에서나 라이브커머스의 판매 장소가 되고, 또 구매 장소가 된다.

라이브커머스는 기존 TV 홈쇼핑과 온라인 시장의 장점을 결합했지만, 결정적으로는 상품의 생산지나 생산자를 통해 상품을 보다 생생하게 전달할 수 있다는 점이 구별되는 큰 차이점이다. 예를 들어, 소개할 상품이 고구마라면 쇼호스트가 직접 생산지인 고구마밭에 가서 핸드폰으로 판매 방송을 할 수 있다. 이는 기존 포맷을 탈피한 라이브커머스만의 매력이며, 이러한 현장 방송은 구매자에게 상품에 대한 신뢰감을 더 갖게 하고, 구매 욕구를 느끼게 한다.

가상 시나리오를 통해 그 매력을 좀 더 살펴보자.

"지금 제가 나와 있는 곳은 비옥한 황토를 자랑하는 충남 당진의 고구마밭입니다. 왜 당진이 기름진 땅, 비옥한 황토를 자랑하는지 제가 직접 호미로 땅을 파보겠습니다. 와! 땅을 파면 팔수록 푸석푸석한 흙이 아니라 화면에 보이는 것처럼 농작물이 잘 자랄 수밖에 없는 토양임을 확인할 수 있는데요, 그렇다면 이 황금 토양에서 자란 충남 당진의 고구마는 어떨까요?"

(방송 중에 리얼하게 고구마 캐는 작업)

"자, 땅을 이렇게 팠더니 통통하고 윤기 있는 고구마가 보이네요! 오, 고구마를 캤습니다. 와~ 고구마 한번 보세요. (화면에 보여주며 감탄) 어때요? 우리가 흔히 마트에서 보는 말라 비틀어진 고구마와 달리 고구마가 껍질부터 촉촉하니 당장 삶아서 먹고 싶은 마음입니다."

(실시간 댓글을 보며 시청자의 반응을 보고 적극 소통하기)

댓글창에서 '고구마 크기 비교해주세요'라고 하면 한눈에 알아볼 수 있게 손바닥을 펴고 손바닥의 크기와 비교를 한다든가 혹은 500ml 물병 등 시청자들이 크기를 잘 가늠할 수 있는 물체를 옆에 보여주며 고구마의 길이와 크기를 단번에 인지할 수 있게 화면에 비춰준다.

그리고 고구마밭 주변의 환경이 궁금한 시청자들에게 핸드폰을 한 바퀴 돌려가며 주변에 있는 산이나 바다 등 실제 고구마밭의 환경을 보여주면 보다 생동감 있게 고향의 맛을 전할 수 있다.

어떤가, 라이브커머스의 생생한 현장이 눈앞에 그려지지 않는가! 깨끗하고 하얀 바탕의 스튜디오도 좋지만, 생산지가 곧 판매 현장이 되는 라이브커머스만의 매력! 하지만 이게 다가 아니다.

저자는 수년 간 MBC 〈그린실버 고향이 좋다〉의 리포터로 활약하면서 전국 방방곡곡을 다녔다. 그러면서 무엇보다 산지에서 일하시는 분들의 생생한 실제 이야기를 들을 때면 마음에 많은 울림과 감동을 받았다. 라이브커머스에서도 그러한 매력을 더할 수 있다.

몇 대째 고구마 농사를 지으신 아버님 어머님과 고구마를 직접 캐면서 여기서 자란 고구마가 왜 맛있는지, 고구마 농사를 짓는 특별한 비법과 노하우가 있는지, 그리고 고구마 농사를 지으면서 언제가 가장 보람 있었는지 등 있는 그대로의 이야기를 전하다 보면 생산자의 진심이 시청자들에게 잘 전달될 수 있다. 쇼호스트가 아무리 상품에 대해 잘 안다고 해도 현장에서 수십 년 직접 농사를 지으신 분들의 깊이와 진정성은 따라갈 수 없기에, 생산자와 직접 현장에서 소통하는 모습을 보여주는 것 또한 소비자들의 구매 욕구를 불러일으키고 판매를 촉진시키는 라이브커머스만의 강점이 된다.

이렇듯 라이브커머스는 이동이 용이한 모바일을 통해 기존 온라인 시장이 하지 못한 차별화된 새로운 영역을 구축하며, 높아진 구매자의 욕구를 만족시키는 플랫폼으로 더욱 성장해나가고 있다.

3 팔지 말고 먹게 하라

지나치게 화려한 말솜씨나 멘트가 때로는 구매자에게 거부감을 불러일으켜 제품을 신뢰하지 못하게 하기도 한다. 쇼호스트의 본질은 상품을 판매하는 것이지만, 결코 장사꾼처럼 보이면 안 되는 이유이다. 상품에 대해 정확한 정보와 신뢰감을 주고 구매를 유도해야 하는 쇼호스트는 상품을 판매하기 위해 백 마디 말을 하기보다 소비자들의 구매 욕구를 불러일으킬 수 있는 시청각적인 자극을 적극적으로 활용하는 전략을 구사해야 한다.

쇼호스트가 말로써 쏟아내는 수많은 정보는 한두 가지를 제외하곤 기억에서 다 사라지고 만다. 하지만 눈으로 보고 느낀 시각 정보는 소비자의 기억 속에 효과적으로 각인된다.

방송을 할 때 "여러분, 이런 기회 다신 없습니다. 이 가격 이 구성 오늘이 지나면 다신 만날 수 없습니다. 지금 이 기회 꼭 잡으셔야 합니다"라고 쇼호스트가 말하는 소리를 정말 많이 들어봤을 것이다. 하지만 이 말은 판매율을 끌어올리기 위한 시점에 절제 있게 언급해야 효과가 크다. 오히려 방송의 대부분의 시간에는 상품이 가장 먹음직스러워 보이게 DP하고, 클로즈업을 통해 상품이 가장 맛있어 보이는 '순간'을 효과적으로 보여주는 게 더 중요하다. 청국장이 보글보글 소리를 내며 끓는 모습, 천혜향의 풍부한 과육과 과즙을 직접 짜내는 모습, 냉면이나 국수를 호로록 면치기 하며 세상 맛있게 먹는 모습을 생각해보면 쉽다. 맛있다, 쫄깃하다 인생 국수다 등 수많은 멘트를 늘어놓을 때보다 쇼호스트가 정말 먹음직스럽게 상품을 보여주고 맛있게 먹을 때 판매율이 상승한다.

판매하는 제품이 고구마라고 해보자. 방송이니 예쁘고 우아하게 먹어야 할까? 아니다. 최대한 맛있게 먹어야 상품이 살고 방송이 산다. 김이 모락모락 나는 고구마를 반으로 뚝 잘라 뜨거운 김을 호호 불어가며 크게 베어 먹는 모습, 침이 뚝뚝 떨어질 만큼 윤기나는 김치를 얹어 고구마를 한입에 쏙 넣는 모습 등을 보여줄 때 소비자도 함께 먹고 싶은 충동을 느끼고, 군침을 흘리며 구매 버튼을 누르게 된다.

식품 방송을 할 때 내가 자주 사용하는 방법 중 하나는 방송 전 쫄쫄 굶어 나를 배가 고픈 상태로 만드는 것이다. '시장이 반찬이다'라는 속담처럼 배가 고픈 상태로 음식을 먹으면 시식하는 순간부터 방송 내내 정말 맛있게 먹고 맛있게 표현할 수 있게 된다. 그러면서 진심 어린 반응이 나타나게 되는 것이다. 진실한 방송은 소비자에게 백 마디 말보다 좋은 전달력을 가진다.

관심은 있으나 구매를 쉽게 결정하지 못하는 소비자들을 위해서는 어떻게 하는 게 좋을까. 상품을 처음 접해보거나 조리에 자신이 없는 소비자들에게는 맛있게 먹을 수 있는 다양하고 쉬운 조리법을 덧붙여 심리적 허들을 낮추어주고, 상품을 잘 활용할 수 있을 거라는 자신감을 심어주어야 한다. 특별한 요리 솜씨가 없어도 맛있게 먹을 수 있을 거라는 확신을 부여해주면 고민에서 구매로 전환되는 소비자 수가 상당하다.

팔지 않고 소비자가 사게 하는 전략 중 화룡점정은 스토리텔링으로 타깃 소비자의 공감대를 저격하는 것이다. 쇼호스트 개인의 경험이지만 누군가의 경험이 될 수 있을 만한 이야기를 상품과 함께 조화롭게 풀어내어, 이성적인 소비자에게 오히려 감성적 호소를 통해 공감과 인정을 얻어내는 고도의 전략이다. 앞서 예를 들었던 고구마에 스토리텔링을 살짝 더해보겠다.

"올 겨울 강한 한파가 찾아왔는데요, 요즘 들어 저는 어렸을 때 할머니집 가면 할머니가 아궁이 불에 구워주신 군고구마가 그렇게 생각날 수가 없어요. 고구마를 보면 할머니도 많이 보고 싶어 지는데요, 할머니가 군고구마 맛있게 구워서 껍질 벗겨서 손으로 김치를 돌돌돌 말아 주시곤 했는데, 왜 그땐 영원히 그 고구마를 먹을 수 있을 거라 생각했는지…… 다시 그때로 돌아가고 싶은 요즘이었는데, 이 고구마를 먹으니 저는 지금 그때로 돌아간 거 같아요."

할머니나 부모님과의 소중한 추억을 떠올리게 만드는 스토리텔링이 더해지니 상품이 가진 가치가 훨씬 더 높아진 것 같지 않은가. 맛있는 고구마도 먹지만, 행복했던 추억을 함께 먹을 수 있는 상품. 이처럼 상품에 스토리텔링을 입히면 공감대가 형성된 소비자의 눈에는 상품의 매력도는 상승하고 가격은 그에 비해 저렴해보일 것이다.

7장

라이브커머스 판매왕 되기

매출을 높이는 판매 전략

라이브커머스의 핵심은 판매이다. 방송의 재미나 정보성은 정성적인 부분이지만, 1시간 방송에 소개하는 상품을 얼마나 많이 판매했느냐는 고스란히 정량적 실적으로 귀결된다. 따라서 정해진 시간 내에 매출을 최대로 높이는 판매 전략과 스킬은 셀러에게 반드시 필요한 덕목이며 동시에 가장 중요한 부분이다.

1 무엇보다 제품이 좋아야 한다

매출을 높이는 판매 전략의 기본은 무엇보다 제품이 좋아야 한다. 이게 무슨 전략이냐고 반문할 수도 있지만, 이것이 바탕이 되어야 다른 판매 전략을 펼칠 수 있다. 우리 주변에서 흔하게 볼 수 있는 평범한 가치의 상품을 똑같은 구성, 똑같은 가격으로 판매한다면 시청자는 굳이 내 제품을 구매할 필요성을 못 느낄 것이다. 흔하게 구매할 수 있는 상품보다 더 좋은 프리미엄 상품, 혹은 더 좋은 구성과 더 경제적인 가격 등으로 경쟁 상품보다 확실히 우위에 있도록 제품을 구성하고 설계해야 한다. 그래야 내 상품에 끌리게 된다.

제주도에서 재배되는 한라봉을 판매한다고 예를 들어보자. 며칠 전부터 마트 매대에 전시되어 있는 한라봉과 제주 산지에서 주문과 동시에 수확해 직접 배송해주는 한라봉이 있다면 어떤 제품이 더 좋은 제품일까. 소비자는 본능적으로 더 좋은 제품을 알아볼 것이고, 셀러는 소비자의 눈을 결코 속일 수 없다. 따라서 모든 판매의 출발은 '더 좋은' 제품을 소비자에게 '더 가치 있게' 제공해주도록 준비하는 것이다. 저자 또한 프리미엄 상품을 엄선하기 위해 타사 제품을 골고루 먹어보고 사용해보며, 내가 판매하려고 하는 상품이 정말 좋은 상품인지를 꼼꼼히 점검한다. 단순 비교보다는 가격이나 성능, 기능, AS 기간 등 항목별로 비교하여 한눈에 들어오도록 정리하고, 제품의 차별화된 우수성을 잘 어필할 수 있도록 강조한다.

2 셀링 포인트를 잘 기획하라

눈앞에 보이는 소비자가 아닌 온라인을 통해 닉네임으로 표현하는 시청자의 마음을 읽어 판매로 연결시켜야 하는 라이브커머스 셀러는 또 다른 눈을 가져야 한다.

판매에 대한 주 타깃과 설계가 끝났다 하더라도 실제 방송을 보고 소통하는 시청자의 연령대와 취향, 그들의 궁금증과 욕구를 신속하게 파악하고 방송을 통해 해소해주어야 한다. 댓글은 보여지는 소비자의 마음이기에 이를 기반으로 접근하되 그 너머에 있는 본질적인 심리나 욕구를 이해하고 셀링 포인트로 연결하는 게 중요하다.

분명 좋은 상품이고 소비자의 니즈가 있는 상품인데, 셀러가 셀링 포인트를 잘못 정해 판매가 부진한 경우가 있다. 소비자의 마음을 제대로 읽지 못하고 방향을 잘못 잡은 것이다.

셀링 포인트(selling point)는 '소비자의 구매 욕구를 일으키는 제품의 특징이나 이점'을 말하는 것으로, 상품에 따라 가격, 디자인, 편의성, 내구성, 유행성 등 여러 가지 요소들이 있다.

셀러는 판매하고자 하는 상품의 특성을 잘 파악하여 어떤 것을 셀링 포인트로 고객에게 어필할 것인지를 정해야 한다. 몇 가지의 셀링 포인트가 정해지면(보통 2~3가지 정도는 있어야 한다.) 그 순위를 정하고, 구체적으로 어떻게 설명하여 구매를 유도할 것인지를 기획한다.

같은 제품이라도 셀링 포인트를 무엇으로 정하느냐에 따라 판매 실적이 달라진다. 예를 들어 고객은 디자인을 마음에 들어 하는데, 셀러는 튼튼함을 강조한다면 이는 고객과의 접점을 잘못 파악한 것이다. 이런 상품은 첫 번째 셀링 포인트를 디자인으로 잡고 타 상품과는 다른 독특한 디자인을 강조해야 한다. 즉 고객의 구매 결심에 가장 큰 영향을 미치는 것이 무엇인지를 파악하고, 이를 강하게 호소해야 많은 판매를 할 수 있다. 판매의 시작은 셀링 포인트를 제대로 잘 잡는 것이다.

3 라이브 방송만의 혜택을 어필하라

라이브 방송이 특별하지 않다면 소비자에게는 매력이 없다. 지금 방송을 봐야 하는 이유를 만들고 방송에서만 주는 특별한 혜택도 준비하자.

'가격'이나 '구성'에서 메리트를 주는 방법이 가장 보편적인 방법이다. 같은 구성이라도 '기본 구성', '추가 구성', '라이브 방송 특별 구성' 등으로 구성하여 라이브 방송에서만 주는 특별한 혜택을 어필하는 게 좋다.

세트 구성일 경우에는 높은 단품 가격을 강조해 세트가 훨씬 더 저렴하다는 것을 쉽게 알 수 있도록 한다. '오늘만', '마지막', '매진임박'과 같은 한정을 나타내는 표현을 과하지 않게 적절히 사용하여 방송만의 혜택을 어필한다.

방송 중에 '쿠폰 할인'이나 '이벤트'를 해서 소비자의 구매 부담감을 낮춰주는 것도 중요하다. 방송 중 '스토어찜'이나 '알림설정'을 하면 '추가 1,000원 할인 쿠폰'을 주거나 방송 시간 내에 '타임 세일'을 적용해 소비자가 행복한 이벤트를 연다면, 구매를 망설이던 시청자가 이벤트 당첨이나 할인 혜택을 기대하며 구매로 전환할 것이다.

4 타깃층에 집중 홍보하라

TV 프로에 프로그램의 성공과 인기를 척도하는 시청률이 있듯이, 라이브커머스도 많은 시청자 수를 확보하는 것이 중요하다. 라이브커머스는 기본적으로 시청자가 많아야 판매가 많이 된다. 그런데 TV 프로그램의 시청자는 정말 그 프로가 재미 있어 보는 사람도 있지만, 어떤 사람은 그냥 별 관심 없이 TV를 틀어놓고 있는 경우도 있다. 그러면 라이브커머스의 시청자는 어떨까?

라이브커머스 시청자의 목적은 '상품 구매'에 있다. 물론 쇼호스트의 방송이 재미 있어서, 혹은 댓글을 통해 수다를 떨면서 시간을 보내기 위해서 시청하는 사람도 있지만, 기본적으로는 상품을 구매하기 위해서 방송을 시청한다. 따라서 방송 상품을 필요로 하는 사람이 라이브를 많이 시청해야 판매가 많이 일어난다. 지금 방송 중인 상품은 캠핑용품인데 들어온 시청자가 주로 20대 여성이라면 판매는 부진할 것이다. 판매가 잘 되지 않을 뿐만 아니라 시청자 수도 많지 않을 것이다. 혹 홍보를 잘해 많은 사람이 들어왔다 하더라도 금세 나가버릴 것이다. 내게 필요 없는 상품이면 시간을 투자하여 굳이 라이브를 시청할 이유가 없는 것이다.

이런 방송 이탈을 줄이기 위해서 셀러는 라이브를 홍보할 때 상품에 맞는 타깃층을 집중 공략해야 한다. 네이버 쇼핑라이브에는 홍보용 전단지와 같은 '예고 페이지'를 만들 수 있다. 예고 페이지를 만들 때는 라이브 방송의 제목과 판매 상품에 대해 정확하게 이야기하면서, '어떤 사람에게 이 상품이 필요한지'를 명시해주면 좋다. 이렇게 예고 페이지를 작성한 후 타깃층에게 집중 홍보하여 라이브로 유도하면 높은 구매전환율로 이어진다.

반드시 사게 하는
판매의 기술

1 Simple is the best

비싼 것은 좋은 것일까? 사람마다 그렇다고 답할 수도 있고, 또 아니라고 답할 수도 있다. 좋은 품질일수록 가격이 비싸지만 가격이 높다고 무조건 품질이 좋다고는 할 수 없다. 하지만 인간은 불행하게도 가격을 보고 가치를 평가하는 심리를 가지고 있다. 가격에 속는 인간의 심리는 제품을 구매할 때도 적용된다. 제품의 모든 특징을 철저하게 파악해 선택 가능한 여러 구매 방식을 탐색하는 대신(물론 그런 소비자도 있다), 제품의 품질과 관련이 있다고 여겨지는 단 하나의 특징에 의존해 구매의 지름길을 택하는 것이다.

라이브커머스 셀러는 인간의 이런 심리가 셀러에게 중요한 포인트라는 것을 기억해야 한다. 시청자는 더 많은 정보, 더 많은 특징을 원하는 것이 아니다. 오히려 너무 많은 정보와 선택지를 주면 대부분의 사람들은 결정장애를 겪고 선택하기를 어려워하며 구매를 포기해버린다.

또한 쇼호스트가 언급하는 제품의 특장점을 다 기억하지 못한다. 그야말로 TMI(Too Much Information)는 판매에 득이 아니라 독이 된다.

따라서 셀러는 시청자가 매력을 느끼고 구매를 결정할 만한 가장 좋은 셀링 포인트를 두 가지 정도로 압축해 간단하게 정리해주어야 한다.(많아도 세 가지를 넘지 않도록 한다.)

이렇게 정리된 셀링 포인트를 쇼호스트는 방송 내내 여러 번 반복하되, 시청자들이 지루하지 않고 반복적으로 느끼지 않도록 그 전달 방식과 표현을 다양하게 해주면 된다.

'가볍다'는 장점을 가진 제품의 셀링 포인트를 다채롭게 표현해보겠다.

"얼마나 가벼운지 7살 우리 딸아이도 번쩍 들어요."
"얼마나 가볍냐면요, 지금 제 재킷 호주머니에 넣었는데 들어 있는지 없는지 느낌이 없어요."
"너무 가벼워서 실제 저울에 올려봤는데, 이 무게 보이시나요? 타사 제품의 절반 수준으로 가볍네요."

이처럼 '가볍다'는 셀링 포인트를 다양한 방법으로 표현해 제품이 가진 특장점을 정확하면서도 지루하지 않게 어필하는 것이다. 시청자는 수많은 장점을 나열하는 것보다 이렇게 한두 가지 소구점을 간단명료하게 전달할 때 제품을 더욱 더 긍정적으로 평가하고 구매를 결정하게 된다. 단순한 것이 최고의 무기가 된다.

2 방송하지 말고 소통하라

로버트 치알디니의 《설득의 심리학》에서는 '설득하고 싶다면 먼저 친구가 돼라'고 말한다. 설득의 달인들은 친구 사이의 유대감 등 '호감의 원칙'을 효과적으로 사용하는데, 이것은 판매를 하기 위해 설득 과정을 거쳐야 하는 셀러에게도 마찬가지이다. 시청자들과 소통하며 친구가 되는 것은 호감을 활용해 관계를 형성하는 효과적인 방법이다.

'쌍방향 소통'이 라이브커머스의 가장 큰 매력이라고 정의할 때, 셀러 입장에서 '소통을 할 수 있다는 것은 더 잘 팔 수 있다'는 뜻이며, 반대로 소통하지 않는다는 것은 라이브 방송의 장점을 10~20%만 활용하는 것과 같다. 따라서 쇼호스트는 일방적인 정보 전달이나 방송을 한다는 마인드보다 시청자와 소통하는 것에 주안점을 두고 라이브커머스에 임하는 것이 좋다. 댓글에 적절한 반응을 보이고, 이름을 불러주면서 진심으로 소통하면 시청자는 셀러에게 친구에게서 느끼는 친근감과 편안함을 느끼고, 재방문 고객이나 단골 고객이 될 확률도 높아진다.

혹 댓글 중에 셀러와 다른 생각의 글이 올라오더라도 셀러의 생각을 일방적으로 강요하는 것은 경계해야 한다. 사람마다 호불호(好不好)와 생각이 다를 수 있음을 인정하고 겸허히 의견을 수용하되, 셀러가 강조하고 싶은 장점은 장점대로 언급해 생각의 여지를 만들어주어야 한다.

소통이 중요하다고 해서 모든 댓글에 일일이 반응할 필요는 없다. 댓글 중에서 상품과 관련된 이야기를 끄집어낼 수 있는 댓글이나 웃음과 감동을 줄 수 있는 에피소드가 있는 댓글을 캐치하여 이야기를 풀어가면서 자연스럽게 소통하면 된다. 단, 소통만 하다 방송을 끝내지 않도록 주의하자. 라이브커머스의 본질은 상품 판매라는 것을 명심하고, 방송 중간중간 상품의 셀링 포인트를 언급하고, 상품의 콘셉트와 주요 정보는 반복적으로 설명해주어야 한다.

댓글을 확인할 때는 모니터용 노트북이나 태블릿PC 등 큰 화면을 준비하여 시선 처리를 자연스럽게 해야 한다.

3 재미있게 방송하라 – 재미가 곧 매출이다

네이버, 페이스북, 유튜브, 인스타그램은 재미를 추구하며 바이럴 마케팅을 통해 새로운 시장을 개척한 위대한 기업들이다. 여기서 우리가 눈여겨볼 것은 기업의 '아이덴티티(identity)'가 아니라 바로 '재미'라는 요소이다. 재미가 있어야 잠재 소비자가 많이 모이고, 그들 사이에 입소문이 나며, 사람이 많이 모이면 모일수록 많은 돈이 흐르게 된다. 라이브커머스의 본질이 상품 판매라고 할지라도 재미는 라이브커머스의 생존 여부를 판가름하는 중요한 요소이다.

저자는 앞으로의 새로운 시장은 라이브커머스가 차지할 것이라 예상한다. 라이브커머스의 시청자는 꼭 상품을 사기 위해서만 방송을 보는 게 아니며, 그런 경향은 향후 더 뚜렷해질 것이다.

실제로 진행한 여러 방송에서 진행자와 시청자의 합이 잘 맞아 재밌게 빵빵 터졌던 방송들은 시청자의 댓글 참여도 폭발적이고 매출도 그에 상응하여 높게 나왔다. 많은 셀러들의 라이브 플랫폼인 네이버에서 '앞으로 소통과 현장감을 강화하는 동시에 흥미로운 소재와 새로운 형식의 콘텐츠를 선보이겠다'고 한 방침은 앞으로 라이브커머스가 예능형 쇼핑 콘텐츠로 진화해 갈 것임을 보여주는 것이라 하겠다.

상품을 더 많이 잘 팔기 위해 라이브커머스를 준비하고 시작하는 셀러는 라이브커머스의 이런 추세를 일찌감치 파악하고 대비해야 한다. 지금 2030세대가 유튜브를 보는 것처럼 라이브커머스를 보는 시대가 도래한다면, 라이브 방송 콘텐츠 자체가 재미있고 즐거운 소통형 예능이 되어야 한다. 그 소통을 유도하기 위해 제품과 관련된 다양한 이벤트나 장치도 필요할 것이다.

예를 들면 판매하는 제품 이름의 '3행시'나 제품 관련 퀴즈 이벤트를 통해 시청자가 방송에 참여하면서 재미를 함께 만들어갈 수 있도록 하는 것이다. 소개하는 제품과 연관된 이벤트는 제품에 대한 흥미를 유발해 매출과도 긍정적인 연결성을 가진다.

주의할 점은 너무 재미 요소에 치우쳐 뜬금없는 우스갯소리로 '갑분싸'를 만들어서는 안 된다는 것이다. 농담이나 유머는 되도록 상품과 연관이 있거나 쇼호스트의 경험적인 에피소드에 기반을 둬야 웃음과 효과를 배가할 수 있다.

또 쇼호스트는 '아무 말이나 내던지는 것'을 경계해야 한다. 할 말이 없어 어색함을 피하기 위해 무슨 소린지도 모르는 말을 횡설수설하는 셀러도 있는데, 이것은 사전에 방송에 대한 충분한 준비가 되지 않아서이다. 방송 중 말문이 막히는 것을 대비하기 위해서 셀러는 상품에 대한 풍부한 정보와 연관 지식을 가지고 있어야 한다. 그래야 물 흐르듯이 방송을 진행할 수 있다.

앞으로 라이브커머스에서는 시청자에게 즐거움을 주기 위해 더욱 더 다채롭고 새로운 시도가 이루어질 것이다. 라이브커머스는 지속적으로 유쾌한 방송을 쌓아갔을 때 두터운 팬층과 함께 매출도 동반 성장하는 기쁨을 맛보게 될 것이다.

4 고객의 마음을 사로잡아라

1) 상품에 대한 호기심을 유발하라

얼마 전 '설 선물 기획전'을 방송한 적이 있다. 나는 오프닝에서 설 선물을 무엇으로 할지 고민하는 시청자들에게 이런 질문을 던졌다.

"설 명절을 맞아 누군가에게 특별한 사람으로 기억되고 싶으세요? 나를 정말 아껴주고 소중히 여겨주는구나 하고 고마운 사람으로 남고 싶으세요? 오늘 제가 준비한 상품이 바로 여러분을 그렇게 만들어 드릴 겁니다."

과연 그 상품이 무엇이었을까? 바로 횡성 한우였다. 여기서 중요한 것은 '횡성 한우'라는 답이 아니다. **질문을 하고 스스로 궁금해하게 만들고 방송에 흥미를 갖게 만드는 스킬이다.** 이 글을 읽고 있는 당신도 위 질문에 무의식적으로 궁금함을 느꼈을 것이다. 이처럼 소개하는 상품에 대한 궁금증과 호기심을 일으키는 방법은 고전적이면서도 시청자들의 주의를 끄는 유용한 전략이다.

하나의 예를 더 들어보겠다. 국내산 마늘을 판매하는 셀러라고 가정하자.

"여러분, 이 두 개의 마늘 중 어느 것이 국내산일까요? 1번과 2번, 지금 댓글로 응모해주세요. 커피 쿠폰을 드립니다."

그러면서 국내산과 수입산의 차이와 구별법을 설명해주면 시청자는 당장 마늘을 구매하지 않더라도 관심을 갖고 방송을 지켜보게 된다.

라이브커머스에서 시청자가 적다는 것은 판매가 되기 어렵다는 말과 같다. 그러니 어떻게 하든 시청자의 호기심을 끌고 방송에 머무르게 해 참여자를 많이 확보해야 한다. 셀러는 항상 소개할 상품과 관련된 흥밋거리를 준비하고 지속적으로 제공해야 한다.

2) 상품을 사야 하는 이유를 말하라

세일즈의 세계에는 '에스키모인에게 냉장고 팔기'라는 말이 있다. 알래스카에서는 날씨가 춥기 때문에 음식을 상하지 않게 해주는 냉장고가 굳이 필요 없는데, 어떻게 팔았을까? 그 세일즈맨은 냉장고를 '음식물이 얼어붙지 않게 하는 기계'라고 소개하면서 음식 보관용 찬장으로 팔았다고 한다. 에스키모인에게 냉장고를 사야 할 이유를 제시한 것이다. 이처럼 셀러는 고객에게 내 제품을 사야 할 이유를 명확하게 제시해야 한다.

넘쳐나는 온라인 판매와 커머스 시장 속에서 굳이 이 방송에서 해당 상품을 사야 하는 이유를 말하려면 분명한 셀링 포인트가 있어야 한다. 이 방송에서만 만날 수 있는 '리미티드 상품', 이 방송에서만 살 수 있는 '파격적 할인 혜택', 이 방송에만 받을 수 있는 '당일출고 산지직송' 등 시청자를 구매자로 전환시키는, **꼭 사야 할 명확한 이유와 명분을 제시해야 한다.** 이때 대부분의 시청자층이 여성이라는 점을 감안하여 잠자는 구매 욕구를 불러일으키는 감성적 접근이 필요하다. 이성적인 이유보다 감성적 소구에 이끌려 이전에 필요 없던 제품도 필요하다고 인식해 구매하는 경우가 많다.

3) 상품의 가치를 이야기하라

가성비 좋은 제품은 가치 있는 제품일까? 저자가 생각하기에 가성비 좋은 제품은 여러 개 존재할 수 있지만 가치가 있는 제품은 의미적으로 유일하다. 꼭 공장에서 만들어내는 제품이 아니더라도 비슷한 제품은 시장에 많다. 하지만 셀러는 숙명적으로 다양한 제품을 다루고 판매해야 하기에 유일무이한 상품만을 골라 팔기는 어렵다. 그럼 어떻게 해야 할까?

셀러는 상품에 독자적인 스토리텔링을 입혀 상품의 가치를 더해주는 작업을 해야 한다. 예를 들어 비슷한 상주곶감이 있다고 해보자. 상주곶감이라고 다 같을까? 셀러는 유의미한 차이, 가치를 발견해 스토리로 풀어내야 한다.

"상주에서 3대째 직접 농사짓고 자연 건조식으로 빚어낸 곶감. 쉽고 간편한 기계식 건조 대신 할머니대부터 이어져 내려온 전통 방식을 고수한 장인의 곶감."

어떤가. 육안으로 보기에 비슷해보이는 상주곶감들 사이에 이 스토리를 입은 곶감이 달라 보일 것 같지 않은가?

이렇게 가치가 격상된 상품은 다소 가격을 더 지불하더라도 소비자들이 구매할 의사를 갖게 되며, 입소문을 타고 더 잘 나가게 된다. 가격이 저렴하고 구성이 더 많은 것만 경쟁력이 있는 것이 아니다. 상품에 따라 발상을 전환할 필요가 있다.

5 상품 설명을 정확하게 하라

1) 상품 정보를 숙지하라

쇼호스트는 판매하는 상품의 상품명, 제조사, 유통기한, 가격, 용량, 크기, 무게, 사용법, 보관 방법 등 상품에 관한 주요 정보를 미리 숙지하고 있어야 한다. 그래야 방송을 막힘없이 진행할 수 있고, 시청자들의 돌발 질문에도 당황하지 않고 답변할 수 있다. 시청자가 사용법을 물어보는데 제대로 시연을 해보이지 못한다면 고객의 신뢰를 잃게 된다. 상품 정보 숙지는 기본 중의 기본이다. 암기하기 어려운 항목은 메모를 해두거나 카메라 뒤에 커닝 페이퍼를 만들어놓고 자연스럽게 볼 수 있도록 준비하자.

2) 쉽게 설명하라

홈쇼핑에 판매되는 헬스 관련 제품의 경우 직접 몸으로 해야 하는 기구보다 가만히 있으면 알아서 운동을 시켜주는 기구들이 더 잘 팔린다고 한다. 이것은 사람들이 힘든 것은 싫어한다는 뜻이다. 마찬가지로 사람들은 복잡하고 어려운 것을 싫어한다.

따라서 시청자가 알아듣기 쉽도록 최대한 쉽게 설명하자. 글자와 그림, 그래픽 등을 활용해 이해하기 쉽게 구성해도 좋다. 혹은 조리나 작동 과정에서 복잡하고 어려운 부분이 있다면 "여러분은 이 버튼만 누르면 됩니다"라는 식으로 복잡한 설명은 생략하는 것도 방법이다. 괜히 고객들이 알아듣지 못하는 어려운 이야기를 꺼내면 과유불급이 되기 십상이다. 초등학생 친구에게 이야기하듯 친절하고 쉽게 설명해주자.

3) 상품을 잘 보여줘라

상품을 잘 보여준다는 것은 상품의 특성이 잘 나타나게 보여준다는 뜻이다.

상품의 외관은 상하좌우 전체적인 모습과 디테일한 부분까지 잘 보여줘야 한다. 특히 고객들이 궁금해할 만한 부분은 클로즈업을 하여 세세하게 보여줘야 한다.

상품의 특성을 보여주기 위해 시각적인 효과를 사용할 수도 있다. 홈쇼핑에서 청소기 방송을 할 때 바둑알이 빨려 들어가는 모습을 보여주거나, 강력한 흡입력을 보여주기 위해 볼링공을 빨아올리는 모습을 보여주는 것은 시각적 효과로 상품의 특성을 더욱 잘 보여주기 위한 장치이다.

상품을 돋보이게 하기 위해서는 쇼호스트가 주인공이 되거나 주변 환경이 너무 화려해서도 안 된다. 오로지 화면에서 소개하는 상품이 가장 돋보이게 전시되어야 하며, 쇼호스트가 상품의 자세한 면면을 보여줄 때도 상품이 시청자 시각에서 중요도 있게 잘 보이도록 핸들링해야 한다. 흔히 상품을 잘 보이게 하기 위해 깨끗한 배경지를 활용한다.

라이브 1시간 방송에 2~3개 제품을 소개하기도 하는데, 그 이상은 지양하는 게 좋다. 수박 겉핧기식으로 흘러가다 보면 제품에 대한 구매 욕구를 느끼기도 전에 방송이 지나가 전체 판매율은 저조할 수밖에 없다.

4) 궁금증을 해소해줘라

쇼핑라이브는 방송 중 시청자들이 댓글로 궁금한 점을 물어본다. 질문하는 이유는 그만큼 상품에 관심이 있다는 방증이기에, 시청자가 구매 결심으로 이어질 수 있도록 성의껏 확실한 답변을 해주어야 한다.

상품의 스펙이나 배송에 대해서는 신뢰감을 줄 수 있도록 정확하게 답변하고, 제품의 효과나 정도에 따른 질문에는 시연을 통해 최대한 구체적으로 궁금증을 해결해 줄 수 있도록 한다.

예를 들어, 내복의 신축성이 좋은지 묻는다고 가정해보자.

"입은 것 같지 않게 편하고 신축성이 좋아요"라고 말하는 것도 좋지만, 직접 상품을 늘여 보이면서 신축성이 정말 좋다는 것을 눈으로 확인시켜 주는 것이 더 효과적이다. 어떻게 하면 시청자가 가진 궁금증을 효과적으로 해결해주고 구매를 유도할 수 있는지 고민해보고 연습하는 과정이 필요하다. 더불어 라이브 방송 특성상 중간에 들어온 시청자가 반복적으로 같은 질문을 하거나 이미 설명한 내용을 댓글로 물어온다면 핵심 특장점을 한 번씩 언급해주며, 자세한 내용은 상세페이지를 확인할 수 있도록 안내해주는 것도 좋다. 상세페이지에는 가급적 소비자가 궁금해할 만한 주요 내용을 다 담아두도록 한다.

5) 상품에 대한 신뢰감을 심어줘라

상품을 직접 경험해보고 타사 제품과 비교해본 후 판매해도 좋겠다는 확신이 들었다면, 상품과 연관되는 구체적인 증빙과 데이터를 보여주는 것도 좋은 방법이다. 구체적인 자료는 신뢰성을 뒷받침해주는 좋은 무기가 된다. 제품인증서, 생산자 정보, 수상 실적, 상품과 연관 있는 설문조사 데이터나 통계 등을 활용하면 고객들에게 상품에 대한 신뢰감을 심어주기가 용이하다.

또한 쇼호스트가 직접 경험한 장점들을 과장하지 않고 진실되게 표현해준다면 쇼호스트의 이름이나 경험을 믿고 상품을 구매하기도 한다. 따라서 소비자가 신뢰할 수 있는 양질의 상품을 선별하는 것은 기본이고, 쇼호스트 자체가 브랜드가 될 수 있도록 소비자와의 신뢰 관계를 잘 관리해나가야 할 것이다.

6 고객을 고민에 빠뜨리지 마라

조현준의 《왜 팔리는가? 뇌과학이 들려주는 소비자 행동의 3가지 비밀》에 의하면, 인간은 불완전한 정보처리 능력을 갖고 있다. 올바른 의사 결정보다는 신속하게 의사 결정을 하도록 되어왔기 때문에 '휴리스틱(heuristic)'이라는 판단의 지름길을 사용한다. 아프리카 초원에서 시작한 초기 인류가 생존을 위해 빠른 판단을 내려야만 했기 때문에, 정확하지만 느린 판단보다는 부정확하지만 빠른 판단을 하는 쪽으로 진화됐다는 것이다.

이러한 소비자의 행동을 지배하는 것은 이성적인 뇌가 아닌 '감정의 뇌'라고 한다. 소비자가 상품을 구매하는 진짜 이유는 감정의 뇌가 더 많은 자극을 받아 행복하기를 원하기 때문이며, 결국 감정의 뇌를 즐겁게 하는 상품이 소비자의 무의식적인 선택을 받는다는 것이다.

애플을 창업한 스티브잡스는 한 번도 시장조사를 하지 않았으며, 10년간 단 한 번만 컨설팅 업체를 고용했다. 그가 만든 것은 상품이 아니라 소비자의 행복이었기 때문이다. 그렇다면 이런 속성을 가진 소비자에게 우리는 어떤 전략으로 마케팅을 해야 할까?

다양한 전략이 있겠지만, 핵심은 고객이 고민하지 않고 빠른 판단을 내릴 수 있도록 하는 것이다. 앞에서도 언급했듯이 소비자에게 많은 정보와 선택지를 주면 구매에 앞서 내 결정이 잘못된 것이 아닐까 하고 고민하고 망설이다 구매를 포기하게 된다. 따라서 쇼호스트는 이런 경우는 이것을 사고, 저런 경우는 저것을 사라고 명쾌하게 선택 기준을 정해주고 결정해줘야 한다. 이때 이성적 접근보다는 감정적으로 소비자가 행복한 구매 동기를 부여해주어야 한다. 이렇게 하면 감정의 뇌에 반응한 소비자는 무의식적으로 구매 버튼을 누를 것이다.

고객을 고민에 빠뜨리지 마라. 고민에 빠지는 순간 고객은 사라진다.

"오늘만 날인가, 다음에 사지 뭐" 하면서 말이다.

8장

팔리는 아이템을 찾는 법

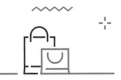

01 네이버 데이터랩을 통한 트렌드 읽기

네이버 데이터랩(https://datalab.naver.com/)은 검색어트렌드 및 쇼핑 카테고리별 인기검색어(쇼핑인사이트)를 제공하는 사이트이다. 여기는 키워드에 대한 데이터를 통해 트렌드를 파악할 수 있는 곳으로, 상품을 판매하는 셀러하면 필수적으로 확인해야 하는 네이버 공식 사이트이다.

(1) 데이터랩 홈 _ [분야별 인기 검색어], [인기분야]

데이터랩 홈에 들어가면 가장 먼저 '**분야별 인기 검색어**'와 '**인기분야**' 탭이 보인다. 여기서 '분야별 인기 검색어'는 네이버쇼핑 카테고리별로 일간, 주간, 월간 인기 검색어 10개를 확인할 수 있고, '인기분야'는 카테고리별 검색어가 아닌 인기분야, 즉 상품군을 확인할 수 있다.

분야별 인기 검색어 · 인기분야

식품 ▾ · 일간 ▾

2021.04.08.(목)	2021.04.09.(금)	2021.04.10.(토)	2021.04.11.(일)
1 닭가슴살	1 홍삼	1 홍삼	1 닭가슴살
2 홍삼	2 닭가슴살	2 닭가슴살	2 홍삼
3 쌀20kg	3 우대갈비	3 새싹보리	3 새싹보리
4 유산균	4 보스웰리아	4 우대갈비	4 오메가3
5 단백질보충제	5 단백질보충제	5 포스파티딜세린	5 쌀20kg
6 오메가3	6 콜라겐	6 경식품곰국물	6 생수
7 생수	7 타트체리	7 단백질보충제	7 양배추즙
8 콜라겐	8 알티지오메가3	8 오메가3	8 콜라겐
9 타트체리	9 오메가3	9 유산균	9 유산균
10 양배추즙	10 쌀20kg	10 알티지오메가3	10 우대갈비

검색어 통계 자세히 보기 >

분야별 인기 검색어 · **인기분야**

패션의류 ▾ · 일간 ▾

2021.04.08.(목)	2021.04.09.(금)	2021.04.10.(토)	2021.04.11.(일)
1 원피스	1 원피스	1 원피스	1 원피스
2 티셔츠	2 티셔츠	2 티셔츠	2 티셔츠
3 재킷	3 재킷	3 재킷	3 재킷
4 티셔츠	4 티셔츠	4 티셔츠	4 티셔츠
5 블라우스/셔츠	5 블라우스/셔츠	5 블라우스/셔츠	5 블라우스/셔츠
6 재킷	6 재킷	6 재킷	6 재킷
7 바지	7 바지	7 바지	7 바지
8 점퍼	8 점퍼	8 점퍼	8 트레이닝복
9 트레이닝복	9 트레이닝복	9 트레이닝복	9 바지
10 스커트	10 스커트	10 스커트	10 점퍼

분야 통계 자세히 보기 >

분야별 인기 검색어 · **인기분야**

식품 ▾ · 일간 ▾

2021.04.08.(목)	2021.04.09.(금)	2021.04.10.(토)	2021.04.11.(일)
1 영양제	1 영양제	1 영양제	1 영양제
2 축산가공식품	2 비타민제	2 비타민제	2 비타민제
3 비타민제	3 축산가공식품	3 축산가공식품	3 축산가공식품
4 커피	4 커피	4 커피	4 커피
5 헬스보충제	5 차류	5 채소	5 채소
6 과일	6 과일	6 차류	6 차류
7 차류	7 헬스보충제	7 과일	7 과일
8 채소	8 채소	8 헬스보충제	8 헬스보충제
9 해산물/어패류	9 홍삼	9 건강분말	9 건강분말
10 홍삼	10 해산물/어패류	10 홍삼	10 떡

(2) 검색어트렌드

'**검색어트렌드**'는 네이버 통합검색에서 특정 검색어가 모바일과 PC를 통해 얼마나 많이 검색되었는지를 보여준다. 검색어를 기간별, 연령별, 성별로 확인해볼 수 있으며, 일간, 주간, 월간 단위로도 확인해볼 수 있다.

'주제어'는 내가 찾고 싶은 상품을 입력한 후에 입력한 주제어에서 나올 수 있는 키워드를 최대 20개까지 콤마(,)로 구분하여 입력할 수 있다. '주제어1', '주제어2' 등에 검색어를 입력하여 조회하면 각 주제어에 대한 검색량의 추이를 비교해볼 수 있다. 그래프에서 보여지는 수치는 해당 검색어의 검색 수를 조회 기간 내 최다 검색량을 100으로 설정한 상대적인 변화이다.

검색한 상품을 비교하여 상품의 트렌드를 읽어, 내가 등록할 상품과 그 상품의 트렌드를 읽을 수 있고, 어느 시점에 제품의 검색량이 높아졌는가를 살펴보며 제품 소싱 기간을 유추할 수 있다. 검색량을 조회할 기간을 설정하거나 PC 또는 모바일 여부, 성별, 연령 등 세부적인 조건을 선택하여 데이터 조회가 가능하다. 엑셀로도 다운받아서 확인해볼 수 있다.

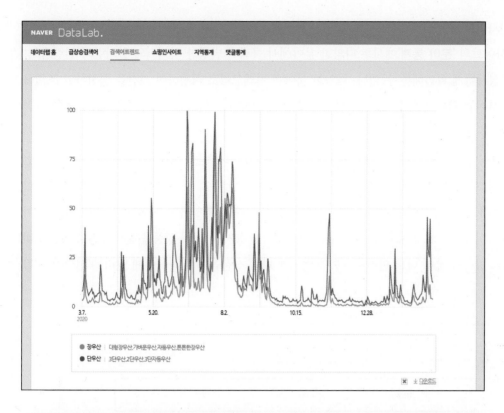

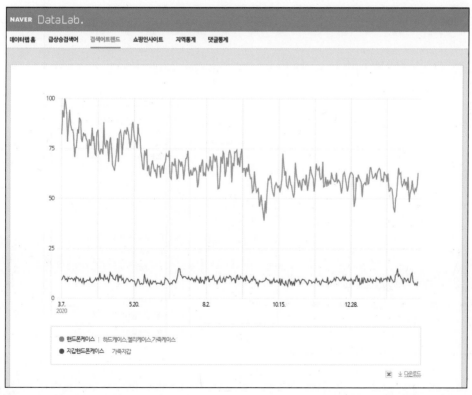

(3) 쇼핑인사이트

쇼핑인사이트의 **'분야 통계'**에서는 다양한 분야에서 클릭이 발생한 검색어의 클릭량과 연령별/성별 정보를 상세하게 확인해볼 수 있다. 다양한 분야를 카테고리로 지정하여 기간을 설정하고 조회하면 클릭량 추이를 확인해볼 수 있는데, 오른쪽에 같이 조회되는 '인기검색어'에서 'TOP500'의 키워드를 확인해볼 수 있다.

상품의 클릭량 추이로 언제 상품을 준비해야 하는지 그리고 상품을 언제 등록해야 하는지를 확인해볼 수 있다. 내가 팔려고 하는 상품의 클릭량 정도를 확인한 후에 이 제품이 어느 정도의 검색량이 있는지 확인하고, 검색 빈도수, 즉 구매자의 검색량 정도 수를 확인하여 참고할 수 있다. 검색량이 높고, 클릭량이 급속도로 오르는 시점이 있는 상품이라면 틈새를 노려 상품을 준비해볼 수 있고, 네이버 라이브 방송을 통해 다른 판매자들보다 빠르게 나의 상품을 소비자들에게 알리는 선두자가 될 수 있다.

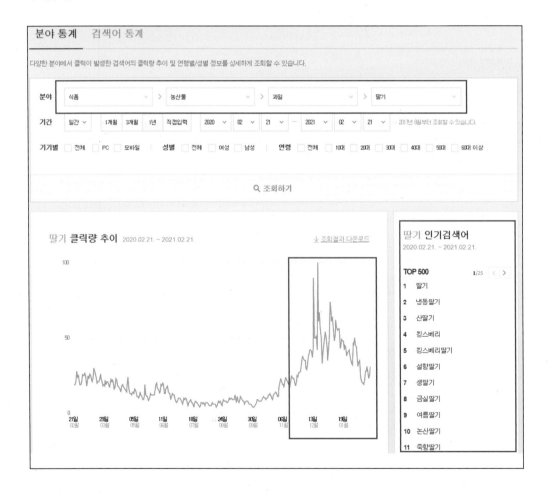

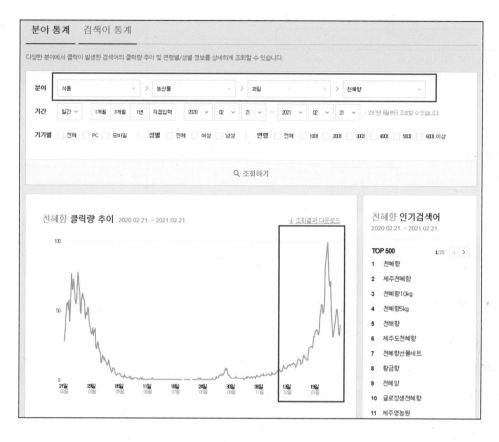

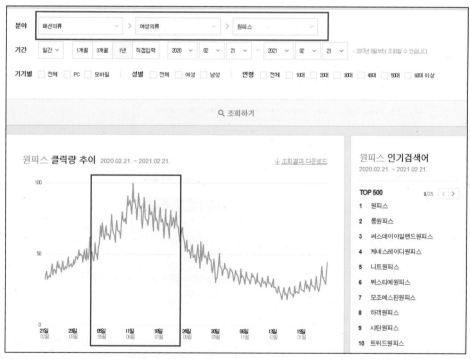

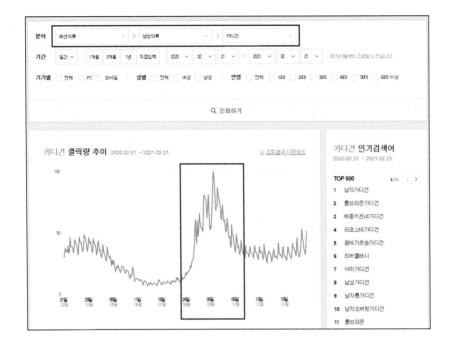

또한 **'검색어 통계'**에서는 내가 분석한 카테고리에서 비교할 검색어를 추가하여 비슷한 제품의 클릭량을 비교하여 제품을 특정하는 데 유용하게 활용할 수 있다.

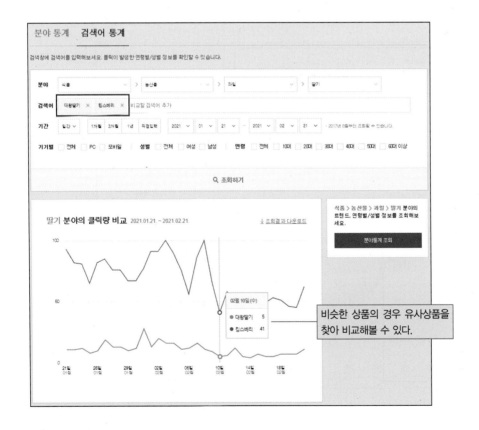

(4) 지역통계

'**지역별 관심도**'는 네이버 통합검색에서 키워드를 입력한 뒤 확인되는 검색 결과에서, 지도 영역 정보를 클릭한 데이터를 수집해서 클릭한 지역 및 업종별로 클릭량 추이를 분석한 차트이다.

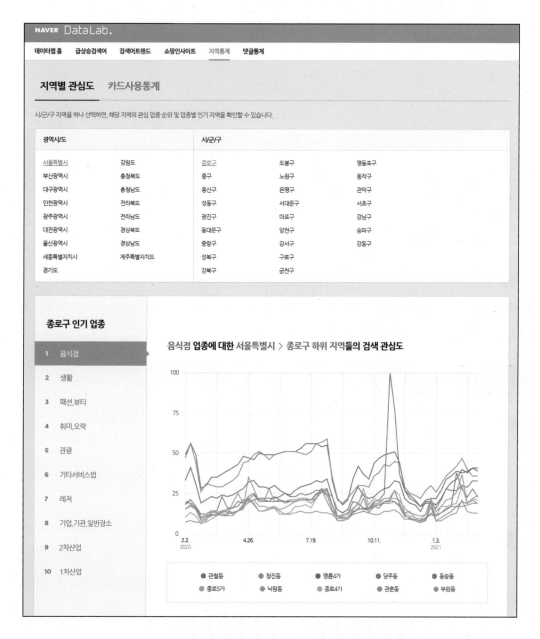

'**카드사용통계**'는 비씨카드에서 제공하는 데이터를 기반으로, 전국 지역별/업종별/연령별/성별에 따라 카드 사용 내역 정보를 확인할 수 있다. 사용자가 특정 지역을 클릭했다는 것은 그 지역에 관심이 있다는 의미로 볼 수 있으며 그 지역으로 이동할 가능성이 높을 수 있다. 그 지역으로 이동했다면 소비가 일어나면서 카드 사용이 이루어질 것이라고 예측할 수 있다. 이러한 외부 데이터를 토대로 정보를 제공하는 서비스라고 보면 된다.

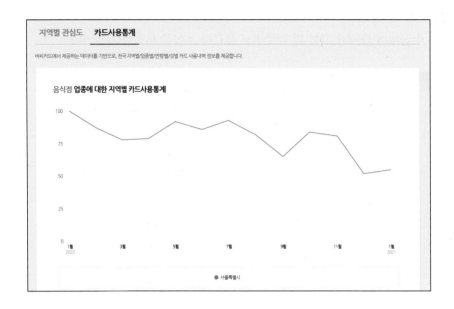

(5) 댓글통계

'**댓글통계**'는 뉴스 서비스에서 발생하는 댓글 작성을 일간 단위로 집계하여 보여주는 차트로, 댓글통계는 클릭량 추이를 통해 트렌드를 아는 데 유용하게 활용할 수 있다.

02 잘나가는 라이브 방송을 통한 트렌드 읽기

네이버 데이터랩을 활용하여 소싱할 아이템을 분석하였다면, 이제 해당 아이템을 판매하는 경쟁업체의 상품을 분석할 필요가 있다.

경쟁업체 분석은 어떻게 하면 되는지 '샤인머스켓'을 예로 들어보자.

1. 네이버 쇼핑라이브에서 키워드 '샤인머스켓'을 검색한다.

키워드를 검색하면 얼마나 많은 업체들이 해당 상품의 라이브를 진행하고 있는지 알 수 있다. 라이브 진행 건수를 보며 상품에 대한 인기도를 파악할 수 있다. 또 데이터 분석을 통해 최근 검색량이 많은 상품인데 아직 라이브가 진행되지 않고 있는 상품일 경우 틈새시장을 노려볼 수도 있다.

2. 경쟁업체 상품 및 라이브 진행 방식을 분석한다.

해당 라이브를 클릭하여 어떻게 라이브를 구성했는지, 셀링 포인트는 무엇인지, 쇼호스트들의 진행 방식은 어떻게 되는지 등 다양한 관점에서 분석해본다.

경쟁사가 진행한 라이브 방송을 보면서 시청자들의 흥미를 유발할 수 있는 방송 콘텐츠, 상품 설명, 혜택 또는 이벤트 등은 어떻게 구성하였는지 파악할 수 있다.

오프닝, 전체 판매 상품 소개, 상품의 전체 모습, 가격, 크기, 특장점, 포장 상태, 라이브 혜택, 이벤트, 시식 장면, 손팻말, 클로징 등 방송의 구성과 셀링 포인트를 분석한다.

3. 상품을 분석한다.

라이브 페이지와 진행 방식에 대한 분석을 끝냈다면, 해당 스토어에 들어가 상품을 좀 더 상세하게 분석해야 한다. 예고 페이지에서 '스토어 구경하기'를 클릭하면 해당 스토어로 이동한다.

4-1. 상품의 '찜수'와 '리뷰수' 확인

상품의 '찜수'와 '리뷰수'를 보면 경쟁사의 제품에 대한 인기도를 대략적으로 파악할 수 있다. 또한 리뷰수뿐만 아니라 리뷰 내용을 보며 소비자들이 어떤 부분을 불편해하고, 좋아하는지를 파악하고 보완할 수 있는 부분은 내 제품에 반영해주면 좋다.

4-2. Q&A 또는 라이브 댓글 확인

Q&A 탭에서는 고객들이 궁금해하는 사항을 알 수 있다. Q&A의 경우 비밀글들이 많아 궁금한 사항을 확인하기 어려운 경우가 있는데, 이런 경우 쇼핑라이브의 댓글을 살펴보면 좋다.

라이브 댓글은 실시간으로 소통되는 부분이므로 소비자들이 궁금한 사항이 무엇이고 업체에서는 이 부분을 어떻게 처리하고 있는지도 알 수 있다.

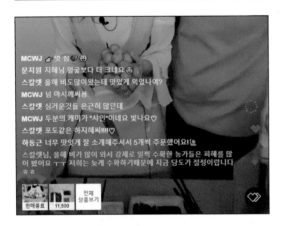

4-3. 상품 판매량 확인

상세페이지에서 아래로 내려오면 대략적인 상품 판매량을 알아볼 수 있다. 여기에 보이는 '배송건수'는 2주 전 1주일치의 데이터로, 이 배송건수를 '판매건수'로 보고 경쟁상품의 하루 평균 판매량을 예측할 수 있다.

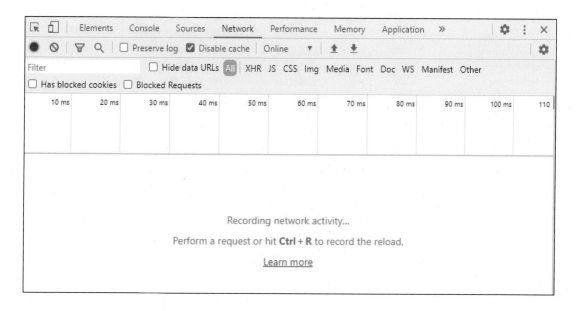

배송기간 ?			
이 스토어의 배송기간	1일 이내		0건 (0%)
평균 배송기간 4일이상 스토어입니다.	2일 이내		1건 (3%)
배송기간은 주말/공휴일을 제외한 영업일 기준	3일 이내		31건 (82%)
	4일 이상		6건 (16%)

하루 평균 판매량 = [1일 이내 + 2일 이내 + 3일 이내 + 4일 이상 배송건수] ÷ 7

상세페이지에 배송건수 정보가 안 나오는 경우도 있다. 이런 경우 아래와 같은 방법으로 확인이 가능하다. 다만 크롬에서만 실행해야 하며, 스마트스토어 상품만 할 수 있다.

① 상품페이지에서 키보드의 F12키(또는 Control+Shift+J)를 누른다.

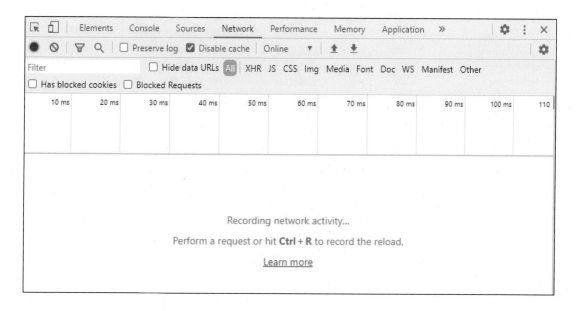

② 화면 오른쪽 창이 뜨면, Network – 모바일 아이콘(Toggle device toolbar)을 클릭하여 활성화시킨다.

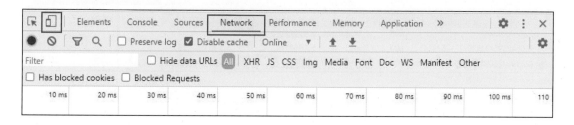

③ 키보드의 F5키를 눌러 '새로고침'을 한다.

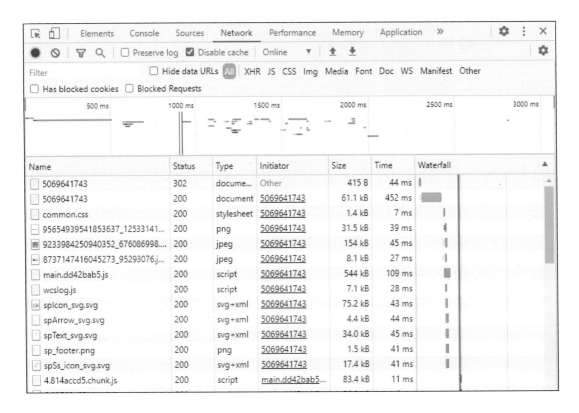

④ All에서 Initiator 탭의 Other 아래에 있는 두 번째 데이터를 클릭한다.

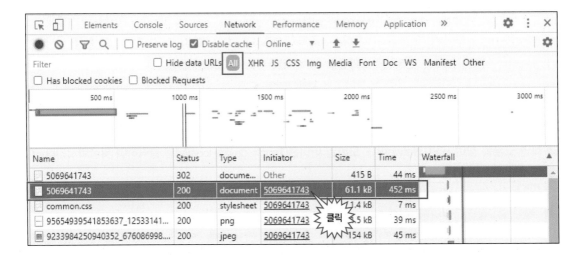

⑤ 상품페이지의 모바일 화면이 보이며 스크롤을 내리면 '배송건수' 데이터를 확인할 수 있다.

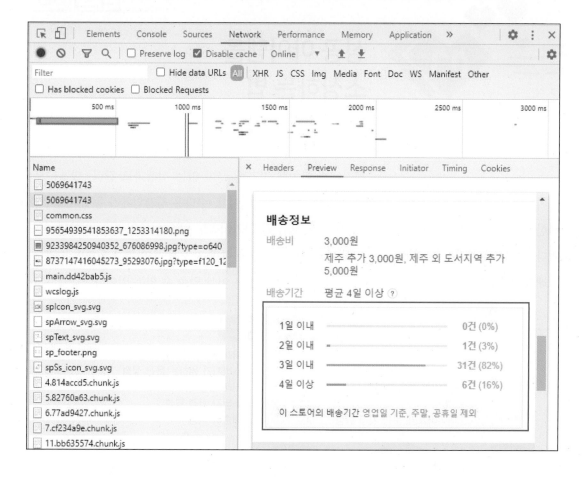

위와 같이 배송건수 정보를 확인하여 하루 평균 판매량을 예측할 수 있다.

이렇게 내가 판매하고자 하는 상품을 방송하고 있는 경쟁업체의 라이브 방송과 상품 상세페이지를 분석한 뒤, 경쟁사의 장점은 벤치마킹하고, 고객들의 불만이나 요구사항 등을 내 상품에서는 보완, 개선하여 쇼핑라이브 방송의 판매 전략을 짜면 된다.

03 성공 아이템을 소싱하는 법

셀러에게 아이템 찾기란 끝이 없는 전쟁과도 같다. 잘 나가는 아이템이 있다고 해서 그것으로 만족하고 있을 수는 없는 일이다. 수많은 경쟁업체가 동일하거나 유사한 아이템으로 경쟁에 뛰어들기 때문이다. 또 오늘 잘 나가더라도 당장 일주일 후를 기약할 수도 없다. 그만큼 트렌드는 빨리 변하고 있고, 변화하는 트렌드에 따라 가지 못하면 결국 외면받고 만다. 그래서 셀러에게 있어서 아이템 찾기는 사업을 그만두지 않는 이상 멈출 수 없는 일이다.

1 판매제품 선정

(1) 생활 속 제품

실생활을 들여다보면 평소에는 무심코 넘겼던 물건 중 판매할 수 있는 상품들이 생각보다 많다는 것을 알 수 있다. 평소에 내가 필요했던 물건들, 주변 지인들이 찾는 물건들부터 하나씩 살펴보는 것으로 상품 찾기를 시작해보는 것도 좋은 방법이다.

(2) 네이버 데이터랩

생활 속 제품에서 아이디어를 얻었다면 네이버 데이터랩을 참고하여 아이템을 구체화하자. 데이터랩의 쇼핑인사이트에 들어가면 카테고리 분야별로 최근 인기검색어와 성별, 연령별 트렌드 추이를 확인할 수 있다. 최근 연령별, 성별로 많이 검색한 검색어를 참고하면 보다 트렌디한 아이템을 선정할 수 있다.

예를 들어, 비 오는 날 강아지와 함께 산책하러 나가려고 우비를 찾는 지인을 통해 '강아지 우비'라는 아이디어를 얻었다면 네이버 데이랩의 '생활/건강〉반려동물〉패션용품〉레인코트' 카테고리에서 최근 검색 동향을 살펴보자. 최근 1년 기준 해당 카테고리를 검색하는 구매자들 중 여성이 87%로 대부분이고 30대가 1위, 20대가 2위를 차지하고 있다는 것을 확인할 수 있다.

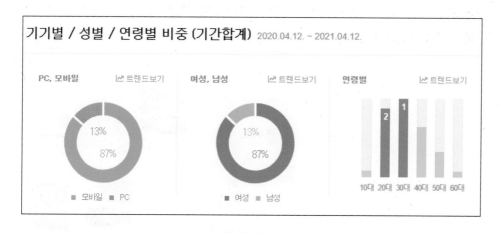

또한, 데이터랩 인기검색어를 통해 '강아지우산', '강아지바람막이' 등과 같이 강아지 우비와 연관지어 판매할 수 있는 상품들을 찾을 수 있다. 소비자들은 접근이 쉬운 온라인 시장이라도 여기저기

옮겨 다니면서 물건을 구매하지 않는다. 때문에 해당 카테고리와 연관된 다양한 상품들을 함께 구성하여 등록하는 것이 좋다.

(3) 오픈마켓 정보 활용

온라인에서 쉽게 확인할 수 있는 오픈마켓의 인기검색어에서도 판매 제품의 아이디어를 얻을 수 있다. 여러 오픈마켓의 검색 트렌드 중에서도 저자는 '쿠팡 모바일 인기검색어', '쿠팡 추천 광고상품', '우체국쇼핑 추천 기획전', 'G마켓 베스트', '이마트몰 베스트 탭'을 참고하는 것을 권장한다.

■ 쿠팡 모바일 인기검색어

쿠팡을 이용하는 대부분의 소비자는 PC보다는 주로 모바일을 통해 상품 검색을 하기 때문에 모바일에서 인기검색어를 찾아보는 것을 권장한다.

쿠팡 모바일(https://m.coupang.com/)의 메인페이지에서 검색 돋보기를 클릭하면 '최근 검색어'와 '인기검색어' 탭이 있는

최근 검색어		인기검색어	
1 함양한과	—	6 올리브잎추출액	—
2 올리브잎추출물	—	7 올리브잎	—
3 자갈한과	—	8 해외여행	▲
4 해골얼음틀	—	9 손도끼	▼
5 멀티침대	—	10 온앤온원피스	▲

데, 인기검색어 탭을 이용하여 최신 트렌드를 반영한 상품을 소싱해보도록 하자.

■ 쿠팡 추천 광고상품

쿠팡(https://www.coupang.com/) 메인페이지에서 하단으로 스크롤을 내리면 'HOT! TREND 카테고리별 추천 광고상품' 탭이 있다. 여기서 카테고리별로 최근 핫한 키워드를 참고하여 최근 인기상품 소싱을 진행하는 것을 추천한다.

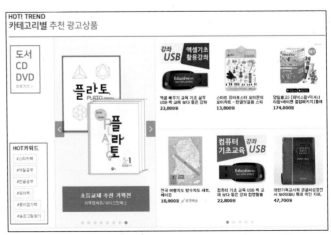

■ 우체국쇼핑 추천기획전

우체국쇼핑 홈페이지(https://mall.epost.go.kr/)의 상단 메뉴에서 '기획전'을 클릭하면 '추천기획전'을 확인할 수 있다. 우체국쇼핑 추천기획전은 시기별로 소비자들이 많이 찾는 상품군을 위주로 업데이트하고 있으니 이를 참고하여 계절별, 시기별 상품 소싱에 이용하면 좋다.

■ G마켓 베스트

지마켓(https://www.gmarket.co.kr/) 메인 페이지의 상단 메뉴에서 '베스트' 탭을 선택하면 지마켓 베스트 제품을 확인할 수 있는 페이지로 넘어간다. 지마켓 베스트에서는 지마켓에 등록된 상품 중 카테고리별 인기도순으로 확인할 수 있다.

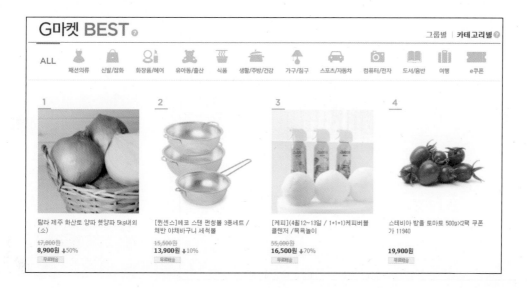

■ 이마트몰 베스트

이마트몰(http://emart.ssg.com/)의 메인 페이지의 상단 메뉴에서도 '베스트' 탭을 확인할 수 있다. 이마트몰 베스트 탭에 업데이트되는 물건들을 통해 소싱할 상품에 대한 아이디어를 얻을 수 있다.

2 시장조사 및 분석

1) 검색어트렌드 그래프 분석

판매할 제품이 선정되었다면 네이버 데이터랩의 '검색어트렌드' 그래프를 분석하여 보다 구체적인 키워드를 잡아가야 한다.

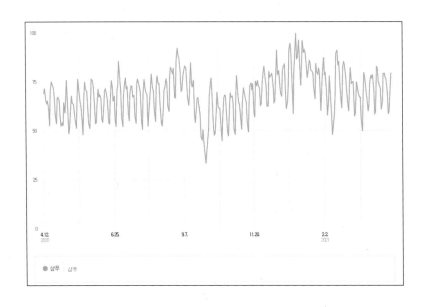

우선, 네이버 데이터랩(https://datalab.naver.com/) '검색어트렌드'를 보면 검색량 추이를 확인할 수 있는데 1년, 3년 단위의 그래프를 확인하여 시장분석을 할 수 있다. 검색어트렌드의 그래프가 우상향하는 그래프일수록 소비자들의 수요가 늘어나고 검색량이 점진적으로 늘어난다는 의미로 좋은 상품군이다.

검색어트렌드와 함께 뉴스를 통해 정보를 수집하면 보다 빠르게 최신 경향을 파악할 수 있다. 블로그, 카페의 경우 개인 생각이 다수 포함되어 있으므로 정확한 뉴스 정보를 참고하는 것을 권장하는 바이다.

2) 경쟁상품 분석

어느 정도 시장조사가 마무리되었다면 내가 팔고자 하는 상품을 경쟁업체에서 어떻게 판매하고 있는지 분석해야 한다. 저자는 네이버쇼핑과 쿠팡을 활용하여 상품을 분석하는 과정을 안내하고자 한다.

(1) 네이버쇼핑

네이버쇼핑(https://shopping.naver.com/)에서 판매하고자 하는 상품의 키워드를 검색하면 현재 판매하고 있는 상품들의 목록을 볼 수 있다. 경쟁업체의 상품을 개별로 살펴보면서 해당 상품의 리뷰수, 찜수, 구매건수를 통해 소비자들의 구매 경향을 확인하고 등록된 옵션, 가격 등을 확인하여 추후 등록할 상품의 평균 시세 가격과 주로 판매하는 옵션을 분석하자.

(2) 쿠팡

쿠팡(https://www.coupang.com/) 홈페이지에서 판매할 상품을 검색하여 경쟁상품의 옵션, 소비자가, 배송비, 로켓 여부 등을 알아보며 추후 등록할 내 상품에 어떻게 적용할지 분석해보자.

3 공급처 리서치

상품을 판매하기 한두 달 전 정도에 판매할 상품을 소싱하게 되면서 공급처를 찾게 된다. 공급처는 온라인 도매사이트, 네이버 파워링크, 티몬, 우체국쇼핑, 수협쇼핑 등 온·오프라인의 다양한 루트를 통해 찾을 수 있다.

> **Tip** 공급처와 원활하게 소통하는 법
>
> · 거래처와 통화 전 미리 전략을 구상하고 대화할 내용을 작성한다.
> · 통화할 때는 자신감 있는 목소리로 설득을 하는 것이 중요하다.
> · 통화 녹음을 활용하여 이전 통화했던 내용을 확인하고 분석하면서 하나씩 본인만의 공급처 설득 방법을 만들어나가는 것을 추천한다.

(1) 네이버 파워링크

네이버 파워링크 광고를 집행하고 있는 업체들은 판매 의지가 강하나 기대 매출에 미치지 못해 광고를 진행하고 있는 경우가 많다. 따라서 이 파워링크를 이용하여 위탁판매를 의뢰하면 일반 업체에 연락하는 것보다 성사율을 높일 수 있다.

판매하고자 하는 상품을 네이버에 검색하면 최상단에 '파워링크' 탭을 확인할 수 있다. 파워링크 탭에 올라와 있는 업체를 클릭하면 하단 판매자 정보에서 고객센터 전화번호를 확인할 수 있다.

(2) 티몬

티몬에서 판매하고자 하는 상품을 검색하면 현재 판매 중인 상품들의 목록을 확인할 수 있다. 해당 상품에 들어가서 '환불/교환' 탭으로 들어가면 '판매자 정보'란이 있는데, 이곳에서 판매자의 연락처를 확인할 수 있다.

상품설명	리뷰 0	문의 0	환불/교환

판매자 정보 접기 ∧

상호명	
대표자명	
통신판매업 신고번호	
사업자 등록 번호	
사업장소재지	
이메일	
고객문의 연락처	

(3) 네이버 지도

'네이버 지도'나 로드뷰를 이용하여 제조사를 직접 검색 및 연락하여 위탁판매를 위한 공급처를 찾는 방법도 있다. 이 경우 제조사의 위치를 명확하게 알 수 있어 직접 방문을 통해 제품을 확인할 수 있다는 장점이 있다.

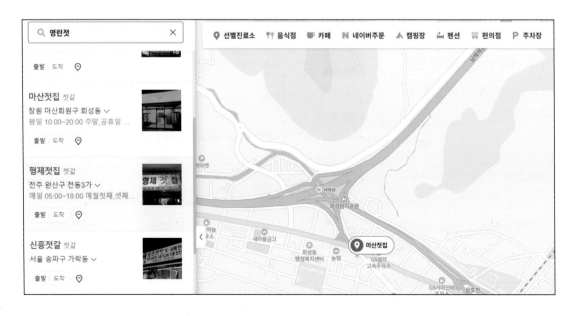

4️⃣ 거래 협의 후 구성

상품을 거래할 공급처가 확보되었다면 상품을 판매하기에 유리한 조건으로 협의되도록 고민하고 거래처와 대화를 해야 한다. 이때 확인해야 할 내용들은 다음과 같다.

■ 거래 시 필요 내용 확인

- 공급가, 발주정보, 결제방식 등의 전체적인 거래 내용을 확인한다.
- 업체명/연락처, 공급가 제안서, 발주담당자/연락처, 발주방식(카톡 or 메일), 발주마감시간, 사업자등록증, 통장사본

■ 소비자가 원하는 옵션 설정

앞서 시장 분석했던 상품들을 다시 한번 체크하고 많이 판매가 이루어진 옵션으로 상품 옵션을 설정한다.

■ 거래처와의 협의

판매할 옵션이 정해졌다면 공급처와 협의를 하여 선정된 옵션으로 판매를 진행할 수 있도록 한다.

■ 소비자 가격 형성

분석했던 경쟁상품들을 참고하고 택배비와 수수료율 등을 고려하여 소비자에게 보여질 소비자가를 정한다.

■ 배송비 책정

상품에 따라 배송비를 무료로 할지 유료로 할지 설정해준다.

5️⃣ 상품등록

판매할 상품이 정해지고 경쟁상품에 대한 분석이 어느 정도 정리되었다면 본격적으로 상품등록을 시작한다. 상품을 스마트스토어나 오픈마켓에 등록하기 위해서는 공략 키워드를 설정하여 제목에 들어갈 키워드를 잘 배치해야 한다.(이와 관련해서는 저자의 책《네이버쇼핑 스마트스토어로 상위노출 하라》의 '상품명을 결정짓는 키워드 찾기'에 자세히 나와 있으니 참조하기 바란다.)

우선, 상품등록을 할 시기를 적절하게 선택하는 것이 중요하다. 무수히 많은 사람들이 동일한 상품을 올리지만 해당 상품을 언제 올렸느냐에 따라 상품에 대한 소비자들의 반응과 구매율이 달라지므로 반드시 확인해야 할 부분이다.

네이버 데이터랩(https://datalab.naver.com/) 쇼핑인사이트를 보면 클릭량 추이를 확인할 수 있는데 1년 단위의 그래프를 확인하여 상품등록 시기를 확인할 수 있다.

예를 들어, 앞에서 언급한 강아지 우비의 경우 비가 자주 오는 여름 장마철이나 봄에 클릭량이 많아지는 것을 확인할 수 있다. 하지만 여름 장마철이 되어 상품을 올린다면 어떻게 될까? 아마 앞서 올려져 있던 상품들에 묻혀 소비자들은 내가 상품을 올렸는지도 모를 것이다. 따라서 다가올 계절보다 한두 달 정도 앞서서 상품을 등록하는 것을 권장한다.

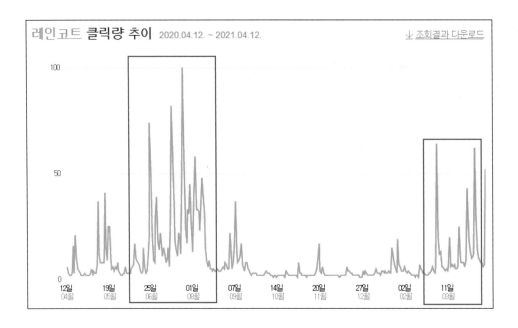

다음으로, 상품등록 시 필요한 대표 이미지와 상세페이지를 만들어야 한다. 위탁판매의 경우 제작사에서 물건을 가져오는 방식이기에 기존 이미지와 상세페이지가 있는 경우가 대부분이다. 하지만 기존의 이미지나 상세페이지를 그대로 등록했을 경우 이미 판매되고 있는 타 사이트들과 가격비교로 제품이 묶일 수 있으므로 섬네일에 등록되는 대표 이미지의 수정 작업이 꼭 필요하다.

본인만의 상세페이지를 새로 제작하면 좋겠지만 그럴 여유가 없을 때는 기존 이미지에 본인 스토어만의 로고를 넣거나 이미지의 필터를 조정하는 등의 간단한 수정 작업이라도 반드시 거쳐서 등록해주는 것을 권장한다.

04 키랩에서
아이템 찾기

1 아이템 소싱하기

아이템은 셀러들에게 가장 중요한 요소 중 하나이다. 앞에서 확인했듯이 네이버 데이터랩을 통해 키워드 트렌드 및 흐름을 파악했다면, 키워드 프로그램인 '키랩'을 통해 키워드를 좀 더 세부적으로 분석하여, 잘 팔릴 수 있는 아이템을 발굴해내는 작업이 필요하다.

> **Tip** 키랩 프로그램 이용하기
>
> • 본 도서 구매 후 '초보셀러구하기(https://cafe.naver.com/vivachae)' 카페 가입 및 인증을 통해 라이브커머스 무료 강의를 수강하신 수강생들 대상으로 '키랩 2주 무료 이용권'을 제공해 드린다.
> • 2021년 6월 이후부터 키랩을 유료로 구매하여 이용할 수 있다.

(1) 스마트스토어 〉 쇼핑인사이트 기능

키랩의 **스마트스토어 → 쇼핑인사이트**는 네이버 '데이터랩'의 '쇼핑인사이트'에 있는 '인기검색어'에 대한 키워드 데이터를 제공해주는 탭이다.

아래와 같이 네이버 '쇼핑인사이트'에서 제공하는 카테고리 분류와 동일하게 키랩에서도 카테고리를 분류하고 있다. 카테고리를 설정하면 해당 카테고리에 대한 인기검색어 TOP500위에 대한 키워드 데이터가 제공된다. 키랩 쇼핑인사이트에서 제공하는 기본값은 최근 한 달 기준 데이터이다.

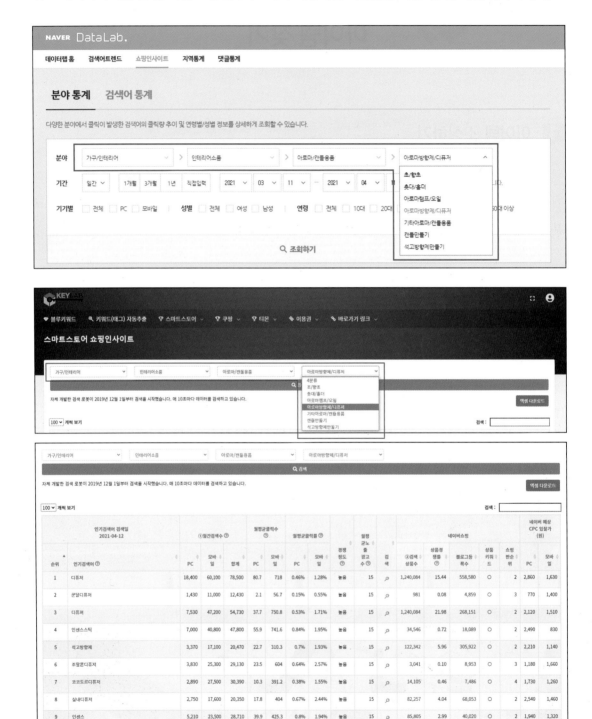

키랩에서는 키워드에 대한 다양한 데이터를 제공하고 있으며, **'엑셀 다운로드'**를 클릭하여 다운로드하면 간편하게 필요한 데이터를 정렬하여 사용할 수 있다.

키워드	월간검색수 (PC)	월간검색수 (모바일)	월간검색수 (PC+모바일)	월평균클릭수 (PC)	월평균클릭수 (모바일)	월평균클릭률 (PC)	월평균클릭률 (모바일)	경쟁정도	월평균노출 광고수	네이버쇼핑 검색상품수	네이버쇼핑 상품경쟁률	블로그등록수	상품키워드	쇼핑판순위	네이버 예상 CPC 입찰가 (모바일)	네이버 예상 CPC 입찰가 (PC)
집들이선물	22200	127000	149200	24.7	394.5	0.12	0.34		15	1262980	8.43	794056	X	0	4050	2970
디퓨저	18400	60100	78500	80.7	718	0.46	1.28	높음	15	1240084	15.44	558580	O	2	2860	1630
디퓨저	7530	47200	54730	37.7	750.8	0.53	1.71	높음	15	1240084	21.98	268151	O	2	2120	1510
인센스스틱	7000	40800	47800	55.9	741.6	0.84	1.95	높음	15	34546	0.72	18089	O	2	2490	830
인센스홀더	7700	28100	35800	44.3	578.6	0.63	2.18	높음	15	45019	1.21	12285	O	2	820	620
코코도르디퓨저	2890	27500	30390	10.3	391.2	0.38	1.55	높음	15	14105	0.46	7486	O	4	1730	1260
조말론디퓨저	3830	25300	29130	23.5	604	0.64	2.57	높음	15	3041	0.1	8953	O	3	1180	1660
인센스	5210	23500	28710	39.9	425.3	0.8	1.94	높음	15	85805	2.99	40020	O	2	1940	1320
퇴사선물	4430	18700	23130	9.3	12	0.22	0.07	높음	15	6398	0.26	100982	X	0	1090	1160
석고방향제	3370	17100	20470	22.7	310.3	0.7	1.93	높음	15	122342	5.96	305922	O	2	2210	1140
실내디퓨저	2750	17600	20350	17.8	404	0.67	2.44	높음	15	82257	4.04	68053	O	2	2540	1460
결혼선물	3180	16800	19980	5.7	7.3	0.19	0.05	높음	15	328868	17.16	2187523	X	0	4190	4030
코코도르	4520	14800	19320	17.9	177.8	0.41	1.3	높음	15	16839	0.87	9320	O	4	1330	1020
실내방향제	3160	16000	19160	17.2	268	0.57	1.8	높음	15	153460	8.01	108393	O	2	2480	1750
나그참파	3060	16000	19060	11.5	227.1	0.39	1.54	높음	15	7277	0.38	7018	O	5	1640	1300
휠레스와그로밋	2740	15700	18440	0	0	0	0	낮음	0	825	0.04	7124	O	1	70	70
말로산트	2650	15600	18250	10.4	324.1	0.41	2.15	높음	15	766	0.04	1545	O	2	400	880
향	3720	12400	16120	18.2	195.2	0.51	1.69	높음	15	1681955	104.34	15579762	O	2	1850	1580
초마루	2590	12200	14790	16.9	181	0.68	1.6	중간	5	130	0.01	694	O	4	920	2230
고보문고디퓨저	2220	11600	13820	100.1	258.1	4.69	2.4	중간	6	272	0.02	2563	O	3	450	440
룸스프레이	2380	10700	13080	12.5	105.7	0.54	1.05	높음	15	26254	1.84	102668	O	2	1440	1310
문랄디퓨저	1430	11000	12430	2.1	56.7	0.15	0.55	높음	15	981	0.08	4859	O	3	770	1400
산타마리아노벨라디퓨저	1370	10700	12070	13.5	222.1	1.02	2.27	중간	13	681	0.06	1390	O	3	530	980

여기서 주의 깊게 봐야할 부분은 **'월간검색수(PC+모바일)'**, **'네이버쇼핑 상품경쟁률'**과 **'쇼핑판 순위'**이다. '월간검색수(PC+모바일)' 부분을 '텍스트 내림차순 정렬'로 설정하면 월간검색수가 많은 것부터 보여진다. 월간검색수가 많은 순으로 정렬한 뒤 '상품경쟁률'과 '쇼핑판 순위'를 확인하면서 경쟁력 있는 아이템을 발굴해 나가면 된다.

아래 화면은 키랩_쇼핑인사이트에서 '가구/인테리어 〉 인테리어소품 〉 아로마/캔들용품 〉 아로마방향제/디퓨저'로 카테고리 설정하고 인기검색어를 엑셀로 다운로드 한 뒤 '월간검색수(PC+모바일)' 기준으로 '텍스트 내림차순 정렬'한 것이다.

키워드	월간검색수 (PC)	월간검색수 (모바일)	월간검색수 (PC+모바일)	월평균클릭수 (PC)	월평균클릭수 (모바일)	월평균클릭률 (PC)	월평균클릭률 (모바일)	경쟁정도	월평균노출 광고수	네이버쇼핑 검색상품수	네이버쇼핑 상품경쟁률	블로그등록수	상품키워드	쇼핑판순위	네이버 예상 CPC 입찰가 (모바일)	네이버 예상 CPC 입찰가 (PC)
집들이선물	22200	127000	149200	24.7	394.5	0.12	0.34	높음	15	1262980	8.43	794056	X	0	4050	2970
디퓨저	18400	60100	78500	80.7	718	0.46	1.28	높음	15	1240084	15.44	558580	O	2	2860	1630
디퓨저	7530	47200	54730	37.7	750.8	0.53	1.71	높음	15	1240084	21.98	268151	O	2	2120	1510
인센스스틱	7000	40800	47800	55.9	741.6	0.84	1.95	높음	15	34546	0.72	18089	O	2	2490	830
코코도르디퓨저	2890	27500	30390	10.3	391.2	0.38	1.55	높음	15	14105	0.46	7486	O	4	1730	1260
조말론디퓨저	3830	25300	29130	23.5	604	0.64	2.57	높음	15	3041	0.1	8953	O	3	1180	1660
인센스	5210	23500	28710	39.9	425.3	0.8	1.94	높음	15	85805	2.99	40020	O	2	1940	1320
퇴사선물	4430	18700	23130	9.3	12	0.22	0.07	높음	15	6398	0.26	100982	X	0	1090	1160
석고방향제	3370	17100	20470	22.7	310.3	0.7	1.93	높음	15	122342	5.96	305922	O	2	2210	1140
실내디퓨저	2750	17600	20350	17.8	404	0.67	2.44	높음	15	82257	4.04	68053	O	2	2540	1460
결혼선물	3180	16800	19980	5.7	7.3	0.19	0.05	높음	15	328868	17.16	2187523	X	0	4190	4030

큰 틀에서 살펴보면 '집들이선물', '퇴사선물', '결혼선물'로 아로마방향제/디퓨저를 많이 찾는다는 것을 확인할 수 있다. 이를 통해 선물로 아로마방향제/디퓨저를 많이 찾는다는 것을 확인했다면, 그 중에서도 어떤 상품을 찾는지 좀 더 세부적으로 분석해 볼 필요가 있다.

'월간검색수(PC+모바일)' 기준 내림차순으로 정렬하면 월간검색수가 많은 키워드들부터 보여진다.

상단에 위치해 있는 키워드들 중, '인센스스틱', '인센스홀더'와 '인센스'와 같은 인센스 관련 키워드들이 많이 포함되어 있는 것을 확인할 수 있다. 이는 최근 한달 동안 방향제로 '인센스' 제품을 많이 찾고 있다는 의미이기도 하다.

키워드	월간검색수 (PC)	월간검색수 (모바일)	월간검색수 (PC+모바일)	월평균클릭수 (PC)	월평균클릭수 (모바일)	월평균클릭률 (PC)	월평균클릭률 (모바일)	경쟁정도	월평균노출 광고수	네이버쇼핑 검색상품수	네이버쇼핑 상품경쟁률	블로그등록수	상품 키워드	쇼핑판 순위	네이버 예상 CPC 입찰가 (모바일)	네이버 예상 CPC 입찰가 (PC)
집들이선물	22200	127000	149200	24.7	394.5	0.12	0.34	높음	15	1262980	8.43	794056	X	0	4050	2970
디퓨저	18400	60100	78500	80.7	718	0.46	1.28	높음	15	1240084	15.44	558580	O	2	2860	1630
디퓨저	7530	47200	54730	37.7	750.8	0.53	1.71	높음	15	1240084	21.98	268151	O	2	2120	1510
인센스스틱	7000	40800	47800	55.9	741.6	0.84	1.95	높음	15	34546	0.72	18089	O	2	2490	830
인센스홀더	7700	28100	35800	44.3	578.6	0.63	2.18	높음	15	45019	1.21	12285	O	2	820	620
코코도르디퓨저	2890	27500	30390	10.3	391.2	0.38	1.55	높음	15	14105	0.46	7486	O	4	1730	1260
조말론디퓨저	3830	25300	29130	23.5	604	0.64	2.57	높음	15	3041	0.1	8953	O	3	1180	1660
인센스	5210	23500	28710	39.9	425.3	0.8	1.94	높음	15	85805	2.99	40020	O	2	1940	1320
퇴사선물	4430	18700	23130	9.3	12	0.22	0.07	높음	15	6398	0.26	100982	X	0	1090	1160
석고방향제	3370	17100	20470	22.7	310.3	0.7	1.93	높음	15	122342	5.96	305922	O	2	2210	1140
실내디퓨저	2750	17600	20350	17.8	404	0.67	2.44	높음	15	82257	4.04	68053	O	2	2540	1460
결혼선물	3180	16800	19980	5.7	7.3	0.19	0.05	높음	15	328868	17.16	2187523	X	0	4190	4030

'인센스'가 많이 찾는 아이템이라는 것을 확인했다면, 경쟁력 있는 제품 또는 키워드인지 확인해 봐야 한다. 이때는 '네이버쇼핑 상품경쟁률'과 '쇼핑판 순위'를 참고하면 좋다.

'상품경쟁률'은 상품수를 검색수로 나눈 지표이다. 상품경쟁률이 높으면 검색량 대비 상품수가 많다는 의미로, 상품경쟁률이 낮을수록 경쟁력이 좋은 상품이라고 보면 된다.

'쇼핑판 순위'는 네이버 모바일 기준 해당 키워드를 검색했을 때 네이버 페이지에서 쇼핑판이 나오는 순서를 의미한다. 쇼핑판이 상단에 위치할수록 해당 키워드가 정보성보다는 상품성이 강하다고 볼 수 있으며, 키워드 검색 시 구매로 전환될 수 있는 가능성이 높을 수 있다. 즉, '네이버 쇼핑판'이 상단에 나온다는 것은 키워드를 검색한 사용자들이 쇼핑으로 가는 경우가 많다는 의미이다.

키워드	월간검색수 (PC)	월간검색수 (모바일)	월간검색수 (PC+모바일)	월평균클릭수 (PC)	월평균클릭수 (모바일)	월평균클릭률 (PC)	월평균클릭률 (모바일)	경쟁정도	월평균노출 광고수	네이버쇼핑 검색상품수	네이버쇼핑 상품경쟁률	블로그등록수	상품 키워드	쇼핑판 순위	네이버 예상 CPC 입찰가 (모바일)	네이버 예상 CPC 입찰가 (PC)
집들이선물	22200	127000	149200	24.7	394.5	0.12	0.34	높음	15	1262980	8.43	794056	X	0	4050	2970
디퓨저	18400	60100	78500	80.7	718	0.46	1.28	높음	15	1240084	15.44	558580	O	2	2860	1630
디퓨저	7530	47200	54730	37.7	750.8	0.53	1.71	높음	15	1240084	21.98	268151	O	2	2120	1510
인센스스틱	7000	40800	47800	55.9	741.6	0.84	1.95	높음	15	34546	0.72	18089	O	2	2490	830
인센스홀더	7700	28100	35800	44.3	578.6	0.63	2.18	높음	15	45019	1.21	12285	O	2	820	620
코코도르디퓨저	2890	27500	30390	10.3	391.2	0.38	1.55	높음	15	14105	0.46	7486	O	4	1730	1260
조말론디퓨저	3830	25300	29130	23.5	604	0.64	2.57	높음	15	3041	0.1	8953	O	3	1180	1660
인센스	5210	23500	28710	39.9	425.3	0.8	1.94	높음	15	85805	2.99	40020	O	2	1940	1320
퇴사선물	4430	18700	23130	9.3	12	0.22	0.07	높음	15	6398	0.26	100982	X	0	1090	1160
석고방향제	3370	17100	20470	22.7	310.3	0.7	1.93	높음	15	122342	5.96	305922	O	2	2210	1140
실내디퓨저	2750	17600	20350	17.8	404	0.67	2.44	높음	15	82257	4.04	68053	O	2	2540	1460

'인센스' 관련 키워드의 상품경쟁률을 살펴보면 방향제 관련 다른 아이템인 '디퓨저' 관련 키워드('디퓨저', '디퓨저', '실내디퓨저')와 '석고방향제' 키워드의 상품경쟁률보다 낮은 것을 확인할 수 있다. 쇼핑판도 네이버 페이지에서 두 번째 섹션에 위치해 있다면 괜찮은 위치에 자리 잡고 있다고 볼 수 있다.

위와 같이 키워드 데이터를 분석하면서 방향제 관련하여 '인센스' 제품이 사람들이 많이 찾는 아이템이면서 비교적 경쟁력 있는 상품임을 확인해볼 수 있다.

(2) 키워드(태그) 자동추출

위의 방법을 통해 '인센스' 제품이 경쟁력 있는 아이템이라는 것을 확인했다면, 인센스 키워드와 관련된 제품이 어떤 것이 있는지 확인해 볼 필요가 있다.

이는 키랩에서 **'키워드(태그) 자동추출'** 기능을 활용해 알아볼 수 있다.

'키워드(태그) 자동추출' 탭에서 '인센스'를 검색하면 '네이버 자동완성 키워드', '쿠팡 연관 키워드', '쿠팡 자동완성 키워드'와 '티몬 연관키워드'가 나온다.

'인센스 스틱', '인센스 홀더', '인센스 콘' 등 인센스 관련 다양한 상품들이 연관 및 자동완성 키워드에 보이는 것을 확인할 수 있다. 이를 통해 단순히 인센스 스틱만 판매하기보다는 홀더, 콘도 같이 판매하는 방향도 생각해보면서 아이템 소싱에 참고할 수 있다.

2 키워드 분석하기

키랩의 **'블루키워드'** 탭에서는 키워드 분석을 위한 데이터 조회가 가능하다.

키워드 입력란에 최대 5개까지 키워드 입력이 가능하며, 입력한 키워드와 연관키워드들에 대한 데이터를 제공하고 있다. 검색조건에서 원하는 조건값을 설정하면 해당 조건에 맞는 데이터만 제공된다.

키워드	월간검색수 (PC)	월간검색수 (모바일)	월간검색수 (PC+모바일)	월평균 클릭수 (PC)	월평균 클릭수 (모바일)	월평균 클릭률 (PC)	월평균 클릭률 (모바일)	경쟁정도	월평균노출 광고수	네이버쇼핑 검색상품수	네이버쇼핑 상품경쟁률	블로그등록수	카테고리매칭	상품 키워드	쇼핑판 순위
인센스틱	7140	40800	47940	55.9	741.6	0.84	1.95	높음	15	34546	0.72	18089	가구/인테리어 > 인테리어소품 > 아로마/캔들용품 > 아로마방향제/디퓨저	O	2
인센스	5360	23700	29060	89.9	425.3	0.8	1.94	높음	15	85805	2.99	40020	가구/인테리어 > 인테리어소품 > 아로마/캔들용품 > 아로마방향제/디퓨저	O	2
나그참파	3160	16100	19260	11.5	227.1	0.39	1.54	높음	15	7277	0.38	7018	가구/인테리어 > 인테리어소품 > 아로마/캔들용품 > 아로마방향제/디퓨저	O	5
INCENSE	1100	2540	3640	0.3	12.3	0.04	0.52	높음	15	91941	21.79	16591	가구/인테리어 > 인테리어소품 > 아로마/캔들용품 > 아로마방향제/디퓨저	X	0
인센스콘	590	2600	3190	4.5	49	0.78	2.04	높음	15	9334	2.92	2703	가구/인테리어 > 인테리어소품 > 아로마/캔들용품 > 아로마방향제/디퓨저	O	2
페이퍼인센스	300	2120	2420	0.3	0.7	0.12	0.04	높음	3	1803	0.74	779	가구/인테리어 > 인테리어소품 > 아로마/캔들용품 > 아로마방향제/디퓨저	O	1
인센스스틱	280	1870	2150	0.3	3.3	0.13	0.19	높음	3	17196	16.38	4411	가구/인테리어 > 인테리어소품 > 아로마/캔들용품 > 아로마방향제/디퓨저	O	1
hem인센스스틱	390	1560	1950	5.3	91.1	1.39	6.05	높음	15	1613	0.83	1358	가구/인테리어 > 인테리어소품 > 아로마/캔들용품 > 아로마방향제/디퓨저	O	1
hem인센스	320	1580	1900	5.7	60.1	1.8	4.08	높음	15	1912	1	1621	가구/인테리어 > 인테리어소품 > 아로마/캔들용품 > 아로마방향제/디퓨저	O	1
아로마스틱	200	990	1190	2.1	51.8	1.14	5.55	높음	15	116686	91.16	15805	가구/인테리어 > 인테리어소품 > 아로마/캔들용품 > 아로마방향제/디퓨저	O	2
인센스향	160	880	1040	0.9	15.7	0.58	1.87	높음	15	28827	26.45	16239	가구/인테리어 > 인테리어소품 > 아로마/캔들용품 > 아로마방향제/디퓨저	X	0
향스틱	130	740	870	0.5	9	0.36	1.31	높음	15	35345	36.82	613	가구/인테리어 > 인테리어소품 > 아로마/캔들용품 > 아로마방향제/디퓨저	X	0
인도향	120	700	820	2.4	27.4	2	4.18	높음	15	6418	7.05	4344	가구/인테리어 > 인테리어소품 > 아로마/캔들용품 > 아로마방향제/디퓨저	X	0
인센스페이퍼	150	660	810	0	0	0	0	높음	3	240	0.46	417	가구/인테리어 > 인테리어소품 > 아로마/캔들용품 > 아로마방향제/디퓨저	O	1
스틱향	70	450	520	0.9	16	1.19	3.81	높음	15	55581	77.2	893	가구/인테리어 > 인테리어소품 > 아로마/캔들용품 > 아로마방향제/디퓨저	X	0
스틱향초	60	430	490	0.3	0.8	0.35	0.2	높음	3	3149	5.83	12648	가구/인테리어 > 인테리어소품 > 아로마/캔들용품 > 아로마방향제/디퓨저	X	0
나그참파인센스	80	410	490	0.3	0.8	0.35	0.2	높음	15	1724	3.25	2435	가구/인테리어 > 인테리어소품 > 아로마/캔들용품 > 아로마방향제/디퓨저	X	0
콘향	120	370	490	0.5	11.3	0.38	3.29	높음	15	1779	4.34	711	가구/인테리어 > 인테리어소품 > 아로마/캔들용품 > 아로마방향제/디퓨저	O	1
햄인센스	40	290	330	1.2	1.3	3.14	0.53	중간	6	1582	3.96	87	가구/인테리어 > 인테리어소품 > 아로마/캔들용품 > 아로마방향제/디퓨저	O	1
인도향초	40	280	320	0	0	0	0	높음	3	212	0.41	5815	가구/인테리어 > 인테리어소품 > 아로마/캔들용품 > 아로마방향제/디퓨저	O	1
요가향	40	280	320	0.3	11.7	0.75	4.54	높음	15	75	0.23	176	가구/인테리어 > 인테리어소품 > 아로마/캔들용품 > 아로마방향제/디퓨저	X	0
인센스스틱향	30	190	220	0	0.3	0	0.2	높음	3	7537	31.4	6204	가구/인테리어 > 인테리어소품 > 아로마/캔들용품 > 아로마방향제/디퓨저	O	1
HEM찬달	20	140	160	1	0.3	3.58	0.25	높음	3	15	0.12	149	가구/인테리어 > 인테리어소품 > 아로마/캔들용품 > 아로마방향제/디퓨저	X	0
일본향당	30	120	150	0.6	1.3	2.15	1.15	높음	15	1978	16.48	289	가구/인테리어 > 인테리어소품 > 아로마/캔들용품 > 아로마방향제/디퓨저	X	0
천연인센스	20	120	140	0	1	0	0.85	높음	3	660	7.33	2017	가구/인테리어 > 인테리어소품 > 아로마/캔들용품 > 아로마방향제/디퓨저	O	1
아로마인센스	10	120	130	0.1	0.8	0.4	0.66	높음	15	37275	266.25	2554	가구/인테리어 > 인테리어소품 > 아로마/캔들용품 > 아로마방향제/디퓨저	O	5
태우는향	20	100	120	0.3	0	1.34	0	높음	15	64	0.36	35926	가구/인테리어 > 인테리어소품 > 아로마/캔들용품 > 아로마방향제/디퓨저	O	1
샤티아나그참파	10	100	110	0	0	0	0	높음	3	1071	8.24	140	가구/인테리어 > 인테리어소품 > 아로마/캔들용품 > 아로마방향제/디퓨저	O	1
HEM화이트머스크	10	90	100	0	1.1	0	1.23	높음	3	26	0.87	196	가구/인테리어 > 인테리어소품 > 아로마/캔들용품 > 아로마방향제/디퓨저	O	1
햄인센스	10	80	90	0.3	0.3	1.86	0.47	높음	3	2004	22.27	291	가구/인테리어 > 인테리어소품 > 아로마/캔들용품 > 아로마방향제/디퓨저	O	1
아로마콘	10	70	80	0	0	0	0	높음	3	10600	151.43	6272	가구/인테리어 > 인테리어소품 > 아로마/캔들용품 > 아로마방향제/디퓨저	O	1
아로마인센스스틱	<10	80	80	0	0	0	0	높음	3	14043	200.61	1390	가구/인테리어 > 인테리어소품 > 아로마/캔들용품 > 아로마방향제/디퓨저	O	1

'인센스'라는 큰 아이템을 정했다면 키워드 분석을 통해 '인센스' 중에서도 세부적인 아이템 구상을 해볼 수 있다.

방향제 중에서는 여러 가지 향이 있을 수 있다. 추출한 데이터에서도 '아로마' 키워드가 눈에 띈다.

'아로마스틱', '아로마인센스', '아로마콘'과 '아로마인센스스틱'을 보면 월간검색수에 비해 상품경쟁률이 상당히 높은 것을 확인할 수 있다. 특히 '아로마인센스', '아로마콘'과 '아로마인센스스틱'의 경우에는 월간검색수는 100 내외이나 상품경쟁률 200 내외로, 사람들이 찾는 검색수에 비해 상품이 많이 포화되어 있다는 것을 확인해볼 수 있다.

이런 경우 인센스 아이템 소싱 과정에서 '아로마' 말고 다른 향으로 접근해보는 것도 도움이 된다.

반면, '페이퍼인센스'를 보면 월간검색수(PC+모바일) 2420, 상품경쟁률은 0.74로 검색량도 있으면서 상품경쟁력도 좋다. 관련 키워드인 '인센스페이퍼' 역시 상품경쟁률 0.46으로 사람들이 많이 찾는 것에 비해 페이퍼 유형의 인센스 상품은 비교적 많이 판매하고 있지 않다는 것을 파악할 수 있다. 쇼핑판 순위 역시 첫 번째에 위치해 있어 상품성이 강한 키워드로 볼 수 있다. 이를 통해 '페이퍼인센스'를 인센스 상품의 틈새시장으로 접근해보는 식으로 아이템을 구상해 가면 된다.

위와 같은 방법으로 키워드를 분석하면 좀 더 구체적으로 경쟁력 있는 아이템을 발굴해내는 작업이 가능하다.

3 순위 분석하기

키워드 분석을 통해 나만의 아이템을 소싱하고 스마트스토어에 상품등록까지 끝냈다면, 키랩의 **'순위관리'**를 통해 상품에 대한 지속적인 분석이 가능하다. 현재 키랩에서는 스마트스토어뿐만 아니라 쿠팡, 티몬에 대한 순위 관리가 가능하다.

분석하고 싶은 상품 URL 주소를 등록하면 해당 상품 정보를 불러온다. 순위를 확인하고 싶은 키워드를 입력 후 **'순위검색'** 버튼을 누르면 해당 키워드로 검색 시 현재 내 상품이 쇼핑 페이지에서 어디에 위치에 있는지 확인이 가능하다.

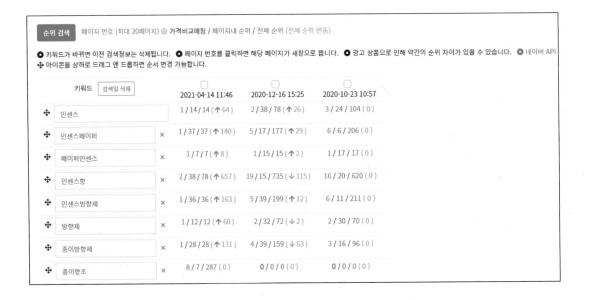

순위는 20페이지 내에 있는 상품까지만 조회 가능하며, 이전에 조회한 순위 대비 증감 표시도 같이 표시되어 이전 대비 순위가 어떻게 변화했는지도 확인할 수 있다.

'인센스' 키워드를 살펴보면 처음에는 3페이지에 위치해 있었지만 조금씩 순위가 상승하면서 현재는 1페이지에 안착한 것을 알 수 있다.

반면 '종이향초' 키워드는 이전에는 순위권 밖에 있어 순위가 조회되지 않았던 키워드이나 최근에는 8페이지에 위치하면서 종이향초 키워드를 통해 유입되는 사람들이 생겨났음을 확인할 수 있다.

이와 같이 순위관리는 내 상품뿐만 아니라 경쟁사 상품도 분석이 가능하기 때문에 이러한 정보들을 토대로 어떤 키워드를 추가하고 뺄지, 어떤 키워드에 광고를 집행할지 등 효율적인 판매 전략을 세울 수 있다.

라이브커머스,
뉴노멀 마케팅

9장

라이브커머스 마케팅 전략

01 네이버 쇼핑라이브 기획전 참여하기

1️⃣ 기획전 라이브

'기획전 라이브'는 네이버 쇼핑라이브 운영 담당자가 주제를 기획하고 판매자를 모집하여 진행하는 라이브이다.

이러한 기획전은 쇼핑원도 공식 블로그에 모집 공고 글이 올라오는데, 판매자는 이를 확인하고 제안서를 제출하면 된다. 신청 건 중 심사를 통해 선정된 건은 네이버 쇼핑라이브 메인화면 등에 노출된다.

쇼핑원도 공식 블로그는 스마트스토어센터 왼쪽 하단에 바로가기 메뉴가 있다.

▶ 네이버 쇼핑원도 공식 블로그: **https://blog.naver.com/n_shopwindow**

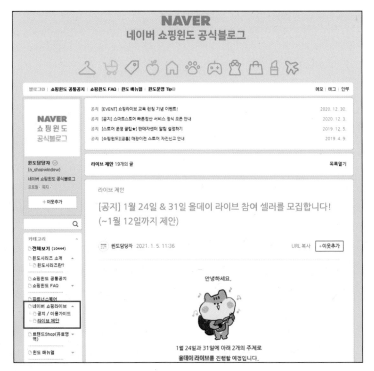

주제1. 1월 24일 - 우리집을 이쁘게 꾸며줄 새해맞이 리빙템
주제2. 1월 31일 - 신축년 설 선물 대전

해당 주제에 부합하는 셀러분들의 많은 참여를 부탁드립니다 !

진행일정

- 선정 : 각 주제별 12개 스토어
- 진행 : -1월 24일 & 31일 10:00~22:00/ 각 스토어별 1시간 동안 릴레이 라이브 진행
(라이브 진행 스케줄은, 참여 셀러 선정 후 스케줄 안내 예정)

참여신청 필수조건

- 1월 24일 또는 31일 1시간 동안 **라이브 방송 진행 가능**
- 각 주제에 부합하는 **상품 판매자** (선물대전은 선물포장형태의 상품만 제안 가능)
- 상품할인: 기존 판매가 대비 10%이상 할인 가능한 상품 3개 이상
- 라이브 진행 시 참여 가능 상품 3개 이상
- 소식받기 혜택 등록 필수

우대사항

- 네이버 오픈 라이브를 꾸준히 진행 해 오신 셀러
- 기존 판매가 대비 20~30% 이상 할인 상품으로 가격적 매력이 있는 상품
- 라이브 전용 패키지/ 한정 사은품 제공 등이 가능한 라이브
- 유니크한 상품의 외관 & 실제 시연이 가능한 상품

제안방법

- 첨부된 엑셀파일 내용 작성 후 네이버 폼을 통해 제출
- 제안하고자 하는 주제의 파일을 다운받으신 후 폼에 제안주세요!

▼주제1. 1월 24일 - 우리집을 이쁘게 꾸며줄 리빙템 제안▼

📁 1.24 새해맞이 리빙템 라이브 제안_판매자명.xlsx ⬇

N 오피스   1월 24일 새해맞이 리빙템 올데이 라이브
안녕하세요. 1월 24일 새해맞이 리빙템 주제로 올데…
naver.me

기획전 라이브는 쇼핑라이브 담당자에 의해 선정이 되어야 하는 서비스이다. 그동안의 방송 이력이나 매출, 브랜드 인지도 등 여러 가지 요건을 따져 보고 선정을 한다. 따라서 꾸준하게 라이브 방송을 진행한 후 어느 정도의 매출이 나오고 고객과의 소통이 이루어진 다음에 신청을 해주는 것이 선정에 유리하다. 이렇게 기획전에 선정되어 라이브를 해보고, 라이브 경력과 실적이 많이 쌓인 다음에는 '제휴라이브'를 신청해보는 것도 좋다.

2 제휴 라이브

'제휴 라이브'는 판매자가 직접 진행하는 라이브가 아니라, 쇼핑라이브 서비스 담당자가 판매자와 함께 진행하는 라이브로, 판매자가 직접 진행하는 라이브보다 다양한 노출 기회를 지원한다.

신청 방법은 ① 윈도별 쇼핑윈도 공식 블로그에 제안 공지가 될 경우 제안서를 제출하거나 ② 제휴 제안 페이지에서 판매자가 제안을 하면 된다.

제안된 건은 담당 부서의 심사를 통해 선정된 건에 한해 진행을 할 수 있다.

▶ 제휴제안 페이지: https://navercorp.com/naver/proposalRegister

1. 제휴제안 페이지에서 **제휴제안 작성**을 클릭한다.

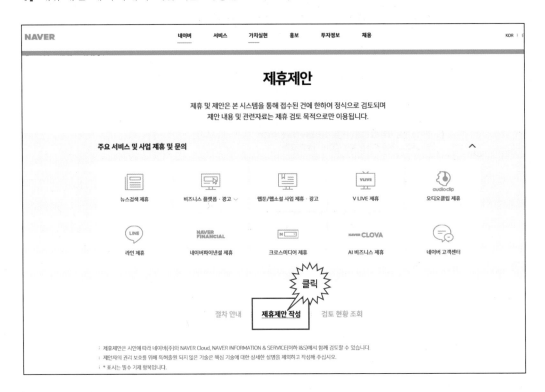

2. '제휴 희망 사이트'는 '네이버'를 선택하고, '제휴 구분'은 '네이버 쇼핑라이브'를 선택한다. 그리고 제목과 제안 내용, 업체 정보 등을 입력하고 **제휴제안 보내기**를 클릭하여 제안서를 보내면 된다. 제안된 건은 담당 부서의 심사를 통해 선정된 건에 한해 진행이 가능하다.

제휴제안 내용

제휴 희망 사이트 *	네이버	⌄
제휴구분 *	네이버 쇼핑라이브	⌄
제목 *	건강보조식품 기획전을 제안합니다.	
내용 *	1. 제안배경 2. 세부 제안 내용 3. 제휴 기대 효과	⌃ ⌄

제안자의 권리 보호를 위해 특허출원되지 않은 기술은 핵심 기술에 대한 상세한 설명을 제외하고 작성해 주십시오.

제안서 파일 첨부   [찾아보기] 파일삭제 ⊗

50MB를 초과 할 수 없으며
PDF, DOC, DOCX, PPT, PPTX, HWP, GUL, GIF, JPG, PNG, ZIP, TXT, MP3 파일만 가능합니다.

제휴제안 업체정보

구분 *	○ 공공기관 ⓘ ○ 기업 ○ 개인 ○ 기타	
회사(기관)명 *		
제안자명 *		
전화번호 *		
메일주소 *		
회사(기관) 소개서		[찾아보기] 파일삭제 ⊗

50MB를 초과 할 수 없으며
PDF, DOC, DOCX, PPT, PPTX, HWP, GUL, GIF, JPG, PNG, ZIP, TXT 파일만 가능합니다.

홈페이지 주소	
팩스번호	

☐ 유의 사항 내용을 확인 하였습니다. *

클릭

[제휴제안 보내기]   [취소]

네이버 쇼핑라이브는 ① **판매자 자체 진행(챌린지) 라이브**, ② **기획전 라이브**, ③ **제휴 라이브**가 있는데, 네이버 쇼핑라이브 메인화면 등 네이버 주요 화면에 노출되는 것은 '기획전 라이브'와 '제휴 라이브'이다. 판매자가 자체적으로 진행하는 챌린지 라이브는 노출이 되지 않는다.

따라서 쇼핑라이브 메인에 노출되기 위해서는 자체적으로 충분히 라이브 방송을 진행한 후, 라이브 기획전이나 제휴 제안을 통해 선정되면 된다. 또 라이브를 꾸준히 잘 진행하거나 독특한 콘셉트의 판매자에게는 쇼핑라이브 담당자가 역으로 기획전 요청을 해올 수도 있다.

기획전에 선정되기 위해서는 ① 무엇보다 꾸준히 라이브를 진행하여 경험이 많아야 하며, ② 독특한 콘텐츠와 상품 ③ 혜택이 많은 상품 등으로 제안하면 선정될 확률이 높다.

02 ❯❯ 네이버 쇼핑라이브 통계 분석하기

쇼핑라이브는 다양한 통계 자료를 제공하고 있다. 방송이 끝난 후에는 **'통계 리포터'**를 통해 시청자의 성별과 연령, 유입 경로, 판매량 등을 분석하여 다음 방송에 참조하면 된다.

1 🔊 쇼핑라이브 앱에서 분석하기

쇼핑라이브를 진행 중인 휴대폰에서 '종료' 버튼을 눌러 라이브를 종료하면 라이브가 종료되면서 라이브 결과 화면이 나온다. 여기에서 라이브 진행 시간, 시청수, 댓글수, 구매건수를 확인할 수 있고, '통계 리포터 보기', '나의 라이브 목록' 버튼이 있다. 또 시간이 지난 후에는 쇼핑라이브 앱에서 '나의 라이브 목록 보기'에서 라이브 통계를 확인할 수 있다.

1. 쇼핑라이브 앱에서 **나의 라이브 목록 보기**를 터치한 후 라이브의 **통계 리포트** 버튼을 터치한다.

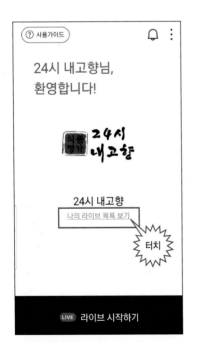

2. 통계 리포터를 확인할 수 있다. 먼저 '**스토어 전체 라이브의 통계**'가 나오고, 그 아래로 해당 라이브의 통계가 나온다. '**날짜별 누적 데이터**'에서는 '방송 당일', '방송 당일 +1일', '방송 당일 +2일'의 데이터를 확인할 수 있다. '**시청/알림 통계**'에서 시청수, 최고 동접자 수, 채팅수 등을 확인할 수 있고, '**시청자 성별 및 연령**'에서는 시청자의 성별, 연령별 비율을 확인할 수 있다. '**라이브 유입 비중**'에서는 라이브 시청자들의 유입 비율을 확인할 수 있다. '전체보기'를 터치하면 상세유입 비중을 알 수 있다. '**라이브 온에어 데이터**'에서는 '신규유입', '동시접속', '결제', '상품조회'에 따른 라이브의 재생 구간별 추이를 확인할 수 있고, 지점을 터치하면 해당 지점의 라이브 화면이 재생된다.

이러한 통계 내용을 분석하여 다음 라이브 진행 시 활용하면 된다. 특히 성별 및 연령, 유입 경로 등을 살펴보면서 타깃 대상을 연구하고, 핵심 고객층을 공략하는 전략을 펼쳐야 한다. 그리고 유입 경로 분석을 통해 다양한 경로를 통해 고객들이 유입될 수 있도록 마케팅 방안을 고민해봐야 한다.

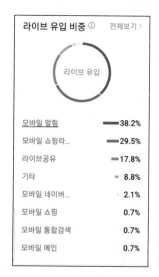

2 웹 관리툴에서 분석하기

웹 관리툴에 접속하여 PC에서 큰 화면으로 보면 한눈에 들어오므로 통계를 확인하기가 용이하다.

1. 쇼핑라이브 웹 관리툴의 '라이브 관리' 탭에서 종료된 라이브는 **통계** 버튼이 있는 것을 확인할 수 있다.

2. 통계 리포트 화면이 나온다. 제일 상단에는 '스토어 전체 라이브 통계'가 나온다.

① **라이브 개요:** 오늘 날짜 기준 데이터이다.

- 전체 방송수: 진행했던 라이브 방송 수의 합산
- 전체 시청수: 각 방송의 유니크 시청의 합산으로, 잼라이브 동시 노출 시 잼라이브의 시청수도 포함된다.
- 전체 알림 설정수: 채널의 라이브 알림 카운트로, 스마트스토어/윈도 채널이 연동된 경우 '소식받기' 카운트와 연동된다.

② **라이브 평균 통계:** 오늘 날짜 기준 데이터이다.

- 평균 시청수: 전체 시청수에서 전체 방송수를 나눈 평균값
- 평균 채팅수: 온에어 시점 채팅수에서 전체 방송수를 나눈 평균값
- 평균 결제자수 : 각 라이브에 첨부된 상품의 결제자수 합을 전체 방송수로 나눈 평균값
- 평균 결제상품수: 각 라이브에 첨부된 상품의 결제상품수 합을 전체 방송수로 나눈 평균값
- 평균 결제금액: 각 라이브에 첨부된 상품의 결제금액 합을 전체 방송수로 나눈 평균값

※ 결제는 방송일 최대 2일 누적데이터로 제공되며, 동일 사용자가 다른 스토어 구매 시 각 1개씩 집계된다. (구매취소/예약거래 미반영)

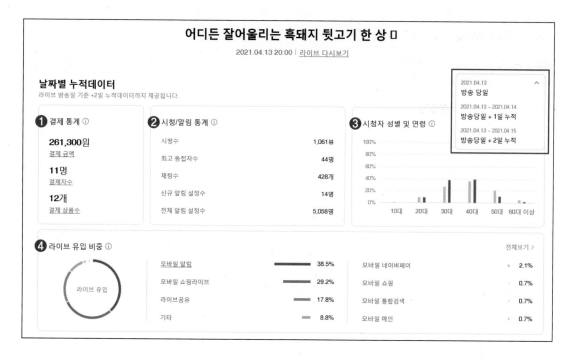

[날짜별 누적 데이터]

'방송 당일', '방송 당일 +1일 누적', '방송 당일 +2일 누적'을 선택하여 데이터를 확인할 수 있다.

① 결제 통계

- 결제 금액: 선택한 날짜 기준, 라이브에 첨부된 상품의 누적 결제금액
- 결제자수: 선택한 날짜 기준, 라이브에 첨부된 상품의 누적 결제자수
- 결제 상품수: 선택한 날짜 기준, 라이브에 첨부된 상품의 누적 결제상품수

② 시청/알림 통계

- 시청수: 선택한 날짜 기준, 방송의 유니크 누적 시청수, 잼라이브 동시 노출 시 잼라이브 시청수 포함 (시청은 네이버 로그인 + 유니크 브라우저 쿠키 기준, 시청수 집계는 방송 종료 후 최대 2일)
- 최고 동접자수: 온에어 라이브 기준, 라이브 최고 동접자수
- 채팅수: 온에어 라이브 기준, 라이브 채팅수
- 신규 알림 설정수: 선택한 날짜 기준, 신규로 설정된 라이브 누적 알림
- 전체 알림 설정수: 선택한 날짜 기준, 채널의 전체 라이브 알림수

③ 시청자 성별 및 연령

- 선택한 날짜 기준, 라이브 유니크 누적 성별, 연령 정보 (네이버 아이디 로그인 기준)

④ 라이브 유입 비중

- 선택한 날짜 기준, 네이버 내부와 외부서비스에서 라이브 뷰어로 진입한 비중 (통합검색은 상세 키워드 노출)
- ※ 유입은 방송일 최대 2일 누적데이터로 제공된다. (뷰어 내 이동은 제외, 오전 05시마다 갱신)

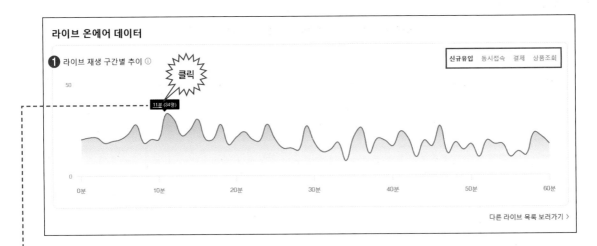

[라이브 온에어 데이터]

① **라이브 재생 구간별 추이**: '신규유입', '동시접속', '결제', '상품조회'에 따른 라이브 재생 구간별 추이를 확인할 수 있다.

- 신규유입: 온에어 라이브 기준, 1분 단위 라이브 유니크 시청수, 잼라이브 동시 노출 시 잼라이브 시청수 포함 (네이버 로그인 + 유니크 브라우저 쿠키 기준)
- 동시접속: 온에어 라이브 기준, 1분 단위 동시접속수
- 결제: 온에어 라이브 기준, 라이브에 첨부된 상품의 1분 단위 결제수 (구매취소/예약거래 미반영)
- 상품조회: 온에어 라이브 기준, 라이브에 첨부된 상품의 1분 단위 클릭수

▶ 원하는 지점을 클릭하면 해당 지점의 라이브 화면이 재생된다. 이렇게 어떤 구간에서 시청자들의 유입이 많고, 결제가 많이 일어나는지 등 라이브 시청에 대한 데이터를 확인할 수 있다.

같은 제품이라도 요일과 시간대에 따라서 유입 인원수가 차이가 있고, 구매율에도 차이가 있다. 처음 방송을 시작할 때는 요일과 시간대를 다르게 하여 진행해본 후 시청수와 구매율이 좋은 최적의 타이밍을 찾아 방송을 진행하면 된다.

네이버는 라이브 방송에 관한 데이터를 통계 리포트를 통해 제공해주고 있다. 셀러는 이 기능을 참고 및 분석하여 최적의 마케팅 전략을 세울 수 있을 것이다.

3️⃣ 스마트스토어센터에서 분석하기

1) 마케팅 분석

1. 스마트스토어센터에서 **통계 → 마케팅분석**을 클릭한다.

2. [전체채널] 탭에서 '마케팅채널별 유입수', '마케팅채널별 결제기여 금액', '마케팅채널별 유입수 및 유입당 결제율(기여도 추정)', '마케팅채널 별 비용 및 ROAS(기여도 추정)'를 확인할 수 있다.

[마케팅채널별 유입수] 쇼핑라이브를 통한 유입 수치는 '네이버쇼핑-쇼핑라이브'(초록색)로 표시된 다. 방송이 없는 날은 보통 '네이버쇼핑-검색'(보라색)으로 들어오는 유저들이 많았는데, 방송이 있는 1월 28일과 2월 3일에는 쇼핑라이브 유입이 현저히 많은 것을 확인할 수 있다.

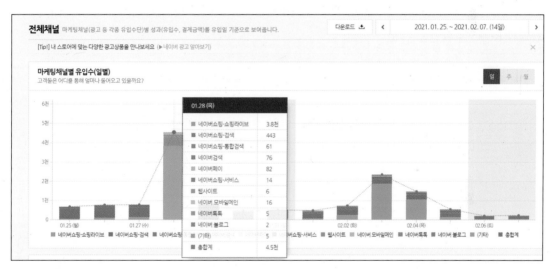

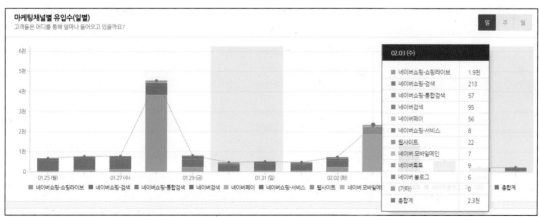

[마케팅채널별 결제기여금액] 유입 채널별로 결제기여금액을 확인할 수 있다. 유입수가 많았던 만큼 쇼핑라이브를 통한 결제액이 월등히 많은 것을 확인할 수 있다.

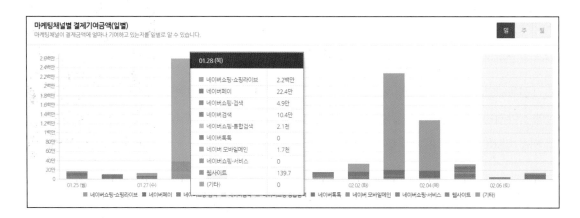

[마케팅채널별 유입수 및 유입당 결제율]에서 유입수와 결제수, 유입당 결제율을 비교해보면서 채널별 효과를 분석할 수 있다. 광고를 집행했다면 **[마케팅채널별 비용 및 ROAS]**에서 광고비 대비 결제금액과 ROAS를 확인할 수 있다.

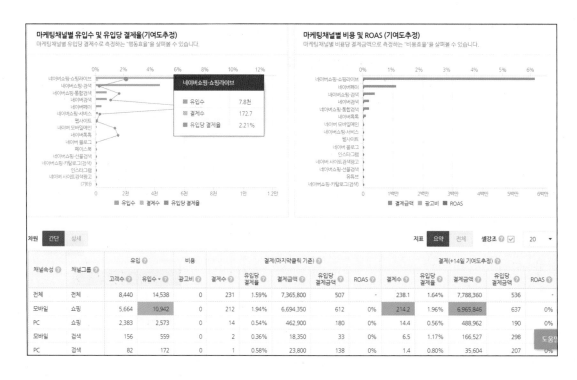

3. [검색채널] 탭에서는 '키워드별 유입수 및 유입당 결제율', '키워드별 결제금액'을 확인할 수 있다.

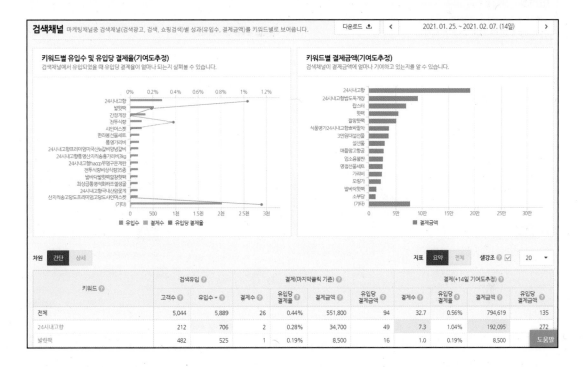

4. [인구통계]에서 내 스토어의 성별, 연령별에 따른 유입자 수와 결제금액, 결제율 등을 확인할 수 있다.

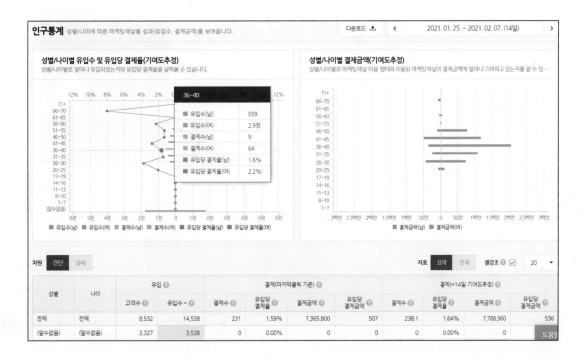

5. [시간대별]에서 시간대별 유입수와 결제수, 유입당 결제율, 결제금액을 확인할 수 있다.

이러한 마케팅 채널별 유입수, 키워드별 유입수, 성별, 타깃 고객의 성별 및 연령층, 많이 들어오는 시간대 등을 분석하고 라이브 방송을 어떻게 구성할 것인지 전략을 짜면 된다.

🔔Tip **주문 상품의 유입 경로 확인하기**

스마트스토어센터의 **판매관리 → 발주/발송관리** 메뉴에서도 '**유입경로**'를 통해 확인 가능하다. '셀렉티브'가 쇼핑라이브를 통해 유입된 것이다.

2) 판매 분석

1. 스마트스토어센터에서 **통계 → 판매분석**을 클릭한다.

2. [판매성과] 탭에서 '일별 결제 금액', '일별 결제자수 및 결제수', '요일별 결제금액', '요일별 평균결제금액', '일별 환불률' 등을 확인할 수 있다.

[**일별 결제금액**]에서는 일별로 결제금액을 살펴볼 수 있으며, 7일 평균 차트를 통해 결제금액 트렌드를 살펴볼 수 있다. 통계 그래프의 추이를 통해 특정 이슈로 인한 결제금액의 변화를 살펴볼 수 있다. [**요일별 결제금액**]에서의 통계를 통해서는 요일별로 상품 결제 현황을 알 수 있다.

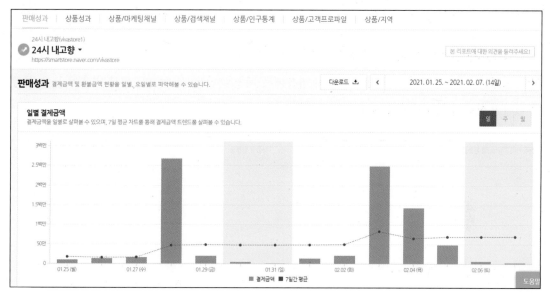

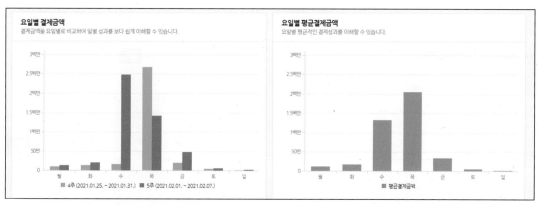

3. [상품성과] 탭의 [상품카테고리(소)별 결제금액], [상품별 결제금액]에서는 많이 팔리는 상품 카테고리와 상품을 알 수 있다. 이를 통해 자신의 주력 상품과 카테고리를 정하고, 라이브 방송을 진행하면 내 상품을 널리 알릴 수 있고 더 큰 매출을 기대할 수 있다.

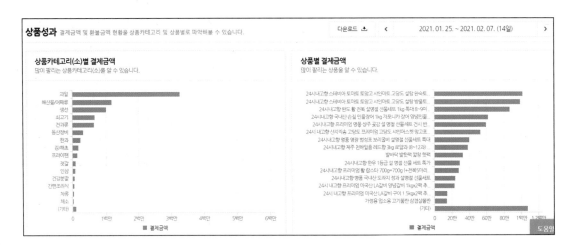

[상품카테고리(소)별 환불율], [상품별 환불율]에서는 상품에 대한 환불 비율을 알 수 있다. 환불은 품질이나 배송 등 여러 가지 이유에서 상품이 마음에 들지 않는다는 소리이다. 환불 비율이 높은 상품이 있다면 상품의 리뷰 등을 살펴보고 빨리 문제점을 개선해야 한다.

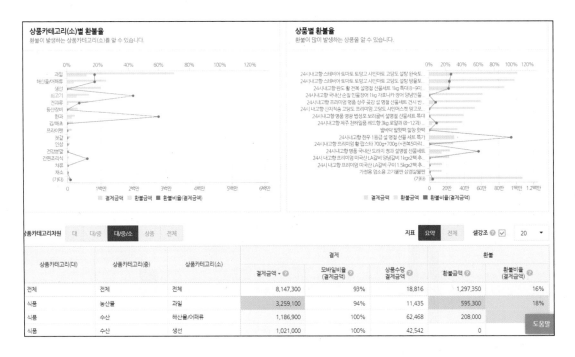

4. [상품/마케팅채널] 탭의 [**상품카테고리(소)에 따른 마케팅채널별 결제금액**], [**상품카테고리(소)에 따른 마케팅채널별 결제금액 비율**]에서는 상품카테고리별로 결제에 기여한 마케팅 채널과 비율을 알 수 있다.

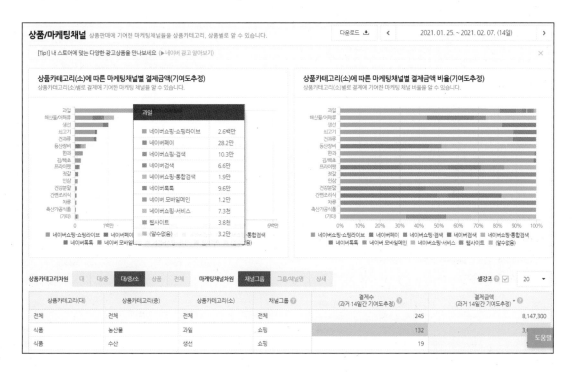

5. [상품/검색채널] 탭의 [**상품카테고리(소)에 따른 검색채널별 결제금액**], [**상품카테고리(소)에 따른 검색채널별 결제금액 비율**]에서는 상품카테고리별 상품판매에 어떤 검색채널이 얼마나 기여를 하고 있는지를 알 수 있다.

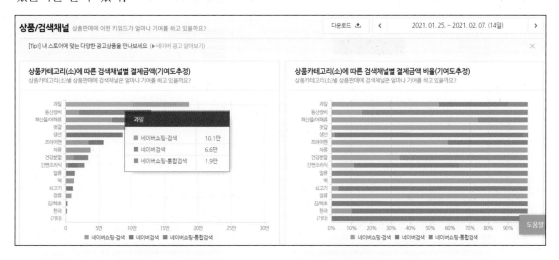

[결제금액 Top 10 상품의 키워드별 결제금액]에서는 상품별 판매에 어떤 키워드가 얼마나 기여를 하고 있는지를 알 수 있다. 이것을 통해 상품명에 넣은 블루키워드가 실제로 얼마나 판매에 영향을 미치고 있는지를 분석해볼 수 있다.

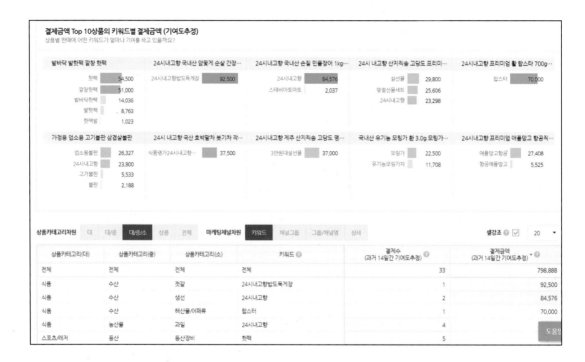

6. **[상품/인구통계]** 탭에서는 상품카테고리별로 각 성별 결제금액과 결제금액 비율을 알 수 있다.

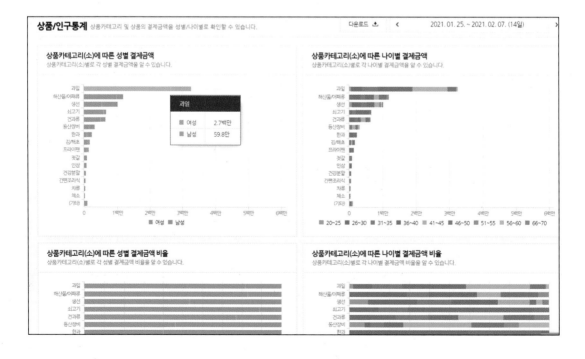

7. [상품/고객프로파일] 탭에서는 고객의 결혼 여부, 가구원 수, 직업별, 자녀 여부 등 고객 세부 분석 결과를 알 수 있다.

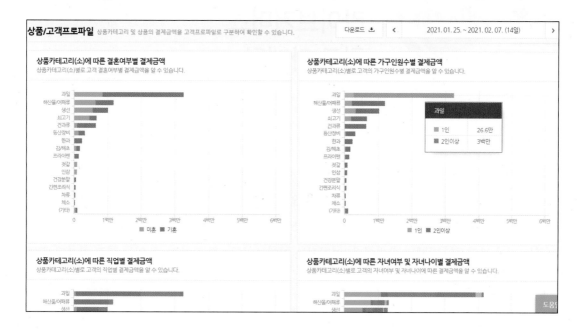

8. [상품/지역] 탭의 '상품카테고리(소)에 따른 지역별 결제금액', '상품카테고리(소)에 따른 지역별 결제금액 비율'에서는 상품카테고리(소)별로 고객의 결제지역별 결제금액과 비율을 알 수 있다.

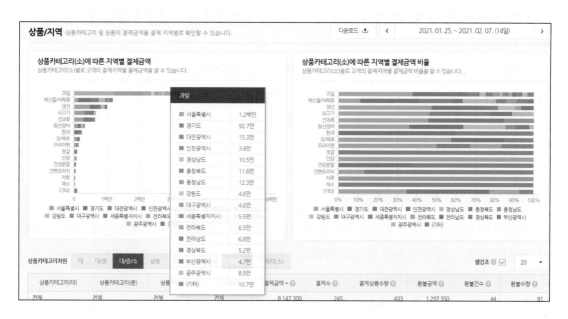

　　스마트스토어와 쇼핑라이브를 운영하는 셀러는 상품등록과 방송에만 그치지 말고 반드시 마케팅 분석, 판매 분석을 통해 더 많은 구매를 일으킬 수 있는 전략을 수립해야 한다.

라이브커머스 광고 마케팅

라이브커머스의 마케팅은 한마디로 내 라이브 방송에 많은 시청자들이 모이게 하는 것이다. 앞서 이야기한 것처럼 네이버 쇼핑라이브의 경우 '소식받기' 고객을 많이 모아 라이브 방송 알림을 보내어 고객을 유입시키는 것이 가장 기본적인 마케팅 방법이다. 그밖에 인스타그램, 페이스북, 유튜브, 블로그 등 SNS에 라이브 방송의 링크를 게시하여 고객에게 홍보하는 것이 보편적인 마케팅 방법이다. 여기서는 라이브커머스를 홍보할 수 있는 광고 마케팅에 대해서 알아보도록 한다.

1 네이버 메인광고

네이버에서 진행하는 디스플레이 광고에는 비즈니스 목적에 따라 다양하게 활용 가능한 광고 유형이 존재한다.

메인광고는 네이버 메인화면에 노출시켜주는 광고로 메인화면에 노출되는 만큼 강력한 광고 효과를 기대해 볼 수 있는 광고이다.

(1) 메인광고 _ 스페셜 DA

네이버 모바일 첫 화면에 노출되는 보장형 광고로, 기존 네이버 모바일 화면에서는 뉴스판 상단에 위치하며, 새로운 네이버 모바일 화면에서는 검색 홈 하단에 위치한다.

스페셜 DA 광고 프리미엄형에는 동영상 확장형, 이미지 확정형, 섬네일 동영상형, 가로모션형, 카운트다운형 등 다양한 유형이 있어 스페셜 DA 광고 집행 시 광고 상품 및 이벤트의 특징을 살릴 수 있는 광고 형식을 선택하는 것이 좋다.

■ 게재 지면

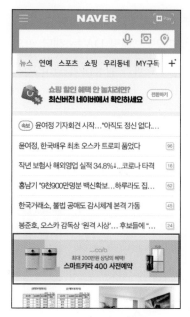

(2) 메인 광고 _ 스마트채널

스마트채널 광고는 크게 네이버 모바일 뉴스(언론사편집/MY뉴스), 연예, 스포츠판 최상단에 노출되는 상품이다. 스마트채널은 노출 보장형과 성과형 방식 두 가지가 존재하며 광고 방식에 따라 노출되는 곳이 살짝 다르다. 스마트채널 광고의 경우에는 새로운 네이버 모바일 화면에서만 노출되며 기존 네이버 화면에서는 노출되지 않는다.

■ 게재 지면

(3) 메인광고 _ 브랜딩 DA

브랜딩 DA는 네이버 모바일 뉴스, 연예, 스포츠, 검색차트판에 노출되는 광고이다.

'스마트채널'이 뉴스, 연예, 스포츠판의 최상단에 노출되는 광고였다면 '브랜딩 DA'는 해당 판의 화면 중간 정도에 노출된다. 광고 목적에 맞게 배너 내에 다양한 미디어 효과를 활용하여 광고 메시지를 전달하면 광고 효율을 보다 높일 수 있다.

■ 게재 지면

(4) 메인광고 _ 타임보드

타임보드는 네이버 PC 초기 메인화면 상단에 고정 노출되는 광고이다. 하루 24개의 시간대로 나누어 광고 상품에 맞는 최적의 시간대를 선택하여 광고를 진행할 수 있다. 이때는 주중, 주말 시간대별 예상 노출량에 따라 단가가 차등 적용된다.

■ 게재 지면

(5) 메인광고 _ 롤링보드

롤링보드는 네이버 PC 초기 메인화면 우측에 노출되는 광고이다. 로그인 영역 하단에 위치하고 있어 쉽게 눈에 띄어 주목도를 얻을 수 있다. 롤링보드 네이티브 DA는 하나의 배너 안에 대표 이미지 섬네일, 광고주명, 메인카피, 서브카피, 랜딩 버튼 등을 넣어 메시지를 압축하여 효율적으로 전달할 수 있는 광고이다.

■ 게재 지면

(6) 메인광고 _ 퍼스트뷰

퍼스트뷰는 롤링보드의 상단 영역인 타임스퀘어까지 자동 확장되어 노출되는 광고이다. 네이버 PC 메인 화면에 방문한 천 만 사용자에게 노출을 보장하고 있다.

■ 게재 지면

(7) 메인광고 _ 커플보드

커플보드는 위의 타임보드와 롤링보드 영역에 동시에 노출되는 광고로, 두 개의 광고 영역에 동시에 활용함으로써 다양한 스토리를 구성하여 보다 임팩트 있는 마케팅을 진행할 수 있다. 커플보드 진행 시에는 타임보드와 롤링보드 영역에 1시간 고정 노출이 된다.

■ 게재 지면

자료출처: https://displayad.naver.com/advertisement/main

2 🛜 네이버 서브광고

메인광고가 네이버 메인화면에 노출되는 광고라고 하면, 서브광고는 네이버 메인이 아닌 서브영역에 노출되는 광고이다. 서브영역은 메인에서 한 단계 더 클릭하여 들어간 페이지를 말한다.

(1) 서브광고 _ 모바일 통합 DA

모바일 통합 DA는 뉴스, 스포츠, 연예, 뿜, 웹소설, 웹툰, 카페, 블로그, 지식인에 노출되는 광고이다. 모바일 메인광고보다는 큰 사이즈의 배너 광고로 서비스별로 노출되는 위치는 차이가 있다.

네이티브 DA 방식은 하나의 배너 안에 이미지 섬네일, 광고주명, 메인카피, 서브카피, 랜딩 버튼을 삽입하여 필요한 정보를 한 번에 전달할 수도 있다.

또한 모바일 통합 아웃스트림 동영상형 DA를 통해 동영상을 활용한 보다 생생하고 임팩트 있는 광고를 집행할 수 있다. 진행하려는 광고 성격이 단순 이미지 형태보다 동영상 형태가 소비자의 주목을 끌 수 있는 경우에 활용하면 보다 높은 광고 효율을 기대할 수 있다.

■ 게재 지면

(2) 서브광고 _ PC 통합 DA

PC 통합 DA는 네이버 PC 화면의 다양한 영역의 서브페이지에 노출되는 광고이다. 진행할 수 있는 광고로는 우측 배너 광고, 네이티브 DA, 아웃스트림 동영상 유형이 있다.

우측 배너 광고는 뉴스, 스포츠 섹션 홈과 기사 본문 페이지의 우측 상단에 노출되며 광고주의 필요에 따라 노출 영역을 타케팅할 수 있으며, 우측 상하단 두 개의 배너 영역에 더블 플레이로 광고 진행 시 보다 높은 광고 효과를 기대할 수 있다. 모바일 통합 DA와 같이 네이티브 DA, 아웃스트림 동영상 광고도 가능하다.

■ 게재 지면

(3) 서비스 유형별 _ 서브광고

　네이버의 다양한 서비스 영역 부분에서도 배너 노출을 통한 광고를 진행할 수 있다. 날씨, 부동산, 메일, 게임카페, 금융, 자동차, 항공권/호텔, 스포츠 등 다양한 서비스 영역에서 노출이 가능한데, 진행하려는 광고와 성격이 유사한 서비스 영역 페이지에 노출된다면 더 높은 광고 효과를 기대할 수 있다. 예를 들어, 라이브 쇼핑 진행 상품으로 '양산'을 판매할 예정이라면 네이버 '날씨' 영역에 해당 라이브 광고 배너가 노출된다면 해당 상품이 '스포츠' 영역에서 노출되었을 때보다 더 높은 광고 효과를 기대해볼 수가 있다.

■ 게재 지면

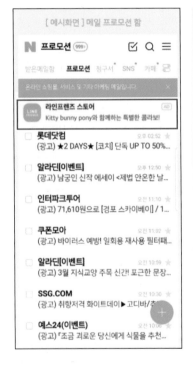

자료 출처: https://displayad.naver.com/advertisement/sub

3️⃣ 주제판 광고

네이버 메인페이지 하단 '오늘 읽을만한 글'에 정리되어 있는 주제별 판을 말한다. 현재 총 24개 (엔터, 스포츠, 자동차, 웹툰, 경제M, 레시피, 게임, 여행+, 영화, JOB&, 테크, 과학, 리빙, 비즈니스, 연애/결혼, 건강, 책문화, 부모i, 법률, 패션뷰티, 동물공감, 디자인, 중국, FARM)의 판으로 구성되어 있다.

(1) FARM판

FARM판은 먹거리 관련 정보부터 식품 유통 정보, 귀농귀촌 관련 꿀팁, 농어촌 체험 여행 정보, 도시 거주자 대상 베란다 텃밭/주말 농장 등 정보에 이르기까지 먹거리 및 농촌과 관련된 다양한 정보를 제공하고 있는 판이다.

모바일 FARM판은 일평균 32만 PV(Page View), 15만 UB(Unigue Browser) 규모의 서비스이며, 2020년 4월 기준 여성 64%와 남성 36%의 비율로 이용하고 있다.

■ 게재 지면

(2) 동물공감판

요즘 핫하게 떠오르는 반려동물과 관련된 최신 뉴스, 꿀팁 등을 제공하고 있는 판으로 텍스트 콘텐츠 이외에 동영상 및 오디오 클립까지 노출하고 있다. 모바일 동물공감판은 일평균 48만 PV, 19만 UB 규모의 서비스이고 2020년 4월 기준 여성 69%, 남성 31% 비율로 이용하고 있다.

■ 게재 지면

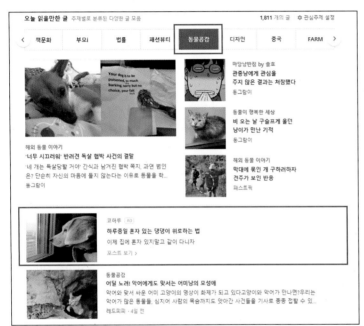

(3) 디자인판

디자인 판에서는 패션 디자인 트렌드, 국내외 공간 디자인, 독특한 디자인&아트, 공예 디자이너 및 명인 소개, 브랜드 스토리와 같은 디자인 관련 콘텐츠를 제공하고 있다. 모바일 디자인판은 일평균 32만 PV, 14만 UB 규모로 이루어져 있는 서비스이며, 2020년 04월 기준 여성 64%, 남성 36%의 비율로 이용하고 있다.

■ 게재 지면

(4) 여행+판

국내 및 해외의 최근 여행 트렌드와 여행지/맛집/숙박 등 여행에 대한 콘텐츠를 다양하게 제공하고 있다. 모바일 여행+판은 일평균 120만 PV, 50만 UB 규모의 서비스이며, 2020년 4월 기준으로 여성 57%, 남성 43%의 비율로 이용하고 있다.

■ 게재 지면

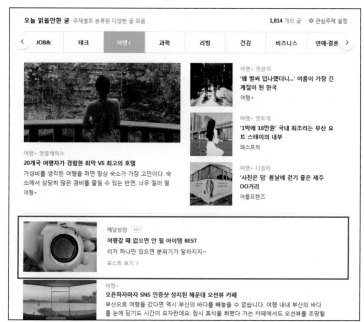

(5) 테크판

테크판에서는 전자제품 및 ICT 최신 제품을 소개하고 업계 동향, OS 사용팁, 신규 출시한 앱 소개 등의 콘텐츠를 제공하고 있다. 모바일 테크판은 일평균 70만 PV, 27만 UB 규모의 서비스이며, 2020년 4월 기준 남성 82%, 여성 18%의 비율로 이용하고 있다.

■ 게재 지면

자료 출처: https://displayad.naver.com/advertisement/topic

4 검색광고

(1) 사이트검색광고(파워링크 유형) _ CPC 방식

'사이트검색광고'는 네이버 통합검색 및 내/외부 페이지의 검색 결과에 노출되고 있는 네이버 검색광고 대표 상품으로, 네이버 검색창에 특정 키워드를 검색했을 경우 검색 결과에 제목과 설명, 사이트 URL이 노출되는 광고이다.

네이버 통합검색에 기본적으로 노출되는 사이트검색광고의 경우 크게 '파워링크'와 '비즈사이트' 영역으로 나눌 수 있다. 이때 네이버에서 파워링크는 1~10위 영역, 비즈사이트는 11~15위 영역으로 나누고 있다. 단, 키워드의 경쟁도에 따라 노출 영역이 조금씩 다를 수 있다.

기본적으로 사이트검색광고 노출은 각 키워드별 입찰가 경쟁 방식과 품질지수를 종합적으로 고려하여 노출 순서가 결정된다. 이때 '입찰가'는 해당 광고를 소비자가 한 번 클릭할 시에 최대 얼마의 비용까지 지불할 수 있는지를 의미하는 클릭당 최대 금액을 말하는데, 최소 70원에서 최대 10만 원까지 광고주가 직접 키워드별로 설정할 수 있다. 그리고 '품질지수'의 경우 네이버 광고시스템에서 '캠페인 이름 선택 → 캠페인 그룹 선택 → 키워드'를 통해 키워드별로 확인할 수 있다.

키워드 입찰가와 품질지수

사이트검색광고는 네이버 통합검색의 파워링크, 비즈사이트 영역 외에도 블로그, 카페, 지식인 등의 네이버 서비스 영역과 네이버와 제휴된 외부 제휴사이트에도 노출된다.

■ 게재 지면

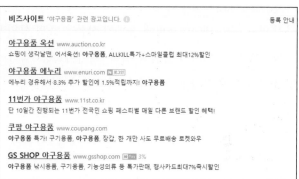

사이트검색광고는 제목 15자, 설명 45자 그리고 사이트 주소로 구성되어 노출되는데, 노출 영역에 따라 노출되는 형태나 개수가 다를 수 있다. 노출 개수의 경우 파워링크 영역에는 최대 10개, 비즈사이트 영역에는 최대 5개의 광고가 노출되며, 뷰탭, 지식인, 외부 제휴 사이트 등 노출되는 곳에 따라 광고 노출 개수가 다를 수 있다.

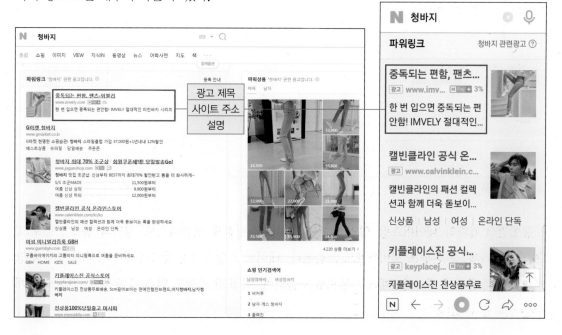

(2) 쇼핑검색광고(쇼핑검색 유형) _ CPC 방식

'네이버 쇼핑검색광고'는 상품을 구매하고자 검색하는 소비자에게 광고주가 판매하는 상품을 네이버 쇼핑검색 결과 페이지 및 네이버 통합검색의 쇼핑 영역, 모바일 콘텐츠 지면에 노출시킬 수 있는 쇼핑 특화형 검색광고 상품이다.

네이버 쇼핑검색광고는 크게 '쇼핑몰 상품형', '제품 카탈로그형', '쇼핑 브랜드형'의 세 가지로 나눌 수 있다.

▶ '쇼핑몰 상품형' 광고는 쇼핑몰 광고주가 직접 판매 중인 상품을 홍보하는 이미지형 광고 상품으로, 키워드별로 광고를 등록하여 노출하는 시스템인 '사이트검색광고'와 달리 키워드를 따로 설정하지 않고 이미 네이버쇼핑에 등록된 상품을 쇼핑 상위 영역에 노출하는 광고이다.

이 광고는 네이버 통합검색 결과 '네이버쇼핑' 영역 상단에 2개의 광고가 기본 노출되며 키워드 및 노출 유형에 따라 노출 개수는 달라질 수 있다.

네이버 통합검색 _ '네이버쇼핑' 영역

통합검색 결과의 '네이버쇼핑' 영역 외에도 네이버 쇼핑검색 '상품리스트' 영역과 '뉴스', '블로그' '지식인', '카페' 등 콘텐츠 서비스에도 노출된다. 네이버 쇼핑검색의 상품리스트 영역의 경우 해당 영역 상단과 중간에 광고가 3개씩 기본으로 노출되며, 이 또한 키워드 및 노출 유형에 따라 노출 개수는 변화할 수 있다.

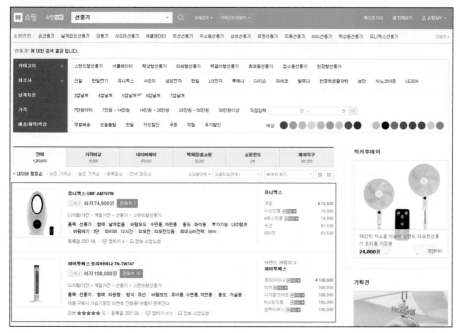

네이버쇼핑 검색 _ 상품리스트

▶ '제품 카탈로그형' 광고는 제조사 및 브랜드사가 네이버쇼핑에 구축된 제품 카탈로그를 홍보하는 형태의 이미지형 광고 상품으로, 카탈로그 제품의 소유권을 가진 브랜드사, 제조사, 국내 독점 유통권 계약자는 해당 광고를 진행할 수 있다.

네이버 통합검색 결과 네이버쇼핑 영역 상단에 2개가 기본 노출되고, 네이버 쇼핑검색 결과 상단 및 중간에 3개씩 노출되며, '더보기' 링크를 통해 추가 노출도 가능하다. 키워드 및 노출 유형에 따라 노출 개수는 달라질 수 있다.

카탈로그형 광고 또한 통합검색과 네이버쇼핑 영역 외에도 뉴스, 지식인, 카페 등 콘텐츠 서비스에도 노출된다.

네이버쇼핑 검색

▶ '쇼핑 브랜드형' 광고는 브랜드사가 공식몰을 통해 브랜드와 제품 라인업을 홍보하고자 할 때 이용하는 브랜드 전용 광고 상품이다. 해당 광고는 네이버쇼핑 브랜드 패키지 권한을 부여받은 브랜드사만 참여할 수 있다.

네이버 쇼핑검색 상단 및 하단에 기본적으로 노출되며, 검색 결과 1페이지에만 노출된다. 키워드 및 노출 유형에 따른 노출 개수는 상이할 수 있다.

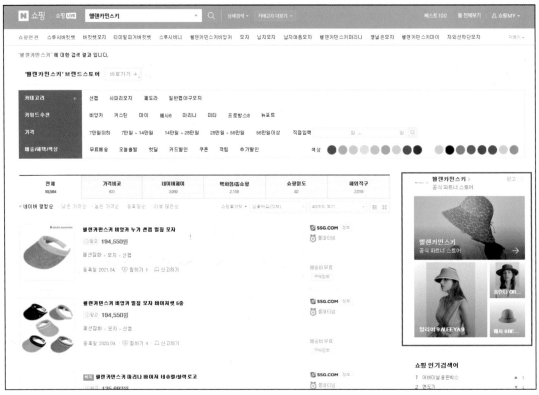

네이버쇼핑 검색

브랜드형 광고의 경우 키워드를 등록하는 과정에서 세 가지 유형의 키워드(내 브랜드명, 타사 브랜드명, 일반)로 광고를 노출시킬 수 있다. 다만, 타사 브랜드명 키워드로 광고 노출을 진행하는 경우 검색 결과 최상단 노출은 불가하며 상품리스트 우측 하단이나 페이지 하단 쪽에 노출이 된다.

• 상품리스트 우측 최상단: PC 쇼핑검색 상단에서는 한 개 브랜드의 콘텐츠와 제품 라인업을 홍보할 수 있다.
(※ 일반 키워드 검색 결과에서는 상단에 다수 브랜드가 노출된다.)
• 상품리스트 우측 최하단: PC 쇼핑검색 하단에서는 다수 브랜드의 콘텐츠와 제품 라인업을 홍보할 수 있다.
• 모바일 하단 페이지네이션 아래: 모바일 쇼핑검색 하단에서는 다수 브랜드의 제품 라인업을 홍보할 수 있다.

(3) 콘텐츠검색광고(파워컨텐츠 유형) _ CPC 방식

네이버 '콘텐츠검색광고'는 네이버 모바일 콘텐츠 영역, 네이버 통합검색 VIEW 영역, ZUM 통합검색 영역에 노출된다. 정보검색량이 많은 키워드 검색 결과에 해당 업종의 광고주가 직접 작성한 양질의 '파워컨텐츠'를 제공하는 형태의 광고이다. 네이버 포스트/블로그/카페를 통하여 신뢰성 있는 정보를 찾고자 하는 소비자의 의도를 담은 광고로, 지정된 키워드에 한해 광고가 가능하다.

'파워컨텐츠' 광고는 네이버와 ZUM 통합검색 결과 최대 3개 노출이 되며, 모바일에서는 통합검색 뷰 탭에서 최대 2개까지 노출된다. '더보기' 링크를 통해 추가 노출도 가능하다. 노출되는 광고의 개수는 키워드 및 노출 유형에 따라 달라질 수 있다.

(4) 클릭초이스 상품광고 _ CPC 방식

'클릭초이스 상품광고'는 소비자가 검색한 상품을 PC와 모바일에 최적화하여 제공하는 형태의 '상품 단위' 광고이다. 키워드를 입찰 방식으로 구매하는 파워링크 검색광고와 달리 해당 개별 상품 정보를 구 광고 관리시스템에서 등록하면 네이버 시스템에서 각 상품에 적합한 키워드 정보를 추천하고, 상품별로 추천된 키워드를 검색하면 파워상품 영역에 광고가 노출되게 하는 형태의 광고이다.

네이버 통합검색

미리보기 화면

홈 랜딩 페이지

클릭초이스 상품광고는 현재 패션잡화, 주얼리, 패션의류 관련 카테고리를 대상으로 광고가 가능하며, 상품 등록 시 제품에 맞는 카테고리를 잘 선정하여 등록하면 보다 효율적인 키워드를 추천받을 수 있다.

상품 대표 이미지, 가격, 상세 이미지 등 상품 관련 정보 영역들로 구성된 클릭초이스 상품광고는 소비자들이 상품 정보를 보다 쉽고 빠르게 파악할 수 있도록 도와준다. 통합검색과 '더보기' 화면에 노출되는 해당 광고는 상품의 기본 이미지와 가격 정보가 간단하게 노출되고 미리보기 화면을 통해 업체명, 네이버페이 및 톡톡 가능 여부, 상품명, 상품 이미지(최대 4장), 상세보기 버튼 등 보다 구체적인 정보를 노출하고 있다. 또한 몰 홈 화면으로 넘어가면 업체 대표 이미지와 업체 홍보 문구, 업체명, 상품 이미지, 상품명, 상품 가격 등의 정보도 확인할 수 있다.

파워상품 클릭초이스 상품광고는 네이버 모바일 통합검색 페이지 상단 영역, PC 통합검색 페이지 우측 상단 영역에 최대 9개의 광고가 노출되며, '더보기' 링크를 통해 추가 노출도 가능하다. 노출되는 광고의 개수는 키워드 및 노출 유형에 따라 달라질 수 있다.

자료 출처: https://saedu.naver.com/adbiz/searchad/intro.nhn

넷째
마당

라이브커머스
성공 로직

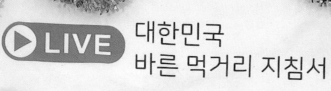

▶ LIVE 대한민국
바른 먹거리 지침서

식품
명가 24시내고향

검색창에 NAVER [24시내고향 ▾] 🔍 을 검색하세요!

🔔 24시 내고향 네이버 쇼핑라이브 방송
새해맞이 풍미가득 한우떡갈비 애플망고
쇼호스트 김우중 하지혜

10장

라이브커머스 성공 4계명

1 스몰데이터를 통해
고객 스스로 사게 하라

현시대의 고객은 과거의 소비 형태보다 더 스마트한 소비를 추구한다. 따라서 판매자인 우리는 고객보다 더욱 스마트하게 상품 판매를 해야 하며, 더 진정성 있는 모습으로 판매를 해야 한다. 그렇지 않는다면 고객은 외면할 것이다.

저자는 '제품을 팔지 말고 스토리와 소울(Soul)을 팔아라'는 말을 자주 한다. 이커머스 시장뿐만 아니라 라이브커머스 또한 스토리와 소울이 매우 중요하다.

그렇다면 스토리와 소울을 잘 적용하려면 무엇을 어떻게 추구해야 하는가? 이때 필요한 데이터가 '스몰데이터(Small Data)'이다.

스몰데이터는 개개인의 생활양식, 취향, 건강 상태, 필요 욕구 등에서 나타나는 작은 데이터(정보)를 의미하는 것으로, 개개인의 충족시키지 못하는 욕구, 욕망 등을 나타내는 개인의 행동양식을 총괄하여 말한다. 스몰데이터는 많은 양의 정보를 분석해 필요한 데이터를 제공하는 빅데이터와는 그 접근하는 방식에 있어서 차이가 있다.

빅데이터를 기반한 이커머스는 시장의 트렌드를 읽고 검색량과 전환율, 그리고 키워드 정보를 분석한 후 네이버 랭킹 상위노출을 로직화한다. 하지만 라이브커머스는 데이터를 분석한 정보를 활용하기도 하지만, 분석된 정보보다 방송 중에 실시간으로 올라오는 댓글을 통해 전해지는 고객의 취향이나 니즈를 찾아내는 것이 더 중요하다.

라이브로 시청자와 소통하면서 물건을 판매할 때는 고객이 언제 어떤 질문을 하게 될지 모른다. 상품에 대한 질문에 관해 판매자가 제대로 답하지 못하거나 고객의 짓궂은 댓글에 당황한다면 신뢰가 생기기 어렵고, 방송이 엉망이 될 수 있다. 이럴 때 상품에 관한 스몰데이터를 연구하고 분석하여 어떠한 세일즈 포인트로 공략할지 전략을 세우고 미리 준비를 한다면 성공적인 방송을 할 수 있다.

라이브커머스 셀러는 '중간 매개자로서의 경험'과 '실시간으로 전해지는 소통'에 있어서 진정성을 드러내야 한다.

셀러는 멀리 내다보면서, **팔려고 하지 말고 고객들이 사게 만들어야 한다.**

물건을 판다는 것은 판매자의 이익만을 위해 물건을 파는 개념이고, 물건을 사게 한다는 것은 품질 좋은 제품을 통해 고객에게 이익을 주고 나머지 이익을 판매자가 가져간다는 개념이다.

저자는 라이브 방송을 기획하고 상품을 준비할 때 다음의 두 가지를 중점적으로 고민한다.

첫째, 이 상품의 특징은 무엇인가?

둘째, 이 상품을 왜 사야 하는가?

판매자는 어떤 상품을 팔 것인가를 고민하고, 소비자는 어떤 좋은 제품을 살 것인가를 고민한다. 롱런하는 라이브커머스 셀러가 되기 위해선 방송을 통해 매출을 고민하기 전에 '고객의, 고객에 의한, 고객을 위한' 자세로 품질 좋은 제품을 찾는 것에 모든 에너지를 집중해야 한다. 그래야 좋은 방송을 기대할 수 있다.

저자가 관리하는 '24시 내고향'에서 진행했던 라이브커머스 방송 중에 '스테비아 토마토' 편은 1시간의 방송 동안 많은 판매고를 올린 상품으로, 방송이 끝난 후에도 지속적으로 판매가 되었다.

'스테비아 토마토' 편은 먼저 기획 단계부터 토마토 키워드에 대한 빅데이터를 통해 트렌드를 읽었다. 그리고 기존의 토마토보다 더욱 당도가 높은 토마토를 원한다는 고객의 스몰데이터를 찾아내어 고객의 욕구에 맞춰 브릭스(당도)가 탁월한 상품을 준비할 수 있었다.

방송 내내 높은 브릭스를 가진 토마토는 시연하는 쇼호스트들의 거짓 없는 탄성을 자아냈다. 이렇게 진정성 있는 상품 소개로 좋은 결과를 만들어낼 수 있었다.

직접 소통하고 정보를 나누는 라이브커머스에서는 스토리와 소울 없이는 매출을 일으키기가 쉽지 않다.

라이브커머스를 운영하는 대부분의 1인 미디어는 말을 잘하고 재미가 있으면 성공할 것이라고 생각한다. 그렇다면 진정성이 느껴지지 않더라도 웃음만을 추구하는 라이브커머스 방송이 성공을 주도해야 하는데, 사실은 그렇지 않다. 라이브커머스에서의 성공은 구매 고객들의 끊임없는 유입과 구매 그리고 재구매에 있다. 즉 상품의 퀄리티와 함께 고객의 신뢰가 중요한 것이다.

스몰데이터의 정보를 통해, 팔지 말고 사게 하는, 진정성 있는 방송만이 라이브커머스의 최고의 전략임을 명심해야 한다.

2 스토리를 통한 셀링 포인트를 기획하라

모든 상품 판매에 있어서 차별화된 셀링 포인트(Unique Selling Point)를 만드는 것은 셀러의 기본 자세이다. 특히 라이브 방송에서의 셀링 포인트는 더욱 중요하다. 라이브커머스 셀러의 셀링 포인트는 어렵게 마련한 자신의 상품을 고객에게 가장 잘 어필할 수 있는 브랜드이자 콘셉트이다.

사람들은 유명 브랜드 상품은 브랜드만을 접하고서도 그 상품의 가치를 알아보고 믿고 구매를 하게 된다. 결국 우리는 셀링 포인트를 어떻게 만들고 준비하느냐에 따라 우리가 가지고 있는 상품의 경쟁력을 끌어올릴 수 있을 것이다.

파산 위기의 레고, 스토리텔링으로 일어서다

2004년 파산 위기의 '레고'는 스토리텔링을 통한 판매 전략으로 세계 최대 완구제조사로 재도약했다. 장남감 회사 레고는 1990년대 후반 비디오게임의 유행, 중국산 저가 장난감의 공세로 실적이 악화되었다. 위기를 느낀 레고는 빅데이터를 분석한 결과, 1990년 이후 디지털 세대는 인내심이 부족하고 즉각적인 만족감에 그친다는 결론을 내렸다. 그에 따라 2003년 블록의 크기를 키워 신제품을 출시했지만, 오히려 판매가 30% 급감했고 회사가 문을 닫을 지경에 이르렀다.

이에 레고 측은 세계 각국의 가정과 소매상을 방문해 장난감에 대한 고객의 스몰데이터를 파악했다. 그 결과 최종적으로 내린 레고의 판단은 '스토리텔링'이라는 셀링 포인트였다. 레고는 레고만이 가진 특성과 스토리텔링의 중요성을 깨달은 것이다. 이후 스몰데이터에서 얻은 정보를 기반으로 블록 조립의 난이도를 높이고 영화 〈해리포터〉와 〈스타워즈〉 등과 제휴한 뒤 '레고무비'로 장난감에 스토리텔링을 입혔다. 이에 레고는 극적으로 파산 위기를 넘기고 사상 최고의 매출을 남기게 되었다. 레고사는 스토리텔링으로 위기를 타개한 것이다.

소비자의 공감을 일으키는 스토리는 일회적인 소비로 그치지 않고 반복적·충성적 구매를 유발한다.

스토리의 중요성은 문화가 중요한 산업으로 부상되면서 더욱 강조되고 있다. 미래학자 롤프 옌센(Rolf Jensen)은 "사람들은 쓸모 있는 상품보다 자신의 꿈과 감성을 만족시키는 상품을 구매하는 경향이 있다. 사람들을 매혹시키는 것은 상품의 사용가치나 교환가치가 아니라 그 상품에 깃들여 있는 이야기이다"라고 말하면서 스토리텔링의 중요성을 강조하였다.

제품과 브랜드에 소비자가 감정적으로 동요할 만한 스토리가 부여될 때 소비자는 일회적인 소비를 넘어 반복적으로, 또 충성적으로 구매하는 것이다.

또 다른 예로 '아모레퍼시픽'의 녹차 브랜드 '설록'이 있다. 설록은 국내 최초로 차(茶) 박물관인 제주도 '오설록 뮤지엄'을 설립할 정도로, 건강한 녹차 브랜드로서 인기를 끌고 있다. 그런데 사람들이 설록에 관심을 갖기 시작한 계기는 녹차의 품질이 아니라 설록의 '스토리'였다. 아모레퍼시픽 창업주인 서성환 회장은 우리나라의 차 문화를 발전시키고자 제주도의 불모지를 개간했다. 쓸쓸하고 척박한 땅을 건강하고 푸릇한 느낌의 녹차밭으로 변화시킨 것이다. 이후 대량생산으로 브랜드 제품 생산이 가능해졌고, 차 문화를 발전시키기 위해 황무지를 변화시킨 서 회장의 스토리는 소비자에게 공감을 일으켰고, 현재도 제주도 관광지로 인기를 끌고 있다.

소비자에게 녹차의 품질만을 내세워 광고하는 것은 전달력과 진정성에 한계가 있다. 하지만 그만의 스토리를 가진 제품은 그 제품을 특별하게 만들어줌으로써 소비자에게 공감을 일으킨다. 소비자는 스토리 없는 커피보다는 스토리 있는 설록을 선택하였다.

'24시 내고향' 쇼핑라이브 팀이 진행했던 '포두부' 편은 '24시 내고향' 쇼핑몰의 브랜드 이미지와는 사실 어울리지 않았다. '24시 내고향'은 산지직송과 제철 푸드를 전문으로 하는 쇼핑몰로 가공 푸드는 가급적 준비하지 않는다. 하지만 쇼핑라이브 팀은 포두부에 건강과 다이어트라는 스토리텔링을 부여했다.

포두부는 일반적으로 수입 콩이 사용된다. 그래서 쇼핑라이브 팀은 수입 콩 대신에 국산 콩을 사용한 포두부를 강조하면서 원산지에 대한 불안감을 줄이고, 더 건강한 국산 콩을 사용한 포두부라는 스토리를 부여하였다. 또한 포두부는 저탄수화물에 포만감이 좋기로 유명하기 때문에 다이어트 식품으로 각광받고 있다. 이러한 사실은 건강한 국산 콩과 더하여 '건강과 다이어트'라는 주제를 선사할 수 있는 것이다.

사실 방송할 당시에는 눈에 띄게 많은 판매를 이루지 못했지만 이후 다이어트 키워드가 급부상하게 되면서 판매량이 점점 늘었다. 이는 사람들이 포두부의 건강 다이어트 이야기에 공감하게 된 것이라고 볼 수 있다. 곧이어 건강한 국산 콩에 대한 이미지는 하루 100박스 이상 판매고를 올리는 놀라운 성과를 거두었다.

설록의 이야기처럼 제품 탄생의 숨겨진 스토리를 소비자에게 공개하면서 소비자의 마음을 움직이는 경우도 있지만, '24시 내고향' 쇼핑라이브 팀의 경우처럼 제품에 맞는 스토리를 창작함으로써 스토리텔링을 마케팅 전략으로 사용할 수도 있다.

이제 기업의 마케팅 전략에서 스토리텔링은 필수불가결한 기법이 되고 있다. 소비자들은 사연 없는 제품을 사기보다는 공감할 만한 스토리가 있고, 의미를 부여할 수 있는 제품을 찾는다. 여기서 주의할 점은 진부하고 단순한 스토리보다 소비자에게 진정성 있게 다가가는 스토리여야 할 것이다. 사연 없는 인생은 없다. 우리가 판매하는 모든 제품도 마찬가지이다. 똑똑한 셀러는 제품에 담긴 사연을 가감 없이 찾아내고 진실하게 드러낼 수 있어야 한다.

3 끼를 발산하여 팬덤을 만들어라

사람들은 자신과 가장 가까운 사람의 말을 신뢰한다

우리가 어떤 제품을 사고자 할 때 어떤 경로를 통해 사게 될까? 흔히 유명 연예인이나 인플루언서가 추천하는 제품을 살 것이라고 생각하지만 사실 우리는 나의 가족이나 친구, 지인이 추천한 상품에 더 큰 신뢰를 가진다. 어떤 제품을 구매할 것인지에 대해 조언을 구하고자 할 때 우리는 묻는다.

"너 요즘 어떤 제품 써?"

TV에서 뷰티 프로그램이 한창 유행했을 때, 사람들은 유명 연예인과 인플루언서들의 제품을 따라 구매했다. 그리고 지금은 인터넷 플랫폼인 유튜브 채널에 상품 후기를 올리는 콘텐츠가 많아져 상품 구매 후기 영상이 소비자들에게 많이 노출된다. 그러나 최근 TV 방송이나 유튜브 채널에서 일부 유튜버와 인플루언서들이 광고비를 받고 상품 구매 후기를 게시하는 과정에서 광고비를 받지 않은 것처럼 행동하는 것이 사회적으로 큰 논란이 되었다. 재정적 지원을 받으면서 상품의 장점만을 부각하는 영상이 많이 게시되면서 제품 후기를 신뢰하지 못하는 소비자가 늘어나고 있는 것이다. 그래서 최근에는 직접 사비를 써 구매한 제품에 대한 후기라는 의미의 일명 '내돈내산'이라는 키워드가 급부상하고 있다. 실제로 유튜브의 제품 후기에 대한 영상에는 '내돈내산' 제품이 맞는지 확인하는 댓글을 심심치 않게 있음을 확인할 수 있다.

이러한 사회적 양상은 소비자들이 유명인의 말을 신뢰하기보다, 자신이 직접 사비로 구매하고 가식 없이 정보를 전달해주는 내 옆의 가까운 사람의 말을 더욱 신뢰한다는 것을 말해준다.

그래서 판매자는 소비자가 스스로 제품과 기업에 대한 애정을 가지고 주변 사람들에게 진심으로 제품을 추천해주는 '팬덤'을 형성할 필요가 있다.

나와 가까운 사람의 추천은 높은 신뢰도를 보여주기 때문에 일정한 정도의 팬을 형성하고 난 후에는 소비자가 직접 제품과 기업의 홍보 역할을 훌륭하게 해내는 것이다. 특히 1인 라이브커머스는 시청자와의 소통이 매우 중요하기 때문에 유명인의 파워보다 끊임없이 서로 질문하고 답하는 '관계 맺음'이 더 큰 의미가 있다. 1인 방송을 하는 라이브커머스 셀러는 나를 조건 없이 지지해주는 약 1000명의 진정한 팬덤을 만들기 위해, 고객의 마음을 사로잡아야 한다.

팬덤은 소비자의 소소한 관심에서부터 출발한다

팬덤은 꼭 미디어에 노출되는 연예인에게만 형성되는 것이 아니다. 제품을 판매하는 브랜드에게도 팬덤이 형성될 수 있다. 대표적으로 '애플'을 들 수 있다. 애플은 제품 출시와 동시에 구매를 희망하는 소비자들이 줄을 지어 기다리는 진풍경을 펼친다. 애플의 팬덤을 형성하는 소비자들의 제품 구매 패턴을 보면 애플의 전자기기 한 가지를 먼저 접하고, 애플이 출시하는 전자기기인 맥북과 아이패드, 아이폰 등을 연동하여 사용하기 위해 또 다른 제품을 구매하는 루트로 이어진다. 그리고 만족스러운 소비를 느낀 소비자는 다른 이에게 애플의 장점을 이야기한다. 단순한 정보 전달에 그치지 않고 제품의 장점을 부각하면서 구매의 징검다리 역할을 해내는 것이다. 바로 이것이 자발적으로 형성된 팬이 그 제품의 마케팅을 맡는 선순환을 이루는 팬덤 문화인 것이다.

그렇다면 우리는 어떻게 팬덤을 형성해야 할까?

우리는 팬덤 문화를 안정적으로 이루고 있는 브랜드가 자사의 특이점을 이용하여 소비자의 흥미를 끌어낸다는 점에 주목해야 한다. 이를 라이브커머스로 적용하는 것이다.

나의 라이브커머스만의 색깔을 결정하여 서청자에게 조금의 흥미부터 끌어내는 것이다. 색깔에 이끌린 시청자의 조금의 흥미, 즉 소소한 관심은 셀러에게 질문을 하게 만들고, 소통의 시작점이 된다. 소통이 시작된 셀러와 시청자의 관계 맺음은 브랜드에 대한 친숙함을 이끌어내고, 이것은 결국 신뢰로 직결된다.

신뢰를 쌓은 고객은 단순히 호기심을 가진 방청객과 구별되어 제품과 브랜드를 지지하는 팬이 되어 응원의 댓글을 남긴다. 그러면 이 댓글은 단순한 호기심을 가진 방청객에게 큰 호감으로 다가가 이 방청객이 팬으로 거듭날 수 있게 한다.

'24시 내고향' 라이브 방송도 초반부터 많은 유입 인원을 기록한 것은 아니다. 하지만 이에 포기하지 않고 '진정한 소통'과 '꾸준한 방송'을 하면서 라이브커머스의 색깔을 정착시키기 위해 노력했다. 매회 방송을 진행하면서 꾸준함을 가지고 고객들과 진심으로 소통하고, 시청자의 소소한 관심을 이끌어내기 위해 쇼호스트들의 넘치는 끼와 열정을 방출하였다. 방송은 회를 거듭할수록 빛을 발하였다. 그러면서 차근차근 팬덤이 쌓여 '설명절'이라는 강력한 키워드를 만나면서 폭발적으로 고객이 늘어나게 되었다.

지금은 코로나로 인한 특수한 상황으로 온택트(온라인을 통한 대면) 시장이 라이브 방송에서 큰 역할을 하기도 한다. 하지만 3000명 이하였던 방문객이 10배에 달하는 3만 명으로 큰 폭으로 늘어난 것은 온택트 상황 때문만은 아닐 것이다. 매회 고객들의 필요를 충족시킬 수 있는 상품을 준비하고 고객들이 공감할 수 있는 방송을 계획하며 쏟아내는 열정과 성실함, 쇼호스트들의 매끄러운 방송 진행 등 그 모든 것이 어우러진 결과이다. 소소한 흥미에서 시작하여 팬덤으로 이어지고, 형성된 팬덤의 구매가 또 다른 팬덤 고객이 생기는 선순환으로 이어져 높은 판매율을 이룬 결과라 하겠다.

포기하지 말고 끊임 없이 소통하면서 방송하라

이것만은 분명히 말할 수 있다. '24시 내고향' 팀이 이룬 성과는 낮은 방문객 유입수에도 포기하지 않고, 우리가 정한 색깔을 유지하면서, 소비자와 교감하면서 끊임없이 방송을 진행한 결과의 산물이라는 것을.

1인 미디어 라이브커머스 셀러도 자신의 끼를 개발하고 찾아내어, 초반에 적은 방문자 수를 기록할지라도 찾아준 고객들을 소중하게 대하면서 상호 커뮤니케이션을 한다면, 브랜드를 조건 없이 지지해주는 팬덤이 생기게 될 것이고, 이것이 바로 성공의 초석이 될 것이다.

4 꾸준함을 통해
성공을 확신하라

느리더라도 멈추지 마라

2020년 10월에 라이브커머스를 기획하고 진행을 하면서 최고의 라이브커머스를 만들겠다는 원대한 포부를 세운 후 저자는 지금까지 열정을 놓아본 적이 없다.

지금도 소비자의 개별적인 니즈를 파악하는 스몰데이터와 공감을 불러일으키는 스토리에 맞는 키워드를 찾으려고 노력한다. 그리고 제품을 소싱하고, 라이브 방송을 기획하면서 의도한 대로 제품이 팔리면 정말로 짜릿한 기쁨을 느끼면서 라이브커머스 사업에 임하고 있다.

어떤 분야의 전문가가 되려면 최소한 '1만 시간의 법칙'이 존재한다.

'1만 시간의 법칙'은 미국 콜로라도대학교의 심리학자 앤더스 에릭슨이 1993년에 발표한 논문에서 처음으로 등장한 개념으로, 어떤 분야에서든 최고 전문가로 인정받으려면 1만 시간을 쏟아부어야 한다는 이론이다. 저자는 '1만 시간의 법칙'을 라이브커머스 셀러 성공의 가장 기본 원칙으로 삼으면서 실천하고 있다.

누구나 처음부터 원활하게 스몰데이터를 찾아내고 소비자를 단번에 자극하는 스토리를 기획할 수는 없다. 하지만 상품에 관해 자부심을 갖고 데이터를 찾아내려고 노력한다면 언젠가 임계점을 넘어설 날이 올 것이라 확신한다. 이렇게 켜켜이 쌓인 나의 꾸준함은 다음 제품을 기획할 때 거쳐야 하는 복잡한 단계를 조금이라도 축소해나갈 수 있는 경험치가 된다.

"임계점에 도달하기 전에는 아무리 에너지를 가해도 가시적인 변화가 나타나지 않는다. 그래서 수많은 사람들이 성공을 눈앞에 두고 포기한다. 실패하는 사람들에게는 공통점이 있다. 세상의 모든 변화에는 임계점이 존재한다는 사실을 가정하지 못한다는 것이다. 포기하는 그 순간, 성공이 바로 코앞에 있다는 사실을 깨닫지 못하는 것이다."

– 이민규, 《실행이 답이다》 중에서

꾸준함을 유지하기 위해서는 진정으로 라이브커머스가 되고 싶은가를 고찰하고 그 이유를 찾아야 한다. 이유를 찾는 것은 어렵지만 꼭 해야 한다. 라이브커머스가 되고 싶은 이유를 분명히 하게 되면 위기가 찾아올 때마다 그것이 극복할 수 있는 힘을 주기 때문이다. 이유를 찾는 것은 당연하고, 당연하다고 받아들여지는 일이 가장 핵심적인 역할을 한다.

요즘 세상에 저자처럼 평범한 개인이 부를 이룰 수 있는 곳은 라이브커머스 시장이라고 저자는 확신한다. 처음부터 모든 걸 다 혼자 하려 하지 말고 실행을 하기 전에 주변의 선배들에게 내가 하는 일이 칭찬받아 마땅한 일인지 한번 물어보길 바란다.

어떠한 일도 갑자기 이루어지지 않는다.
한 알의 과일, 한 송이의 꽃도 그렇게 되지 않는다.
나무의 열매조차 금방 맺히지 않는데
하물며 인생의 열매를 노력도 하지 않고
조급하게 기다리는 것은 잘못이다.

– 에픽테토스(Epictetus, 고대 그리스 로마의 철학자)

쉬운 길은 있어도 편한 길은 없다

고생 끝에 성공이 온다. 성공은 편하게 그리고 쉽게 오는 경우가 절대 없다. 쉽고 빠르게 성공을 바랐던 많은 라이브커머스 셀러들이 라이브 방송을 포기한다. 이들은 라이브커머스를 기획하기에 앞서 원칙과 신념을 세우는 일을 소홀히 한 것이다.

1인 미디어 셀러에 입문하면서 학습을 하는 방향은 두 가지이다. 하나는 학습을 통한 노하우를 갖고 편하게 가는 것이고, 다른 하나는 학습을 통해 얻은 노하우를 절차탁마(切磋琢磨)하여 자기만의 방송 노하우를 완성하는 것이다.

세상에 공짜는 없다. 돈을 꾸준히 버는 방법은 '원칙'과 '신념'을 지키는 데 있다. 막다른 길에 맞닥뜨리더라도 각오를 세우고 비장한 마음으로 주변을 둘러보면 반드시 새로운 길은 있다. 우리를 견디게 하고 바로 세우는 힘은 바로 이 원칙과 신념이다. 특히 원칙과 신념은 꾸준함을 바탕으로 할수록 그 힘이 세다.

성공의 열매를 맺기 위해서는 가을이라는 때가 있어야 한다. 그러니 조급해하거나 서두를 필요가 없다. 성공하는 사람은 반드시 때가 올 것이라는 확신으로 묵묵히 기다린다. 힘을 비축하면서 절대 초조해하거나 허둥대지 않는다. 또한 그저 열심히만 하는 것이 아니라 잘할 수 있는 방법이 무엇인가를 연구하면서 열심히 한다. 각자의 컨디션에 맞게 방향을 정하고, 일에 집중하다 보면 기회는 불현듯 찾아온다.

함께 가면 멀리 갈 수 있다

저자는 '검색보다 사색을 많이 하라'는 말을 자주 한다. 대부분의 사람들은 네이버, 구글, 유튜브, 커뮤니티 등에서 정보를 얻고 있는데, 단순 검색을 통한 정보는 이미 수많은 사람들이 알고 있는 정보이다. 과연 이 정보가 실제 현장에서 유용하게 먹힐지는 장담할 수 없다. 지금까지의 저자의 경험에 비추어 볼 때, 실제 현장인 실무에서 통하는 고급 정보는 실수와 실패에서 얻은 정보를 사색을 통해 가공함으로써 얻을 수 있다.

정보에 사색을 더함으로써 우리는 자신만의 고급 정보를 가지게 된다. 스스로가 고심하며 정보를 비교 분석하는 사색은 곧 차별화가 되어 실제 시장에서 통할 수 있다. 하지만 거대한 라이브커머스 시장에서, 자신의 사색에 다른 셀러들의 정보를 결합하지 못하고, 혼자만의 의견뿐인 사색은 편향된 정보로 빠질수 있기에 주의해야 한다. 1인 미디어 셀러는 고객과의 소통을 통해 수익을 창출해내는 직업이다. 그렇기 때문에 아무리 물건을 많이 판 셀러라 하더라도 그가 자신의 라이브 방송에서 소통한 고객과 그에 따른 정보는 라이브커머스라는 거대한 시장 전체에서 보면 너무나 미약한 정보일 수 있다. 따라서 다양한 분야에서 경험을 한 셀러들이 서로의 정보를 공유함으로써 우리는 사업을 더 확장해나갈 수 있고 그들과 함께 성장할 수 있다.

경험과 정보는 나누면 두 배, 세 배가 된다.
여러분께 저자의 정보를 공유하는 것도 이런 이유에서이다.
끝으로 저자가 늘 강의 때마다 하는 말을
다시 한번 강조하면서
이 책을 마무리한다.

" 혼자 가면 _____
_____ 빨리 가지만
함께 가면 멀리
갈 수 있다. _____ **"**

부록

좌충우돌 '용감한 직원들'의
라이브 방송 도전기

1. '용감한 직원들' 탄생하다

이커머스 시장에서 상품을 판매하는 셀러라면, 급성장하고 있는 라이브커머스 시장의 비전에 대해 관심이 많으면서도, 막상 시작하기에는 낯선 세계에 대한 두려움과 함께 접근의 어려움을 가지고 있을 것이다.

'용감한 직원들'은 그런 기대와 두려움 속에서 탄생했다. 우리 회사는 전문 쇼호스트가 진행하는 '24시 내고향'이라는 라이브커머스 전문 채널을 네이버 쇼핑라이브에서 진행하고 있다.

그런데 어느 날, 라이브 방송의 비전문가인 MD들이 직접 라이브 방송을 진행해보면 어떨까 하는 대표님의 말 한마디로 용감한 직원들이 탄생하게 되었다.

\# 즐거운 점심시간

김 대표: MD들이 직접 라이브 방송을 해보는 건 어떨까?

이 MD: (당황하여 노랗게 얼룩진 얼굴) …

홍 MD: (넋을 놓고 멍한 표정) …

최 과장: (갈 곳을 잃은 눈동자) …

김 대표: 아니~ MD들이 소싱해 온 제품들을 직접 판매를 해보면 상품의 가치를 좀 더 알 수 있을 거 아니겠어.

이 MD: (떨리는 목소리로) 촬영 스태프를 말씀하시는 건가요?

김 대표: 아니.

홍 MD: (희망을 건 표정으로) 그럼...?

김 대표: 알면서~~

최 과장: (반쯤 포기한 얼굴)

이 MD: (아연실색한 표정)

홍 MD: (좌절한 눈빛)

최 과장: 저희가 직접 쇼호스트로 방송을 진행해보라는 말씀이신가요?

김 대표: 그래, 재미있을 거 같지 않아?

이 MD: 그러면 저희 얼굴이 방송을 타야 한다는...

김 대표: 그렇지, 실시간 전국구 방송을 타는 거지 ㅎㅎㅎ

최 과장: ...

이 MD: ...

홍 MD: ...

김 대표: 판매가 얼마나 어려운지 알아야 상품에 대한 애착도 생기고 판매 전략도 나오지 않겠어? 그냥 데이터로 쓰려고 해보자는 거야~ 부담 갖지 않아도 돼~

최 과장: (반쯤 포기한 듯이) 한번 해보는 것도 나쁘지는 않을 것 같습니다. 홍 MD, 이 MD는 어떻게 생각해?

아아 모든 직장인이여, 이럴 때 우리가 행할 수 있는 행동은 몇 가지나 될까?
거절... 시선 피하기... 침묵... 그랬다. 우리는 머리를 떨군 채 침묵을 택했다.

홍 MD: ...

이 MD: ...

김 대표: 아니 뭐~ 꼭 하라는 말은 아니야~ (이 말을 곧이곧대로 믿는 순간 직장생활은 힘들어진다.)

홍 MD: ...

이 MD: ...

최 과장: 그래~ 하기 싫으면 안 해도 돼~

때리는 시어미보다 말리는 시누이가 더 밉다고 했던가?

이 MD: 한 번만인가요, 계속하는 건가요?

김 대표: 글쎄, 한 번만 해보면 되지 않을까?

최 과장: 한 번만 해보자.

이 MD: 과장님도 하실 거지요?

최 과장: (라이브 방송 예시를 보여주면서) 젊은 사람들이 해야지 반응이 좋을 거 같지 않아?

그랬다. 즐거워야 할 점심 식사 자리에서 우연히 나온 말이 기정 사실이 되어... 현실을 부정하고 싶었으나 월급을 주시는 대표님과 업무 재량권을 쥐고 계신 과장님의 강제성을 전~~~혀 띠지 않은 온화한 미소에 그만.... 우리는 하지 말았어야 할 행동... 고개를 끄덕이고 말았다.

우리는 용감했다. 아니 무모했다.

며칠 뒤 대표님께서 '용감한 직원들' 어때?

그렇게 일사천리로 우리 용감한 직원들의 라이브 방송이 시작되었다.

피하지 못하면 즐기라고 했던가. 이왕 하기로 한 것 잘 해내고 싶었지만, 라이브커머스(방송)에 대한 정보가 부족한 우리 MD들이 어떻게 해낼 수 있을까, 1인 미디어를 꿈꾸는 많은 비전문가 셀러들이 과연 순간적으로 이런 기회가 주어졌을 때 가능할까 하는 생각이 들었다. 하지만 전문가만 할 수 있는 라이브 방송이라면 '누구나 가능하다'라는 표어가 무색해지지는 않을까, 그리고 이 기회는 어쩌면 모두의 기회가 되지 않을까 하는 기대가 점차 생기기 시작했다.

그리하여 시작하게 되었다. '용감한 직원들'은 말 그대로 김도균 대표님의 도전정신과 용감한 직원들의 실험정신(?)이 모여서 시작하게 된 것이다.

그렇게 대표님의 무한한 지원과 격려 속에서 이 MD와 홍 MD는 라이브 방송에 첫발을 담그게 된다.

그리고 여기에 '어떻게'를 끊임없이 외치며 '용감한 직원들' 라이브 방송을 제작했던 과정과 그로 인한 고민, 그리고 함께 나누고, 좀 더 나아지고자 하는 마음과 노력은 라이브 방송에 진입하고자 하는 모든 셀러들에게 좋은 경험담이 될 수 있겠다는 마음에 '좌충우돌 용감한 직원들의 라이브 방송 제작기'를 기록한다.

2. 상품 소싱을 위한 준비 과정(선정 계기부터 업체 콘택트까지)

상품 소싱은 홍 MD가 맡기로 했다. 홍 MD는 네이버 쇼핑검색을 통해 상품을 검색하기 시작하더니, 요즘 핫한 푸드 아이템은 단연코 '밀키트'와 '간편식'일 것이라며 비장한 표정으로 간편식 검색에 열을 올렸다.

이 MD: 홍 MD, 네이버쇼핑 노출 로직은 어떻게 돼요? 같은 간편식이라도 상위노출이 잘 될 수 있는 상품군으로 정하면 어떨까요?

홍 MD: 좋은 생각이에요! 네이버쇼핑은 기본적으로 셀러가 등록한 상품 페이지와 스토어의 '적합도', 상품의 '인지도' 및 '신뢰도'를 점수화하여 노출 순위를 결정해요. 단, 광고를 진행하는 상품의 경우 별도의 기준에 따라 상단 노출이 되구요~

이 MD: 그렇군요! 그럼 혹시 쇼핑 로직에 맞춰 상품을 등록하기 전에 참고할 만한 부분이 있을까요?

홍 MD: 그럼요~ 네이버에는 판매자가 제공하는 상품 정보와 네이버에서 수집하는 사용자 로그를 종합적으로 평가하여 검색 결과를 정렬해놓은 '데이터랩'을 제공하고 있어요. 데이터랩을 통해 세부 카테고리와 연관 키워드를 찾고 저희 '키랩' 프로그램을 통해 세부 키워드 추출을 진행하는 거예요~

이 MD: 그럼 저희는 밀키트와 간편식과 관련된 제품 중에서 어떤 상품이 소비자에게 인기 있고 노출이 잘 되는지 찾으면 되는 거네요!

이에 홍 MD를 도와 네이버 검색엔진을 사용하여 '밀키트', '간편식'에 대한 정보를 얻으면서 키랩 프로그램을 통해 상품 키워드를 추출하고, 네이버쇼핑의 노출 프로세스에 따라 상품의 기준을 정하여 상품 소싱에 들어갈 준비를 했다.

우선, 네이버 데이터랩의 '쇼핑인사이트'를 참고하여 상품의 세부 카테고리를 정하고, 즉석식품이 포함되어 있는 '즉석국/즉석탕' 키워드를 추출하여 데이터를 조회해보았다. 그 결과 여러 제품 키워드 중 '갈비탕', '우거지갈비탕' 제품의 키워드가 소비자의 관심도가 가장 많은 제품군으로 분석되었다.

이렇게 상세 제품군이 확정되자, 홍 MD는 관련 데이터를 확인하고 주저 없이 '갈비탕' 상품을 생산하는 업체에 전화를 걸기 시작했다.

이 MD: 생산업체와 연락하기 전에 유념해야 할 부분이 있나요?

홍 MD: 너무 비싸진 않으면서 제품의 맛에 어울리는 그런 제품을 생산하는 회사를 선택하기 위해 노력해야 해요~

박사원: 너무 저렴하지도 않아야 하고 비싸지도 않으면서 맛도 좋은 제품이라니…! 정말 제품 선정도 아무나 하는 게 아니네요.

홍 MD: (고개를 끄덕이며) 너무 저렴하면 맛을 놓칠 수 있고, 너무 비싸면 가격 경쟁력에서 뒤처질 수 있

으므로 신중하게 접근해야 하더라고요 ㅠㅠ

이 MD: (업체 목록 리스트를 뒤적이며) 정말 고려해야 할 부분이 한두 가지가 아니네요.

홍 MD: 제가 '갈비탕' 상품을 생산하는 업체를 몇 군데 추려봤는데, 이곳은 어떨까요?

박 사원: (눈을 비비며) 제 눈에는 다 비슷비슷해 보이는데 어떤 업체를 접촉해야 할까요?

이 MD: 홍 MD님이 말씀 주신대로 가격대와 후기를 보면 그나마 여기 세 업체가 괜찮은 것 같은데... 어떠세요?

홍 MD: (고민하더니) 저도 이 MD님과 같은 생각이에요! 우선 세 업체의 샘플을 각각 주문해서 시식해보는 것이 어떨까요?

이 MD: 그게 좋을 것 같아요~ 같이 시식해보고 결정하는 거로 해요~

최종적으로 선택된 3곳의 업체 샘플을 시식해본 결과, 첫 번째 제품은 만 원대가 넘는 높은 가격의 제품이지만, 제품 퀄리티가 높았고 맛 또한 괜찮았다. 하지만 부담스러운 가격이 고민이 되는 상품이었다. 두 번째 제품은 중저가의 제품으로 제품 퀄리티는 다소 부족했으나 맛은 그럭저럭 무난한 편이었다. 마지막 제품은 ○○식품에서 제조하는 갈비탕과 우거지갈비탕이었다. 우리는 첫째 가격에 놀랐고 두 번째 그 맛에 다시 한번 놀랐다. ○○식품의 갈비탕과 우거지갈비탕은 가격 면에서도 충분히 메리트가 있었고 상대적으로 가격이 높은 상품들과 비교해봤을 때도 맛과 품질 면에서 뒤지지 않았기 때문이다.

이러한 데이터 정보와 시식 결과를 토대로 홍 MD는 ○○식품에 연락을 취해 업무적 프로세스를 바탕으로 갈비탕, 우거지갈비탕의 가격, 배송 관계 등에 대해서 조율을 시작했다. 한동안 회사에는 타이핑 소리와 함께 전화기에 열변을 토하는 홍 MD의 목소리가 끊임없이 울려 퍼졌다.

이렇게 막막하기만 하던 상품 소싱과 회사 콘택트까지의 모든 과정은 이커머스의 절대 강자인 김도균 대표님의 이커머스 교육과 회사 업무 프로세스를 바탕으로 홍 MD의 손을 거쳐 순조롭게 진행되었다.

3. 라이브 방송 준비 과정(회의 과정, 대본 준비 등)

'용감한 직원들'의 라이브 시작을 알리던 대표님의 목소리가 엊그제 같은데 벌써 상품 소싱을 마치고 본격적인 방송을 준비하고 있는 우리를 발견할 수 있었다.

이 MD: 짧은 시간 동안 정말 많은 일이 있었던 것 같은데... 홍 MD는 처음 라이브 방송에 출연해야 한다는 말을 들었을 때 어떠셨어요?

홍 MD: 대표님의 말씀도 있으셨고... 회사의 일이기 때문에 출연을 하게 되었지만, 방송이라는 새로운 커머스 환경을 경험해볼 수 있겠다는 생각이 들었어요. 내심 초보 셀러가 라이브 방송을 하면 어떻게 나오나 궁금하기도 했구요! (웃음) 하지만 이 모든 것보다 첫 라이브 방송 출연이라는 두려움은 정말이지... 상상초월이었어요...! (ㅎㅎ)

이 MD: (고개를 저으며) 어우... 저도 라이브 방송 첫 출연을 들었을 때의 당황스러움은 아직도 생생하네요! 그래도 MD로서 정말 좋은 경험이 될 수 있겠다는 생각이 들었던 것 같아요. (웃음)

피할 수 없으면 까짓것 즐겨보자는 마음으로 시작했는데, 이렇게 하나씩 일을 진행하다 보니 뿌듯한 마음에 감정이 벅차오르기 시작했다.

박사원: 두 분은 라이브 방송 준비하실 때 어느 부분에 중점을 두셨어요? 저는 옆에서 보기만 해도 너무 어렵게 느껴지더라고요.

홍 MD: 저도 라이브 방송이 처음이라 정말 막막하기만 했어요. 가장 걱정이었던 점은 실시간 라이브 방송이다 보니 실수에 대한 부담이 크더라고요. 그래서 대본을 만들고 계속해서 시뮬레이션을 했던 것 같아요!

이 MD: 맞아요~ 제가 MC 역할을 담당하고 홍 MD님은 상품을 소개하는 역할을 담당해서 시뮬레이션을 계속 했어요. 정말 연습만이 살길이다 싶었죠. (웃음) 저희 '용감한 직원들'만의 시그니처 인사부터 마무리까지 계속 고민하고 또 고민하면서 대사를 하루에 수십 번 바꿨던 것 같아요.

홍 MD: 시간 가는 줄도 모르고 대사를 정리하고, 어떻게 하면 상품에 대한 팩트를 소비자들에게 잘 전달할 수 있을지 계속 매달렸던 것 같아요!

박 사원: 그러고 보니 두 MD님들 회의실에 들어가시면 온종일 안 나올 때도 많았던 것 같아요..! 혹시 라이브 방송 준비하면서 알게 된 팁 같은 것이 있나요?

이 MD: 아~ 이렇게 바로 알려줘도 되나 모르겠네요! (웃음)

홍 MD: (웃으며) 그럼 박 사원이 커피라도 한잔 사요~

라이브 방송은 오랜 시간 동안 진행할 수 있는 방송이 아니다 보니 짧은 시간에 정확하고 임팩트 있는 정보를 전달하는 것이 중요하더라고요. 그래서 상품 구성을 빨리 전달하면서도 시청자의 관심을 불러일으킬 수 있는 소소한 요소를 많이 넣으려고 했어요~

이 MD: 맞아요~ 다른 라이브 방송을 계속 참고하면서 단어 선택과 멘트 선택은 어떻게 하는지, 들어가는 타이밍은 언제가 좋을지 계속 고민했던 것 같아요.

처음 라이브 방송의 대본을 작성할 때는 기존의 참고할 만한 대본이 있는 것이 아니라 어디서부터 어떻게 시작해야 할지 감이 잡히지 않았던 것이 사실이다. 때문에 다른 라이브 방송을 확인하면서 시선을 끄는 멘트나 도입, 중간, 마무리 타이밍에서 진행할 수 있는 멘트를 우선적으로 정리했던 것이 도움이 많이 되었다. 정리한 멘트를 참고하여 우리 '용감한 직원들'만의 멘트로 변형하였고, 정확한 상품 전달을 위해 심플하면서도 고객을 집중시킬 수 있는 멘트를 사용하려고 노력했다.

박 사원: (감탄하며) 두 분 정말 대단하신 것 같아요! 대본 연습하는 데 시간이 별로 없었던 걸로 알고 있는데, 준비하시는 데 얼마나 오래 걸렸나요?

이 MD: 하루 정도 대본을 같이 준비하고 대본 연습은 보통 당일에 했으니까 8시간 정도 한 것 같아요~ 업무 중간중간에 대본 작성과 연습을 병행했기 때문에 많은 시간을 할애할 수는 없었어요.

홍 MD: 실제로 디테일한 부분까지 세밀하게 연습할 수 있었던 시간은 4시간 정도가 아니었나 싶어요.

회사에서 이커머스 팀원으로 처리할 업무가 따로 있었기 때문에, 라이브 방송을 위해 할애할 시간은 그리 많지 않았다. 이 때문에 업무 외 시간을 활용할 수밖에 없었는데 일반적인 초보 셀러의 경우도 우리와 같지 않을까 싶다.

라이브커머스를 본업으로 하는 셀러가 아닌 직장과 병행하면서 진행하려고 하는 셀러도 충분히 짬짬이 시간을 투자하여 도전할 수 있다는 것을 꼭 말하고 싶다.

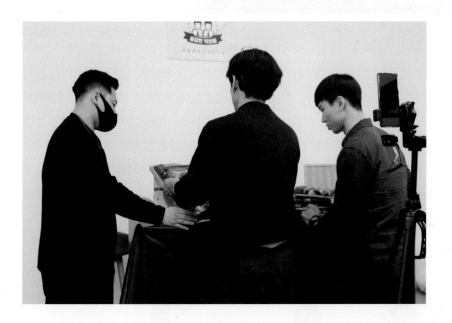

정 대리: 홍 MD가 상품 소개를 정말 생생하게 해주어서 듣는 입장에서 정말 맛보고 싶은 생각이 들더라고요~ 셀링 포인트 잡을 때는 업체랑 이야기를 했나요?

홍 MD: 네, 셀링 포인트에 대해서는 협력업체 담당자와 의견을 많이 나누었습니다. 특히 저는 직접 먹어보고 제 스스로가 맛에 만족했기 때문에 그런 경험을 소비자한테 전달하기 위해 많이 노력했습니다.

이 MD: 확실히 직접 먹어보고 느끼고 소비자한테 설명하니까 셀링 포인트를 잡기가 조금 더 수월했던 것 같아요~ 라이브 방송 전에 이것저것 경험해보고 시도해보는 것도 좋은 방법인 것 같아요.

박 사원: 두 분께서 라이브 방송 연습하면서 가장 어려웠던 부분이 뭐예요?

이 MD: 저는 주어진 50분을 맞추는 것이 생각보다 어려웠어요! 해당 시간 동안 시청자의 집중력을 끌어 내면서 멘트를 이어가기가 쉽지 않았어요. 처음 라이브 방송을 실시간으로 해야 하는 저희에게 50분이라는 시간은 굉장히 길더라고요. 더군다나 컷 해서 편집하는 영상이 아니라 실시간 방송 으로 풀로 진행해야 하니 타이밍 잡기도 어려웠고 그 부담감도 더했던 것 같아요~

홍 MD: 맞아요. 그리고 저희는 경험도 없고 평소에도 표현을 잘하지 못하는 성격이다 보니 맛을 생동감 있게 표현하는 것이 가장 어려웠어요. 어떻게 이 맛있는 갈비탕의 느낌을 라이브 방송에서 잘 전 달할 수 있을까 고민을 가장 많이 했던 것 같아요.

정 대리: 그러네요~ 방송 진행을 도와준 스태프들도 라이브 방송에 대한 경험이 없었죠?

이 MD: 카메라를 잡아 주셨던 최 과장님만 라이브 경험이 있으셨고, 다른 스태프들은 모두 MD분들이어서 라이브 방송 경험은 없었어요.

홍 MD: 라이브 경험이라고 해봤자 라이브 방송 팀 방송할 때 옆에서 구경하는 정도였답니다. (웃음) 라이브 방송에 있어서는 다 걸음마 수준이었죠.

이 MD: 김도균 대표님께서 철저하게 경험이 없는 MD들로만 진행하기를 원하셔서 '용감한 직원들' 첫 방송은 저희 회사 이커머스 팀의 직원들로만 진행했어요~

박 사원: 김도균 대표님께서 MD들의 라이브 방송을 제안하셔서 '용감한 직원들'을 진행하게 되었는데, 혹시 대표님께서 따로 말씀 해주신 것은 없었나요?

이 MD: 가장 많이 들은 말이 '편하게' 하라는 말인 것 같아요. (웃음)

홍 MD: 처음이니까 부담 갖지 말고 하라는 말씀을 많이 하셨고, 이러한 경험이 차후 좋은 시너지가 되니 준비하면서 경험을 잘 쌓아보라고 격려해주셨습니다. (하하)

박 사원: 실제로 라이브 방송을 준비한 경험이 도움이 되셨나요?

이 MD: 저희가 소싱한 제품의 포인트가 결국 셀링 포인트가 되는데, 이 셀링 포인트를 영상으로 보여주면 라이브 방송이고, 상세페이지에 녹여서 보여주면 이커머스가 아닌가 싶어요. 제품을 소싱할 때 셀링 포인트와 소구점을 명확하게 보고 체크할 수 있는 능력이 더 향상되었다는 느낌을 받았어요~

홍 MD: 맞아요~ 상품을 보는 시야가 더 넓어졌다고 할까요? 라이브 방송이 생각보다 접근이 쉽고 스마트폰만으로도 촬영이 가능한 방송이라 초보 셀러도 부담 없이 편하게 도전해 보면 좋을 것 같더라고요~

이 MD: 그리고 너무 처음부터 프로페셔널하게 진행하려고 할 필요는 없는 것 같아요~ 저희도 처음 진행할 때는 머리부터 발끝까지 낯설고 떨렸는데 (웃음) 라이브 방송을 진행해보니 진행자가 편하게 해야 보는 시청자들도 편하게 받아들이더라고요.

박 사원: 그 말씀은 정말 동의할 수밖에 없는 부분인 것 같아요. 진행하는 분이 편하게 진행하면 방송을 홀린 듯이 계속 보게 되더라고요.

　다음에 라이브 방송을 할 기회가 또 우리에게 주어진다면, 처음처럼 그렇게 큰 거부감 없이 즐겁게 참여할 수 있을 것 같다는 생각이 든다. 대표님께서 점심 식사 자리에서 라이브 방송 출연 말씀을 하셨을 때는 세상이 무너지는 느낌이 들었는데 막상 해보니 새로운 세계를 알아가는 즐거움도 있고, 하나씩 해결해나갈 때마다 오는 뿌듯함은 그 무엇과도 견줄 수 없었던 것 같다.

　물론 방송을 하면서 나는 웃고 있다고 생각했는데 영상 속의 경직된 나를 발견한 순간의 부끄러움은 문득문득 생각나 아직도 밤에 이불킥을 하게 만들지만, 수없이 미소 연습을 하면서 식사할 때까지 입에 경련이 왔던 경험은 또 하나의 소중한 추억이 된 것 같다.

　무언의 압박으로 시작했던 라이브 방송과 친해질 즈음 일련의 과정들이 종료된 것이 아쉽고 다음에 기회가 있다면 더욱 노련하게 잘 대처하면서 진행할 수 있을 것 같은 느낌이 든다.

4. 라이브 방송 촬영장 및 소품 세팅하기

■ 상품 상태 점검하기

　상품은 준비 단계부터 철저한 점검을 통해 꼼꼼하게 준비하였다. 진열 상태도 카메라에 잘 보일 수 있도록 체크하고 최대한 신선하고 생생하게 시청자에게 전달될 수 있도록 하였다.

최 과장: 제품 준비는 잘 되어가고 있나? 진열은 어떻게 하기로 했어?

홍 MD: 바닥에 상품이 진열되어 있으면 카메라에 잘 보이지 않을 것 같아서 고민 중이에요.

이 MD: 비스듬히 세워둘 수 있는 것이 있으면 좋을 것 같은데... 여러 개를 진열하려니 계속 흘러내리더라고요.

최 과장: 진열판을 만들어서 테이프로 고정하는 것은 어떨까?

홍 MD: 좋은 생각 같아요! 그럼 박스를 이용해서 진열판을 만들고 테이프로 뒷면을 고정해볼게요~

이 MD: 그런 방법이 있었네요~ 그리고 제품에 최대한 신선한 느낌을 주고 싶은데, 방금 꺼낸 것처럼 분무기로 물을 조금 뿌려보는 것은 어떨까요?

홍 MD: 좋아요! 그리고 추후에 카메라로 이 부분을 잡아주면 좋을 것 같아요~

❷ 방송 장비 및 환경 정리하기

　상품이 최대한 잘 보이면서 돋보일 수 있도록 배경이나 상품 진열 매대를 잘 정리했고 특히 방송을 통해 상품이 보이는 부분은 깔끔하게 정리 정돈하였다. 시각으로 전달되는 부분이 방송의 승패를 좌우하기 때문에 특별히 더 신경을 썼다.

홍 MD: 저희 방송 카메라에 잡히는 부분이 어디까지인가요?

최 과장: (휴대폰 화면을 확인하며) 테이블 끝에서 끝까지 나오게 조정해뒀어~

홍 MD: 그럼 화면에 깨끗하게 나올 수 있게 주변 정리를 좀 해야 할 것 같아요.

이 MD: 제품에 색상이 있어서 배경은 깔끔한 화이트 톤이 나을 것 같은데 저쪽 벽으로 옮겨볼까요?

최 과장: 그게 좋을 것 같네~ 상품 진열 매대도 카메라에 잘 잡힐 수 있도록 각도 조정을 같이 해야 할 것 같아~

3 카메라 점검하기(스마트폰)

라이브 방송의 경우 스마트폰으로 촬영하기 때문에 미리 점검하는 과정은 필수이다. 우선, 비행기 모드와 안전 문자 차단하기 등 방송 중에 문제가 될 수 있는 부분은 모두 차단해 놓는 것이 중요하다. 스마트폰으로 촬영하고 방송을 송출하기 때문에 스마트폰의 작동 요령을 잘 숙지해 놓아야 한다.

이 MD: 홍 MD님! 방송 전에 휴대폰 설정 따로 해야 할 부분이 있나요?

홍 MD: 방송 중에 알림이 오거나 문제가 될 수 있는 부분은 차단해주는 것이 좋을 것 같아요~ 요즘 재난문자 알림이 자주 오니까 이 부분 우선 차단하고 방해금지 모드 설정해주는 것이 좋죠.

이 MD: 방송사고를 대비하려면 꼭 확인해야 하는 부분이네요~ 휴대폰 자동화면 꺼짐 시간까지 길게 늘려주면 더 좋을 것 같아요.

홍 MD: 맞아요~ 중간에 화면이 꺼져버리면... 어우... 생각하기도 싫은 순간이네요!

4 스마트폰 촬영 위치와 오디오 마이크 체크하기

우리는 스마트폰의 위치를 미리 설정하여 표시해 뒀고 혹시 스마트폰이 움직이더라도 항상 그 자리에 머무를 수 있도록 각도, 거리 등을 잘 설정하여 시청자의 집중력이 떨어지지 않게 준비하였다. 오디오 또한 미리 체크하여 방송 중 제대로 작동되는지 확인하고 시청자들에게 목소리가 잘 전달될 수 있도록 준비하였다.

홍 MD: 스마트폰 위치는 여기로 설치하면 될까요?

최 과장: (뒤에 가서 화면을 확인하고) 그 위치면 적당할 것 같아. 스마트폰이 중간에 혹시 움직이더라도 방송 화면이 이 부근에 머무를 수 있도록 잘 조정해야 해.

이 MD: 미리 조정해두면 중간에 화면이 갑자기 흔들리거나 변경되어 시청자의 집중도가 떨어지는 일은 없겠네요~

홍 MD: (뿌듯해하며) 오디오랑 마이크도 미리 점검해뒀어요! 방송사고는 절대 안 돼죠!

5 MD들의 이미지 점검

MD들의 의상, 헤어, 메이크업 등 다소 부수적으로 보일 수 있는 부분도 상품 콘셉트에 맞는지 확인하였고, 용감한 직원들 콘셉트에 맞게끔 잘 준비하였다. 또한 우리 방송이 식품 방송이기 때문에 손톱에 이물질이나 때가 있는지도 꼼꼼히 확인하였으며, 위생장갑을 미리 준비해 시청자가 가질 수 있는 불쾌감을 없애는 데도 신경을 썼다.

홍 MD: 오늘 제 머리 스타일 어때요?

박 주임: 깔끔하고 괜찮은 것 같아요~ 헤어 무스 바르셨어요?

이 MD: (웃음) 아까부터 엄청 신경 쓰시던데요~ 머리 깔끔하게 뒤로 넘기셔서 단정해보여요.

홍 MD: (머쓱해하며) 다행이네요~! 처음이라 너무 긴장돼요.

이 MD: 그러게요... 홍 MD님도 하트 스티커 붙여드리고 위생장갑 드릴게요. (웃음)

홍 MD: 하트가 마치 방송 전 저의 터질 것 같은 심장 같아요. (하하)

6 상품에 대해서 숙지하기

상품 구성에 필요한 정보들을 카메라 밖 보이지 않는 부분에 부착해두어 방송 중에 쉽게 확인할 수 있도록 하였고, 출연자들도 관련 정보를 잘 숙지하여 소비자 신뢰를 높일 수 있도록 신경을 썼다. 또한 방송 중에도 상품 구성에 대해서 잊지 않도록 노력하였다.

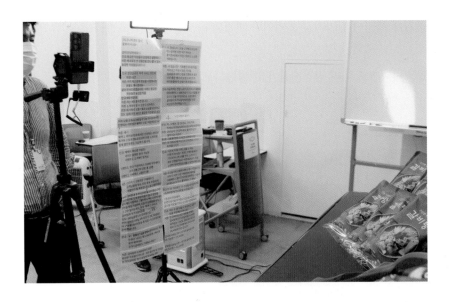

최 과장: 여기 상품 관련 정보들과 시그니처 멘트들 작성해둔 부분 잘 보여?

홍 MD: 네, 여기서는 잘 보입니다.

이 MD: 여기서도 잘 보이는데 아랫부분이 살짝 가려서 보여요. 이쪽에도 해당 정보들 하나 더 붙이면 좋을 것 같아요.

최 과장: 그것도 좋은 생각이네~ 방송할 때 실수하지 않도록 상품 구성 다시 한번 체크해줘요~

홍 MD, 이 MD: 네, 알겠습니다!

7 출연진 긴장 풀기

혀와 입의 긴장도 풀어주고, 발음, 발성 연습도 미리 해주는 것이 좋다. 그리고 스트레칭을 통해서 근육도 이완시키고 최대한 진정된 모습으로 진행하기 위해 노력하였다. 이렇게 준비 운동을 철저히 하여 방송에 임한다면 머리부터 발끝까지 긴장으로 가득했던 내 몸도 조금 더 이완시킬 수 있고, 없던 자신감도 업시킬 수 있을 것이다. 소비자들이 원하는 편안한 생방송으로 이끄는 데도 좋은 역할을 할 것이다.

홍 MD: 이 MD, 스트레칭이나 조금 할까요?

이 MD: (아에이오우 발성 연습을 하며) 머리부터 발끝까지 전부 스트레칭 하려구요. (웃음)

홍 MD: 하긴, 방송 때 멋지게 웃으려면 입도 계속 풀어줘야겠네요.

이 MD: 맞아요. (웃음) 역시 자신감 업에는 근육 펌핑이죠~ (하하)

5. 라이브 방송 리허설

라이브 방송 리허설은 총 세 번 진행하였다.

첫 번째 리허설은 라이브 방송 2일 전, 점심 식사 시간을 30분 정도 할애하여 진행하였다. 대본이 완성되지 않은 상황이라 카메라 위치와 동선 그리고 라이브 방송이 진행될 스튜디오를 잠시 경험하는 정도로 리허설을 종료했다.

최 과장: 카메라는 중앙에 휴대폰 카메라 한 대 놓을 것이고, 양 사이드로 조명과 대본 확인할 수 있는 부분 설치할 거야~

홍 MD: 그럼 저희는 중앙을 기준으로 양 사이드를 체크하면 되겠네요~

이 MD: 음식 준비할 수 있는 준비 도구는 이쪽에 위치하는 걸까요?

최 과장: 맞아~ 테이블 옆쪽에 보조 테이블 준비해 둘 예정이야.

홍 MD: 그럼 보조 테이블에서 가져와서 중앙 테이블에서 세팅하고 보여주면 되겠네요~

이 MD: 음식 조리하는 과정을 보여줄 때, 이쪽에서 하면 좋을 것 같아요!

홍 MD: 그게 좋겠어요!

두 번째 리허설은 다음날 진행되었는데, 생방송 하루 전이었다. 기존 업무를 하면서 추가적으로 시간을 빼야 하다 보니 약 30분 정도 대본 리딩을 전체적으로 해보는 정도로 마무리 지었다.

최 과장: 오늘은 전체적인 대본 리딩 한번 해봅시다~

이 MD: 좋아요~ 처음부터 끝까지 몇 번 호흡 맞춰보면서 대본에 익숙해져야 할 것 같아요.

홍 MD: 그럼 이 MD님이 먼저 멘트 쳐주시면 제가 한번 멋들어지게 받아보겠습니다!

이 MD: (웃음) 그렇담 제가 한번 시작해보겠습니다~!

마지막 리허설은 생방송 시작 5시간 전, 심장을 부여잡으며 시작했다. 방송 자체도 처음인데 생방송으로 전국구로 얼굴을 날리게 될 오늘, 실수하지 않게 최선을 다하여 리허설에 임했다.

마지막으로 대본 리딩을 하면서 호흡을 맞추어 보고 포인트 대사의 표정, 말투, 손동작 등을 다시 한 번 점검했다. 방송 중에 간단하지만 직접 요리를 해서 보여줘야 하는 부분이 있어서 실제로 방송하는 것처럼 요리 진행도 해보고 동선도 체크하는 시간을 가졌다.

이 MD: 홍 MD님~ 저희 갈비탕 직접 끓여 보는 것이 좋을 것 같아요.

홍 MD: 네~ 지금 갈비탕 팩 뜯어서 한번 부어볼게요~! (냄비에 팩을 뜯어서 붓는다.)

이 MD: 어어...? 홍 MD님 잠시만요!

홍 MD: 오오...!?! (갈비탕이 끓어 넘친다.)

이 MD: (당황하며) 너무 빠르게 넣어서 그럴까요?

홍 MD: (끓어 넘친 갈비탕을 정리하며) 그런가봐요. 생방송이 아닌 것이 다행이네요.

이 MD: 정말 미리 예행연습을 해보길 잘했네요. 생방송이었음 큰일 날 뻔했어요.

리허설을 방송 전에 미리 해보면 정말 생각지도 못한 사고들이 이것저것 발생하곤 하는데, 이때의 경험이 있었기에 실제 생방송에서 노련하게 대처할 수 있었던 것 같다.

홍 MD: 이 MD님, 리허설하는 것을 휴대폰으로 녹화해봤는데, 우리 소리가 뭉쳐서 웅얼거리는 것처럼 들리는 부분이 있어요.

이 MD: (녹화본을 들어보며) 어 그러네요? 그럼 이 부분에서는 대사를 분리해서 따로따로 이야기해보면 어떨까요?

홍 MD: 그거 좋은 생각이네요. 이 부분만 다시 한번 녹음해볼게요~

최 과장: 휴대폰 내장 녹음기로 목소리가 바로 들어가서 그럴 수도 있어요. 대사 분리해서 녹음해보고 마이크 페어링 한번 다시 확인해봅시다.

리허설 때 생긴 소소한 일들도 그냥 지나치지 말고 하나씩 점검해보는 것이 좋다. 이때 세세하게 체크했던 포인트들이 실제 라이브 방송의 방송사고를 대폭 줄여주는 역할을 해줄 것이다.

6. 라이브 방송 이벤트 진행

용감한 직원들 라이브 방송을 준비하면서 가장 신경 썼던 부분이 이벤트에 대한 부분이 아니었나 싶다. 과한 이벤트는 라이브 방송에 영향을 주고 부족한 이벤트는 시청자들로부터 흥미 유발을 일으킬 수 없기 때문이다. 우리는 일단 댓글, 문자와 소통하기 위해서 댓글을 올리는 시청자 중 10명에게 줄 이벤트 선물을 준비하기로 했다. 이벤트 선물을 선택하는 데에도 센스가 필요하다. 선물을 얻기 위해 시청자들이 이벤트에 기꺼이 참여할 만한 상품이 무엇일까?

최 과장: 라이브 방송에서 시청자를 끌어들이기 위해선 이벤트가 중요해요. 어떤 이벤트가 좋을지 고민 좀 해봐요~

이 MD: 누구나 쉽게 참여할 수 있는 댓글 이벤트는 어때요?

홍 MD: 좋은데요? 근데 댓글 참여한 사람들한테 모두 선물을 주는 건 무리가 있을 것 같은데...

이 MD: 10분 정도만 주면 좋을 거 같아요.

최 과장: 10명 괜찮네. 선물을 어떤 것으로 하는 게 좋지? 요새 트렌드가 뭐야?

홍 MD: 음, 너무 과하지도 않으면서 참여를 유도할 만한 선물이 좋을 것 같은데... 일상생활에서 있으면 좋은 선물들 있잖아요~

이 MD: 마스크? 요새 마스크는 필수템이잖아요! 마스크 하나만 주기는 그러니까 마스크 한 세트를 주는 것은 어때요?

정 대리: (조용히 옆에서 듣더니) 과장님! 그럼 저도 댓글 쓰면 마스크 받을 수 있어요?

최 과장: 하하하, 주변 지인들한테 라이브 홍보나 부탁해요. 아니 여기서 직원들 의견이 필요할 거 같네요. 이런 선물 받으면 이벤트에 참여할 거 같다 하는 것 있나요?

직원 1: (의미심장한 미소를 띠며) 음, 에어팟?

직원 2: 스타벅스 쿠폰 어때요? 요새 스타벅스 쿠폰 준다고 하면 싫어하는 사람 없어요.

최 과장: 에어팟은 배보다 배꼽이 더 커진 거 같고, 스타벅스 쿠폰 좋네요. 대신 스타벅스 쿠폰은 댓글보다는 구매자들 대상으로 주면 좋을 거 같고요~

이 MD: 스타벅스 쿠폰도 구매자들 중에서 5분 정도 추첨해서 주는 게 좋을 거 같아요!

최 과장: 그래요. 그럼 댓글 참여자 중 10명 선정해서 마스크 세트, 구매자 중 5명 선정해서 스타벅스 쿠폰 주는 걸로 하면 되겠네요~

이렇게 우리는 고민하고 고민한 끝에 마스크 세트와 스타벅스 커피 쿠폰으로 결정했다.

누구나 가볍게 참여할 수 있는 댓글 이벤트의 경우에는 추첨을 통해서 마스크 세트를 제공하면 많은 댓글 참여를 유도할 수 있고 라이브 방송 진행에 있어서도 훨씬 수월할 수 있다. 실제로 방송을 직접 해보면서 '댓글', '소통'이 정말 중요하다는 것을 느꼈다. 평소 말주변이 좋다는 소리를 많이 들었던 편이었지만 방송을 하다 보니 공백이 생기거나 다음 멘트가 생각나지 않을 때가 많았다. 이럴 때 도움이 됐던 게 시청자들의 '댓글'이었다. 실제 갈비탕 간편식 제품을 판매하였던 라이브 방송 중에 자신만의 양념장 소스 비법을 공유해주시던 분이 있어서 음식을 소개하는 데 좀 더 풍부하고 다양한 설명이 가능했다.

그리고 또 한 가지 준비했던 상품은 남녀 모두에게 선호도가 높은 스타벅스 커피 쿠폰이다. 스타벅스 쿠폰은 구매하신 분 중 5분을 추첨하여 드리는 상품으로, 구매를 망설이고 있던 시청자들에게 조금이나마 구매를 유도할 수 있는 포인트라고 생각했다. 이날 라이브 방송 판매 상품 중 가장 저렴한 가격 구성이 9,900원이었는데, 이벤트 상품이 5천 원 스타벅스 커피 쿠폰이라면 괜찮은 조건이지 않은가?

전문 쇼호스트가 아닌 초보자로서 실제 라이브 방송을 진행해보니 1시간 라이브 방송을 구성하고 이끌어가는 데 있어 이벤트 기획의 중요성을 다시 한번 깨달았다. 이벤트를 통해서 시청자 참여를 유도하고 시청자와 함께 진행하는 라이브 방송을 기획하여 운영한다면 라이브 방송에 익숙하지 않은 초보자들도 좀 더 원활한 라이브 방송을 진행할 수 있지 않을까 생각한다.

당첨자 명단을 MD들에게 보여주는 PD님 모습

7. 라이브 방송 중 돌발 상황 및 에피소드

전문 쇼호스트가 아니다 보니 미리 하나하나 대본을 직접 만들었다. 처음 하는 방송이어서 어떤 멘트에서 어떤 제스처를 취할지도 모두 세세하게 대본을 만들었다.

하지만 실제 방송에서는 긴장을 하고 텐션이 올라가다 보니 말 속도가 빨라졌고, 한 시간 분량으로 준비했던 대본은 36분 만에 소진했다. 이때 활용했던 게 시청자 댓글 이벤트였다. 갑작스럽게 3행시 댓글 이벤트를 진행하게 되었고 다행히 적극적으로 참여해주신 분들 덕분에 방송이 지루해질 수 있는 위기를 넘겼다.

또 멘트 중간중간 계속해서 애드리브를 넣느라 애를 먹었던 기억이 난다. 심지어는 라이브의 재미 요소를 주기 위해 성대모사도 넣을까 하고 성대모사까지 남몰래 연습했다. 하지만 실제 방송에서는 긴장하고 정신없이 진행되다 보니 연습했던 성대모사는 생각조차 못 하고 지나갔다.

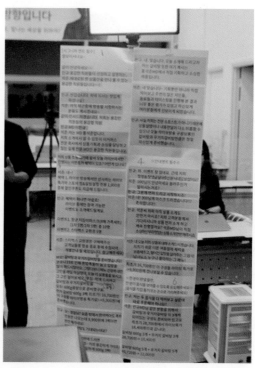

판매하던 상품이 음식이기에 음식을 준비하고 시식하는 부분에서도 생각지 못한 상황들이 발생했다.

조리하는 장면이나 요리 시연을 하는 장면이 라이브에서는 중요한 장면 중의 하나이기 때문에 리허설 중 시연을 해야 했는데 업무를 보면서 시간을 쪼개 진행하다 보니 사실 그 부분을 철저히 준비하지 못했다. 그런데 방송 시작 30분 전에 PD님께서 시연을 요구해, 시연 중에 국물을 모두 쏟아버리는 실수를 했다. 본방송이 아닌 리허설 중에 일어난 일인 게 얼마나 다행인가. 다시 한번 리허설의 중요성을 깨달았다.

이 MD: 홍 MD는 리허설이나 방송 중 기억에 남는 에피소드 있어요?

홍 MD: 음식을 담는 용기를 처음에는 보기 좋게 하려고 두꺼운 뚝배기 소재를 준비했잖아요! 방송 전에 PD님께서 뚝배기는 음식 끓는 시간이 오래 걸릴 거 같다고 하셔서 급하게 끓여보는데, 정말 오래 걸려서 깜짝 놀랐던 것이 생각나요~

이 MD: 맞아요! 그래서 라이브 시작 전에 급하게 얇은 소재의 냄비로 변경했던 기억이 나네요. (웃음)

홍 MD: 지금 다시 생각해도 식은땀 나네요. 그대로 뚝배기로 방송했다면 어떻게 됐을까요?

이 MD: 뚝배기 끓는 동안 준비한 멘트 다 끝나서 애드리브로 진행하지 않았을까요? 하하하! 역시 전문 MC들도 리허설 하는 데에는 이유가 있나 봐요.

홍 MD: 그러니까요! 다행히 준비한 3분의 제품 홍보시간에 맞춰 음식이 끓기 시작해서 그 부분은 잘 촬영했네요.

라이브 시작 전 뚝배기로 준비했다가 급하게 냄비로 변경하고 라이브 방송을 시작하였다.

홍 MD: 또 다른 에피소드가 있을까요?

이 MD: (머쓱해하며) 양념장이라고 멘트를 정리했는데, 전문용어인 '다대기'라고 표현해서 스태프들이 앞에서 웃었던 기억이 있네요~

이 MD가 '다대기'라고 표현했던 양념장

홍 MD: 맞아요! (웃음) 저도 '용감한 직원들'이라고 멘트를 해야 하는데 방송 중에 자꾸 저도 모르게 '용감한 형제들'이라고 해서 앞에 촬영하는 PD님이 자주 눈치를 주셨던 기억이... 저도 모르는 사이 자신 있게 '용감한 형제들' 외친 뒤 머리가 하얘지던 순간을 잊지 못할 거예요.

이 MD: 그리고 시청자들과 소통을 하는 데도 애를 먹었던 기억이 나네요.

홍 MD: 저희 에피소드 얘기하니까 끝이 없는데요?

이 MD: 아무래도 첫 방송이다 보니 당황했던 상황들이 많네요. 처음 시작할 때 시청자분들의 댓글이 많이 올라올 것이라 생각하고 준비했는데 막상 시작하니 댓글이 올라오지 않아 매우 당황했어요~

홍 MD: 그 부분은 저도 적극 공감해요! 처음 시작할 때 댓글을 보면서 소통하고 선물을 주려는 계획이었는데 처음부터 댓글이 많이 올라오지 않더라고요. 보통 처음부터 적극적으로 문자를 올려주시지 않기 때문에 처음부터 시청자와 소통한다는 욕심은 조금 내려놓는 게 좋을 것 같아요~

이 MD: 댓글 선물 이벤트가 라이브 방송에서 한몫했죠. (웃음) 저희 이 선물 이벤트 없었으면 어떻게 진행했을까요?

홍 MD: 그러게요...! 덕분에 라이브 중후반쯤에는 댓글이 많이 올라와 시청자와 소통이 잘 이루어져 재미있었고 또 그것을 저희가 받아서 댓글 참여까지 유도하고 짧은 시간에 많이 배웠습니다~ (하하)

이 MD: 댓글 3행시 하신 분에게 선물을 드린 것도 그중 하나죠!
댓글 3행시 이벤트는 준비하지 않은 이벤트였으니까요. 이때 그래도 생각보다 많은 댓글이 올라와 애드리브로 방송을 진행할 수 있었던 거 같아요~

홍 MD: (뿌듯해하며) 앞으로 이벤트를 준비하게 된다면 제품을 활용한 3행시를 준비하는 것도 괜찮은 것 같습니다. 시청자의 댓글 수준이 우리가 생각하는 것보다는 훨씬 더 자연스럽게 소통될 수 있더라고요. 시청자의 호응도 불러일으키고 댓글도 자연스럽게 유도할 수 있어서 좋은 소재였어요~

이 MD: 상품의 정석적인 정보 제공도 중요하지만, 중간중간에 예능적인 요소도 준비해서 빵빵 터지게 하면 좋은 거 같아요. 저희도 파를 써는 모습, 양념 준비하는 모습 등을 재미있게 선보였더니 의외로 시청자분들의 반응이 좋았죠!

홍 MD: 맞아요! 그치만 준비했던 성대모사는 막상 방송에서는 못 했네요. 하하하!

이 외에도 라이브 첫 방송에 대한 에피소드를 얘기하자면 끝이 없다.
대본을 어느 정도 숙지했음에도 혹시 모를 상황에 대비해 전면 패널 앞에 대본을 설치해 놨다. 대본에 대한 불안감에 나도 모르게 자꾸 그쪽으로 시선이 향했다. 초반에 방송을 보신 분들은 아마 대본을 못 외워서 대본을 보고 하는 것처럼 느껴질 수 있다는 생각이 든다. 실제로 현장에 있었던 스태프들도 시선 처리에 대한 조언을 해주셨고, 방송에 있어서 카메라에 대한 시선 처리도 매우 중요한 것을 배웠다.

시선이 전면 패널에 설치된 대본에 가 있는 긴장한 '용감한 직원들'의 모습

　또 한 가지 애를 먹었던 부분이 표정이다. 분명 나는 웃고 있다고 생각하는데 앞에 카메라를 쥐고 계시는 PD님은 계속 웃으라고 사인을 주니 당황스러웠다. 나는 웃고 있다고 생각했지만 카메라 앞의 나는 웃지 않고 있었던 거다. 카메라가 익숙하지 않은 셀러는 시선 처리나 표정을 거울이나 카메라의 셀카 모드로 충분히 연습을 하면 도움이 될 것 같다.

　시간적인 여유가 있다면 처음부터 끝까지 리허설을 실전처럼 진행해보고 모니터링해보는 것도 추천한다. 실전처럼 리허설을 하다 보면 방송에서 발생할 수 있는 예기치 못한 상황들을 대비할 수 있고, 화면에서 보여지는 내 모습이 어떤지도 확인해볼 수 있다. 업무 중간중간 틈틈이 준비했던 첫 방송인지라 많은 리허설을 준비하지 못했던 부분이 마음 한편의 아쉬움으로 남는다.

8. 라이브 방송 종료 후 소품 및 판매 식품 정리(활용)

　이번 방송은 갈비탕과 우거지 갈비탕이었기 때문에 방송이 끝나고 탕으로 저녁 식사를 했다. 화면 속에 준비했던 재료들을 모아 국물음식으로 준비했다. 남은 재료들로 탕을 끓였는데 긴장했던 방송을 끝내고 먹어서 그런지 아니면 우리가 판매하는 갈비탕이 맛있어서 그런 건지 저녁 식사는 너무나 맛있었다. 갖은양념과 파, 양파, 버섯 등 방송에 사용한 재료를 쏟아부었을 뿐인데 이렇게나 맛있을 줄이야. 그동안의 긴장과 피로가 싹 사라져버리는 맛이었다.

　식사 후 방송 소품들을 정리하는 시간마저 기억에 남는다. 늦은 밤 모두가 힘을 합쳐서 정리하면서 한 시간의 라이브 방송을 위해 이렇게나 많은 수고와 노력이 필요하다는 것을 느꼈다. 라이브 방송을 준비하면서 방송 경험 외에도 많은 것들을 경험할 수 있는 시간이었다.

9. 라이브 방송 뒷이야기

라이브 방송을 진행하면서 함께 했던 모든 직원이 하나가 되는 시간이었음을 느낀다. '24시 내고향'을 진행하는 전문 팀들은 본인들의 업무이기 때문에 어쩌면 의무적으로 할 수밖에 없겠지만, '용감한 직원들'이라는 콘셉트로 진행한 우리 MD들은 상품부터 직접 소싱하고 기획까지 참여하였다. 처음부터 하나의 팀이 되어 진행하고 맛본 경우라, 라이브 방송에서 모두가 하나 되는 놀라운 동료애를 발휘했다. 이 모습을 아마 김 대표님께서 의도하고 있었지 않나 생각한다.

라이브 방송을 기획하거나 시도를 고민하고 있는 회사나 사업자, 셀러가 있다면 일단 두려움을 떨쳐버리고 우리 용감한 직원들과 같이 한번 도전해 볼 것을 권한다. 라이브커머스는 제품 홍보뿐만 아니라 매출까지 올릴 수 있는 1인 구조의 콘텐츠이다.

마지막으로 라이브 방송을 총괄한 최 과장님께서 라이브를 진행했던 팀원들을 인터뷰한 내용을 끝으로 '용감한 직원들'의 어쩌면 무모했지만 용감했던 라이브 첫 방송의 에필로그를 정리할까 한다.

최 과장: 오늘 홍 MD 첫 라이브 출연인데 소감 한마디 해줘요~

홍 MD: 직접 소싱하고 콘택트한 상품을 직접 먹어보면서 그 맛과 품질에 너무 자신 있었기 때문에 시청자들한테 소개하는 시간이 재미있고 즐거웠던 것 같습니다.

최 과장: 이 MD도 오늘 첫 라이브 방송 출연이었는데 소감 어땠어?

이 MD: 함께 근무하는 홍 MD가 소싱한 제품이어서 제가 도와드리려고 MC 역할로 나왔는데 준비가 조금 더 필요하다는 것을 느꼈어요~ 처음에는 많이 긴장했지만 라이브 방송만의 묘미를 발견한 것 같아 좋았고요! 그리고 솔직히 저희가 준비한 기간이 3일도 채 안 되어서 좀 놀랍기는 한데, 처음 시작할 때는 시작이나 할 수 있을까 싶었지만, 충분히 누구나 할 수 있는 것이 라이브 방송이구나 하는 생각이 들었습니다.

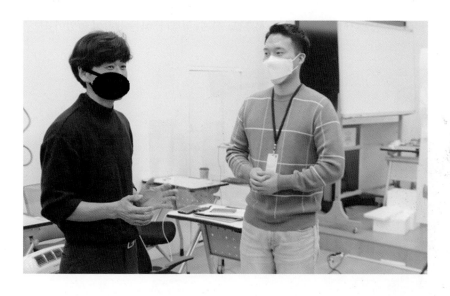

최 과장: 이 주임님, 오늘 함께 해주셔서 너무 감사해요~ 라이브 진행을 위한 스태프로 참여해주셨는데 오늘 동료들이 첫 방송 진행하는 것을 보고 어떤 느낌을 받으셨나요? 그리고 이 MD 다음에 섭외하면 응해주실 건가요? (웃음)

이 MD: 두 분 곁에서 지켜본 바로는 그리 오래 준비하지 않았는데도 금방 적응해서 놀랐어요. 사람들 앞에서 부끄러울 수 있었는데 이렇게 유창하게 말도 잘하고 판매량도 생각보다 많이 나와서 좋았습니다. 저도 다음에 출연료(?)만 많이 준다면 꼭 도전해 보고 싶습니다~(웃음)

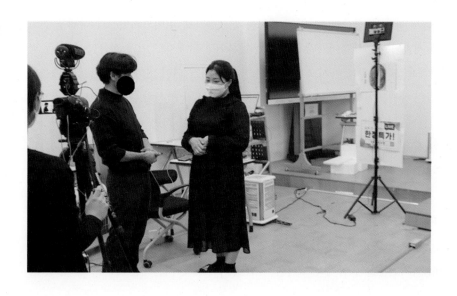

최 과장: 우리 고 MD도 오늘 스태프로 참가해 주셨는데 어떠셨나요? 또 동료들이 이렇게 진행하는 것을 보니 어떠셨어요?

고 MD: 라이브 방송 스태프로는 참가하는 것 자체가 처음이고 또 입사 후 첫 라이브 방송 참관이었는데 참 좋았습니다. 두 동료분들께서 잘 해주셔서 정말 멋있었습니다. (웃음) 다음에 기회가 된다면 저도 연습해서 참가해보고 싶습니다. 두 분을 통해서 '나도 할 수 있겠다' 하는 생각이 들었어요!

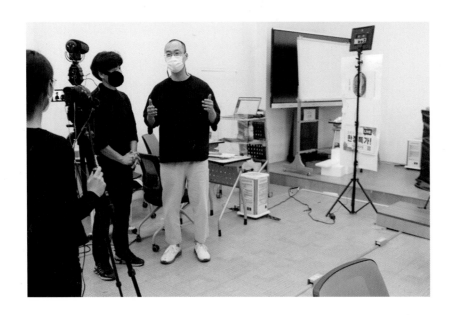

최 과장: 마지막으로 우리 팀장님! 우리 팀장님께서 마지막으로 한 말씀 부탁드립니다. 이렇게 직원분들을 독려해서 오늘 수고해 주셨는데요, 팀장님은 우리 이커머스 MD팀을 총괄하시는 팀장님이시죠~ 오늘 이 자리도 퇴근을 미루면서까지 이렇게 격려차 함께 하면서 스태프로 도와주고 계시는데 소감 한 말씀 부탁드립니다.

송 팀장: 이커머스에서 새롭게 매출을 창출할 수 있는 새로운 플랫폼으로 라이브커머스가 각광을 받고 있는데요, 새롭게 개발되는 플랫폼이지만 구매자는 물론이고 판매자도 쉽게 접근할 수 있는 장점이 있다고 생각해요. 또 열정을 가지고 있고 최소한의 준비가 되어 있다면 그 안에서 매출의 기회를 찾을 수 있는 플랫폼이라고 생각합니다. 우리 직원들 정말 열심히 준비했고 또 합리적인 시간 내에서 준비할 수 있었던 만큼 많은 셀러분들도 우리 '용감한 직원들'처럼 라이브커머스에서 새로운 기회를 찾을 수 있을 거라 생각하고 있어요. 모두 고생하셨고 이커머스에 있는 다른 분들에게도 좋은 기회가 될 수 있는 그런 사례를 계속해서 최선을 다해서 만들어 볼 수 있도록 하겠습니다.

'용감한 직원들' 파이팅!

최 과장: 오늘 저는 PD를 맡았는데요~ 저도 MD 역할과 라이브 방송을 준비하는 스태프로 근무하고 있는데 오늘 이커머스 직원분들과 함께 해보니까 너무 좋더라고요. 기존에는 '24시 내고향'을 통

해 전문 쇼호스트, 전문 스태프와 함께 전문적인 라이브 방송을 진행해 왔었는데요~ 도전적인 '용감한 직원들' 덕분에 이번에 정말 생 라이브가 무엇인지를 제대로 보여줄 수 있었네요. 김 대표님의 아낌없는 지원 속에 오늘 '용감한 직원들' 좋은 무대를 만든 것 같습니다!

오늘 라이브 방송을 잘 이끌어준 우리 이 MD하고 홍 MD님께 다시 한번 감사하고요~ 또 함께 해주신 많은 스태프분들에게도 깊은 감사 드립니다.

누구나 참여할 수 있는 라이브커머스가 앞으로 이커머스 시장에서 큰 대세가 될 것으로 믿고 있어요. 라이브커머스를 망설이는 분들이라면 주저하지 말고 꼭 한번 참여하기를 권하며, 오늘 이 시간 모두 마칠 수 있도록 할게요~ 감사합니다!

※ 네이버 쇼핑라이브에서 '용감한 직원들'을 검색하면 '좌충우돌 용감한 직원들의 라이브 방송'을 시청할 수 있습니다.

스마트스토어 총사령관 김도균의

스마트스토어 초보셀러 구하기
https://cafe.naver.com/vivachae

★ 카페에서 라이브커머스, 스마트스토어와 관련된 다양한 정보와 교육, 혜택을 만나보세요.
★ 라이브커머스 강의 수강 할인, 키랩 무료 이용권은 도서 관련 카테고리에서 확인하세요.